本书为教育部人文社会科学青年基金项目
（11YJC720040）成果

从资本逻辑到符号逻辑
——马克思人的解放思想的当代性研究

王 欢 ◎ 著

/中/华/女/子/学/院/学/术/文/库/

中国社会科学出版社

图书在版编目(CIP)数据

从资本逻辑到符号逻辑：马克思人的解放思想的当代性研究／王欢著.
—北京：中国社会科学出版社，2016.4
（中华女子学院学术文库）
ISBN 978-7-5161-8661-9

Ⅰ.①从… Ⅱ.①王… Ⅲ.①马克思主义-人学-研究 Ⅳ.①C912.1

中国版本图书馆 CIP 数据核字（2016）第 174966 号

出 版 人	赵剑英
责任编辑	任　明
责任校对	闫　萃
责任印制	何　艳

出　　版	中国社会科学出版社
社　　址	北京鼓楼西大街甲 158 号
邮　　编	100720
网　　址	http://www.csspw.cn
发 行 部	010-84083685
门 市 部	010-84029450
经　　销	新华书店及其他书店

印刷装订	北京市兴怀印刷厂
版　　次	2016 年 4 月第 1 版
印　　次	2016 年 4 月第 1 次印刷

开　　本	710×1000　1/16
印　　张	14.75
插　　页	2
字　　数	242 千字
定　　价	58.00 元

凡购买中国社会科学出版社图书，如有质量问题请与本社营销中心联系调换
电话：010-84083683
版权所有　侵权必究

中华女子学院学术文库
编辑委员会名单

主任 张李玺

委员 王　露　石　彤　史晓春　宁　玲
　　　　司　茹　刘　梦　刘　萌　孙晓梅
　　　　寿静心　李树杰　武　勤　林建军
　　　　周应江　崔　巍　宿茹萍　彭延春

总　序

　　岁月如歌，芳华凝香，由宋庆龄、何香凝、蔡畅、邓颖超、康克清等革命前辈于1949年创设的"新中国妇女职业学校"发展而来的中华女子学院，已经建设成为一所独具特色的普通高等学校。学校积极承担高等学校职能，秉承引领先进性别文化、推进男女平等、服务妇女发展、服务妇女国际交流与政府外交的重要使命，坚持走"学科立校、科研强校、特色兴校"之路，正在为建成一流女子大学和妇女教育研究中心、妇女理论研究中心、妇女干部培训中心、国际妇女教育交流中心而奋发努力。

　　自1995年第四次世界妇女大会以来，性别研究和社会性别主流化在国内方兴未艾，我校抓住机会，积极组织开展妇女/性别研究，努力在此领域打造优势和特色，已取得显著成效。我校在大陆第一个设立女性学系、设立中国妇女发展研究中心、中国妇女人权研究中心，建设中国女性图书馆，率先招收女性学专业本科生和以妇女服务、妇女维权为研究方向的社会工作专业硕士研究生；我校还首批入选全国妇联与中国妇女研究会批准的妇女/性别研究与培训基地，成为中国妇女研究会妇女教育专业委员会、中国婚姻家庭法学研究会秘书处单位。

　　长期以来，我校教师承接了诸多国家级、省部级课题和国务院妇儿工委、全国妇联等部门委托的研究任务，在妇女/性别基础理论、妇女与法律、妇女与教育、妇女与参与决策和管理、妇女与经济、妇女与社会保障、妇女与健康等多个领域做出了颇有建树的研究，取得了丰硕的研究成果，为推进实现男女平等基本国策的步伐、推动社会性别主流化、促进妇女儿童发展与权益保障做出了积极努力。

　　作为一所普通高等学校，我校也着力加强法学、管理学、教育学、经济学、艺术学、文学等学科和专业建设，鼓励教师将社会性别视角引入不同学科的研究，大力支持教师开展各自所在学科和专业的研究。特别是近年来，通过引进来、走出去等多种措施加强师资队伍建设，我校教师的科研能力与学术水平有了较好的提升，在不同学科领域，不少教师都做出了可喜的科研成果，值得鼓励和支持。

我校组织编撰的"妇女教育发展蓝皮书"系列已由社会科学文献出版社出版发行，并获得良好反响。为展示和推广我校教师在妇女/性别领域和其他学科领域的研究成果，学校特组织编撰《中华女子学院性别研究丛书》和《中华女子学院学术文库》两套系列丛书，并委托中国社会科学出版社统一出版发行。性别研究丛书将集中出版我校教师在妇女/性别理论、妇女发展的重大问题、跨学科、多学科研究妇女/性别问题等多个方面的著作；学术文库将收录我校教师在法学、管理学、教育学、经济学、艺术学、文学等学科领域有代表性的论著。入选丛书的著作，都经过校内外专家评审，有的是教师承担国家级、省部级课题或者专项委托课题的研究成果，有的是作者在修改、完善博士学位论文基础上而形成的成果，均具有一定的学术水准和质量。

上述丛书或文库是我校学科与科研建设成效的展示，也是献给中国妇女发展与高等教育事业的一份薄礼。"君子以文会友，以友辅仁。"我们期望，这两套丛书的出版发行，能够为关注妇女/性别研究和妇女发展的各界朋友提供一个窗口，能够为中华女子学院与学界的交流与合作提供一个平台。女子高等学校的建设与发展，为中国高等教育事业和妇女教育事业的发展增添了亮色，我们愿意继续努力，为这一事业不断添砖加瓦，也诚请社会各界继续对中华女子学院给予指导、关心、支持和鞭策。

是为序。

中华女子学院党委书记、院长　张李玺

2013 年 12 月 30 日

序

解放人学的当代境域及使命

王欢博士新著出版，希望我为其写一篇序。我虽一向对写序颇为拒斥，但还是接受了这项"任务"。原因有二：其一，我刚到北师大哲学系工作时，因思想政治教育专业的教授较少，领导曾让我在那里负责一段时间，我也因此带过几届思政研究生。但我后来所招博士生都在科学哲学方向，虽然也有个别思政的同学转到这个方向来，但大多数人要在原专业继续求学却只能另奔高枝。我因此对这些同学多少怀有一丝歉疚感当然也更为关注，故而看到他们得以顺利成长格外欣喜。其二，王欢博士所研究的主题也是我感兴趣的。我思考人学问题二十余年，虽所得不多，文字甚少，却一直未曾中断。近十年来，我在京内外不少高校报告过系统人学问题，即是长期思考的一个概要。这种思考既是我随导师刘福森教授研究发展问题的一个逻辑延伸，也是受我的老师高清海先生晚年人学思想的启迪使然。而我的一个简单目标就是比着蒂利希的《系统神学》，写一部《系统人学》。在我的视野中，马克思是系统人学的主要开启者之一。马克思不但仿照德国古典哲学的思路，从整体性上勾勒出人的历史进程的三种状态——相互依赖、相对独立、充分自由，而且从关系的视角提出了人所具有的系统质——社会关系的总和，并指出了人类目前所处异化状态的实质及扬弃此种异化的系统目标——建立自由人联合体。王欢博士离校多年，虽未必熟悉我的人学思路，但她对马克思解放人学之当代性的定域化探索，确为系统人学的掘进提供了非常有价值的启示，值得庆贺和勉励。

统观王欢《从资本逻辑到符号逻辑——马克思人的解放思想的当代性研究》一书，其主旨是以历史时段所造成的时代跃迁状况为基础，而对马克思人学思想所做的层位性揭示。作者首先从总体上概述了马克思人学思想的解放性质及其在当代消费社会中的现实意义，该书正文六章随后沿着两条线索展开了这一论断。这二条线索是，社会形态历时演进的线索，人自身成长的逻辑线索。

　　社会形态这条线索主要是在资本主义社会形态内部展开的，即从生产社会进入消费社会。作者认为，马克思关于资本逻辑的批判无论对生产社会还是消费社会都是适用的，因为他们都是资本主义社会的展开形态，特别是商品形成与流通的不同环节。当然，从生产社会进入消费社会不是一次性完成的，而是经历过多次情境"变换"形成不同的界面系列，因而批判的方式和尺度也都有了变化，但问题的实质却仍然是连贯一致的。研究问题不能只看表象，而要把握内里深层的逻辑线索，这也是黑格尔的逻辑学所给予马克思的理论力量。

　　人自身成长这条线索主要是揭示不同社会状况下人的处境及其解放形式。确实，就具体性而言，马克思主要关注的是生产社会中人的异化及其解放形式，那是他自身置于其中的生活，他不可能对后来的消费社会也象生产社会那样做精细的探究，但是马克思关于资本主义社会状态下人之状况整体批判的逻辑是一贯的，自然从总体上也适于这个社会阶段。消费社会的倡导者只是看到了生产与消费的表面差别，却没有看到它们的本质联系，导致一叶障目，这是他的视野局限造成的。何况，最近法国年轻的经济学家皮凯蒂所出版的《21世纪资本论》再次印证了马克思关于科技、生产与社会公平现实分叉的论断依然是强劲而适用的。当然，既然说到消费社会，它与生产社会毕竟是有差别的，假使马克思还活着，他的理论作为发展着的学说也会进行自我调整和补充，以通过不同细节甚至模式的调整而充实完善起来。无疑，这样一项艰巨任务都落在今天的学者头上了。

　　我在阅读中感到，统一这样二条线索的是一个中心化拓展的圈层理论预设，即以人本身作为历史探究的聚焦点再向周边扩展。这是符合马克思唯物史观的基本原则的，即历史虽然表现为多方面综合的进程，但它始终是人自己不断探索掌握自身命运的历史，故而以人的状态为中心形成历史视域的地平线，即可把握文明的要脉，洞悉人类走向未来的命运，从而在理论上也实现了逻辑与历史的统一。据我所知，王欢这部著作获得了教育部人文社科基金项目的支持，可见是得到了专家们认可的。在写作论文期间，她还到伯克利等地深造和搜集材料，使此书有了资讯与创意上的保证。由于那些地方对我而言也多是"熟地儿"，所以可以想见她在海外前前后后的忙碌情形。当然，作为一名年轻学者，在宏大的构思之中总难免存在个别有欠周俨之处，从而留下初涉者踌躇的足迹。如在二条线索的内在对应方面就还不够细密，书中有个别处在逻辑贯通性上还略显生硬。但瑕不掩瑜，凡此都有待后续学习与研究中随时提高和完善。

想当初王欢到京求学时还是一个小姑娘，如今不但做了母亲，而且手不停歇、勤奋著述，已经成长为一名优秀的学者。前后相对，顿觉光阴荏苒、岁月如梭，同时也喜见一代学人不断克服困难茁壮成长。唯此，我盼望他们在未来的征途中，除严格要求自己外，亦能于困难面前更有坚定信心和冲撞勇气，遇到疑难时能积极寻求解决问题的思路和方法，遇到苦难的人和事时更能保持同情与怜悯，把对马克思的敬畏付诸于行动上，从而既有学术创见，也不断走好自己的成人之路。

刘孝廷
2016 年 8 月 19 日

目 录

引论　理性与现实：马克思解放人学的科学性和当代性 …………（1）
　一　马克思解放人学的历史变革 …………………………………（1）
　二　马克思解放人学对当代社会还有用吗？ …………………（15）
　三　学界研究现状 ………………………………………………（22）
　四　本书内容结构 ………………………………………………（34）

第一章　调解与斗争：黑格尔与马克思的辩证逻辑 ……………（36）
　一　黑格尔的辩证法：概念辩证法 ……………………………（37）
　二　马克思对黑格尔辩证逻辑的批判 …………………………（43）
　三　马克思的辩证法：资本辩证法 ……………………………（47）

第二章　资本与劳动：资本逻辑与人的自由的冲突 ……………（53）
　一　资本逻辑的形式 ……………………………………………（53）
　二　资本逻辑的构成 ……………………………………………（67）
　三　资本逻辑的本体论 …………………………………………（72）
　四　资本异化与资本拜物教 ……………………………………（75）

第三章　符号与消费：符号逻辑与人的生存的博弈 ……………（89）
　一　符号与符号价值 ……………………………………………（89）
　二　符号逻辑的本体论 …………………………………………（99）
　三　符号异化与符号拜物教 …………………………………（104）
　四　符号逻辑能取代资本逻辑吗？ …………………………（116）

第四章　日常生活与景观：从资本逻辑到符号逻辑的演进 …（122）
　一　从生产社会到仿真社会 …………………………………（122）
　二　从符号学到日常生活批判 ………………………………（132）

三　从经济批判到宗教批判 ………………………………（143）

第五章　未竟的事业：马克思解放人学的当代境遇与责任 ……（151）
　　一　资本逻辑的全球化与工人解放的可能性 ……………（151）
　　二　资本逻辑的全球化与女性受压迫 ……………………（162）
　　三　当今社会超越资本逻辑的必然性和结果 ……………（175）

第六章　人的逻辑：21世纪中国特色社会主义的实践与努力 ……（196）
　　一　21世纪中国特色社会主义对解放人学的理论发展 …（196）
　　二　21世纪中国特色社会主义对人的发展的制度保障 …（200）
　　三　未来社会主义的发展目标 ……………………………（207）

参考文献 ………………………………………………………（216）
后记 ……………………………………………………………（225）

引 论

理性与现实：马克思解放人学的科学性和当代性

哲学的本质不应该仅仅是逻辑，哲学的任务也不应该仅满足于解释和批判，而应该是在不断建构中创造和"说出"，因此，哲学的任务要"从批判的哲学走向宣告的哲学"①。在从批判的哲学走向宣告的哲学的过程中马克思无疑是最成功的。马克思对哲学家任务的宣告即"哲学家们只是用不同的方式解释世界，而问题在于改变世界。"表明马克思主义从诞生之日起就不仅仅将批判作为自己的任务，更是将建构和改造世界作为己任。正是这种勇气，还有马克思的原创能力和思想深度使马克思宣告了自己的哲学体系，这一哲学体系不仅是科学的也是革命的，不仅是理论的也是能够指导实践的。而这一哲学体系的全部理论研究和实践活动都围绕一个最终的价值目标，那就是实现人的解放。因此，人的解放问题不仅是马克思哲学的根本问题，也是马克思终生为之奋斗的使命。与他人不同的是，马克思将解放人学建构在唯物史观的基础上，超越了传统形而上学的思维方式，从而使自己的解放人学具备了科学性和不可替代的当代性，实现了马克思哲学的根本变革。

一 马克思解放人学的历史变革

实际上从哲学产生以来人的问题一直是哲学家思考和研究的一个核心问题。因为脱离了人的哲学不是真正的哲学，哲学既要有形而上的沉思，更要有形而下的关照。从近代以来在关于人的理论和问题中最重要的就是解放人学问题。"解放"人学就是基于人的异化了的现存境域研究如何使

---

① 刘孝廷：《哲学的宣告》，《民主与科学》2014 年第 6 期。

人摆脱被束缚的状态，还原人以自由、自觉的本真的生存状态。从古希腊到中世纪再到近代，人们一直在意识和行动中追求解放，但是当我们谈及解放人学时，实际是在现代性的范畴内谈论此话题。所谓"现代"从历史时期上讲是从文艺复兴开始，经启蒙运动到20世纪50年代，实际上就是指西方资本主义从产生、发展而走向现代化的过程。这个过程是人类追求解放的过程，"在一个人类追求解放的时代里，哲学的使命就在于运用哲学概念，论证人的解放，为人的解放奠定合法性根据和规范性基础，指明解放的必然道路，建构解放得以实现的蓝图，描绘解放的终极状态，并通过行动把这一切付诸现实"。① 在现代性的视域中，人们相信理性能战胜非理性，人能够摆脱自身的枷锁，从必然王国走向自由王国，实现自身解放。现代解放伦理将人的解放诉诸理性主义的思维方式，使得他们的解放伦理还囚禁于传统的形而上的思维方式，只是诉诸"彼岸世界"的价值悬设，即在抽象意义上论证人解放自己的历史使命和可能性。他们的解放人学只是空中楼阁，仅仅仰望星空却没有脚踩大地，最终只能寄望于"只还有一个上帝能救渡我们（海德格尔语）"。这就是马克思所批判的"把理论引向神秘主义"的"解释世界"的旧哲学。

与以往哲学家不同，马克思宣告自己要创造一个不仅能解释世界更要改造世界的革命哲学，因此马克思强调理论不能仅仅停留在思想层面更应该包含实践视界。正是这种从社会实践出发的研究方法使马克思摒弃了传统的形而上思维方式，实现了在唯物史观的基础上探索人的解放何以可能，这是马克思哲学实现的哲学的伟大变革。通过向现实本身去寻求思想而不是在思想中寻求现实，马克思发现了资本主义最大的现实是受"抽象"（资本）统治的最普遍的、最根本的现实。通过对资本逻辑的批判马克思哲学首先完成了对西方形而上学内在逻辑的历史性决定性的颠倒，实现了本体论理论内容的哲学变革。正如有学者指出，马克思"摒弃了前人所依赖的缺乏现实根据的价值悬设，通过基于社会运动客观规律的逻辑，敲响了资本主义的丧钟"②。其次，通过对资本逻辑的批判马克思完成了在政治经济学中探索人的解放如何可能的论证。即"对市民社会的

---

① 贺来：《边界意识和人的解放》，上海人民出版社2007年版，第3页。
② 孙伯鍨、张一兵：《走进马克思》，江苏人民出版社2008年版，第62页。

解剖应该到政治经济学中去寻求"①，这使马克思把自己的经历更多投入到了政治经济学，而不是政治哲学。这并不是说马克思反对政治，他仅仅是要强调作为一种理论工具在人的解放的实践方面政治的影响是有局限性的。因此，这也是尽管国内外对马克思政治哲学的研究如火如荼，但是实际上马克思本人从不认为自己是一个政治哲学家。在马克思这里政治哲学与经济学构成了一个"立体结构"②，即通过对经济学的客观审视实现政治诉求，这不仅是马克思政治哲学超越传统政治哲学的关键所在，也是我们理解马克思政治哲学的关键所在。基于此，马克思的经济学哲学对20世纪的世界政治产生了重大影响，也引起了大量哲学家的关注。最后，通过对资本逻辑的批判马克思为无产阶级的解放指明了道路。马克思告诉无产阶级只要资本逻辑存在人的解放就是不可能实现的，指望资本主义制度内部的自我救赎是不可能的，随着资本发展和自我修复的贫乏必然是社会主义的发展。

（一）从理性主义到历史唯物主义

"解放是个现代性概念，属于现代性的知识话语，它与现代人特有的时间意识和历史意识内在联系在一起。"③ 基于新的历史意识和时间意识现代人相信理性能够战胜一切，是人实现彻底解放的途径。从笛卡儿、黑格尔、康德到孔多赛都高扬理性主义的大旗，试图从理性主义出发论证人解放自己的历史使命和可能性，这些以理性主义为核心的元叙事在思维方式上依然是在传统形而上学的框架内。马克思对解放人学的理解有自己的内在逻辑，即运用唯物史观的方法直面资本主义的最大现实——资本抽象统治的现实，通过超越资本逻辑马克思为解放人学找到了根本的方法。

1. 现代解放人学的理论支撑：理性主义

现代解放人学发端于文艺复兴。"文艺复兴"一词，原意系指"希腊、罗马古典文化的再生"。当人们对中世纪的宗教一统天下的局面感到强烈不满之时，他们发现了古希腊、罗马文化对人的现实生活的强烈关怀。一场以复兴古典文化、高扬人性旗帜为核心的文艺复兴拉开了帷幕。

---

① 《马克思恩格斯选集》第2卷，人民出版社1995年版，第32页。
② ［日］城塚登：《青年马克思的思想》，求实出版社1988年版，第66页。
③ 贺来：《边界意识和人解放》，上海人民出版社2007年版，第2页。

文艺复兴的核心在于批判宗教权威,摆脱封建宗教束缚,宣扬人道主义。这一时期的主要成果是对中世纪基督教宣扬的禁欲主义进行了批判,颠覆了宗教崇拜,肯定了人的价值和创造力,提出人要获得解放,个性应该自由,其结果是使"解放"真正并直接地成为人的伦理旨趣。与中世纪压抑人,认为人是自卑、消极、无所作为的相比,文艺复兴对人进行了充分的赞美和肯定,它重视人的价值,反对消极的无所作为的人生态度,重视现世生活,充分肯定人的权利,包括享受爱情和获得财富的权利。它告诉人们,人的幸福不在来世而在人间,要靠自己的才智和力量实现。文艺复兴之后的启蒙运动是文艺复兴的继承和发展,其更具广泛性和彻底性。启蒙运动发生在17、18世纪的欧洲,发端于英国,高潮在法国,它是一场反封建、反教会的思想文化革命运动,其主要内容是高举理性主义大旗,宣扬民主、自由、科学,以人为中心,主张人的自由、独立、平等和幸福等自然权利。

现代解放人学的理论支撑就是理性主义。理性意味着依靠人的思考而不是依靠神的,理性主义的目的就是要保障人的自然权利。其中现代哲学的创始人笛卡儿就把理性主义作为认识真理的前提。认为理性是人之所以为人的本质,认为理性是人生而具备的。黑格尔说,从笛卡儿开始我们进入了主体性哲学。这种哲学是从独立地理性而来,自我意识是真理的主要环节。这种主体性哲学发展到康德有了更深入的沉思。康德从"什么是启蒙"对主体性原则所蕴含的人们解放旨趣做了明确的交代,"启蒙运动就是人类自己脱离自己所加之于自己的不成熟状态,不成熟状态就是不经别人的引导,就对运用自己的理智无能为力。其原因不在于缺乏理智,而在于不经别人的引导就缺乏勇气与决心去加以运用,这种不成熟的状态就是自己加于自己的,要有勇气运用自己的理智。这就是启蒙运动的口号。"[①] 康德以人是理性的存在为出发点建构了一个庞大的批判哲学体系,用理性的力量为人类的解放找到了根基。《纯粹理性批判》中解决了认识的问题,认为实践理性构成了人人为人的坚实基础,正是在实践之中,人的尊严才能得到自由的表达。《实践理性批判》认为在实践理性建立的王国里,每个人作为理性的主体联合起来,每个人必须遵守一个规则,每个人都不应该把自己和别人仅仅看成是工具,自身同时也是目的,只有这样

---

① 贺来:《边界意识和人的解放》,上海人民出版社2007年版,第7页。

人才能获得平等自由。在这里,"理性"被看成是人的本质,而且这一本质的核心为自由,总之,康德的理性是人的理性,他通过理性的批判,论证了在理性面前,一切提出有效性要求的东西都必须为自己辩解。批判理性确立了客观知识、道德认识和审美评价,所以,它不但保证其自身的主观能力,还充当了整个文化领域的最高法官。①

启蒙运动的另一位代表孔多塞也是理性主义的主要代表。孔多塞认为,历史是不断进步的,他把人类历史分为十个历史阶段,前九个阶段是低级阶段,低级阶段人们主要努力从自然环境和历史的束缚中解放出来,最后是高级阶段,在这一阶段人类真正超越了自身的局限,实现了真正的自由、幸福和解放。在人类历史从低级走向高级的进化过程中,理性起着主导和决定作用,理性是引导人走向解放的法则,是人走向幸福的法则,只有通过理性,人才能够摆脱束缚。理性胜利的那一刻就是"人类在摆脱了所有这些枷锁之后、摆脱了偶然性的王国以及人类进步之敌对王国以后,迈着坚实的步伐,在真理、德行和幸福的大道上前进。这一时刻,人们除了自己的理性之外就不承认有任何其他的主人,太阳在大地之上只照耀着自由的人们"②。总之,现代解放人学认为,人的解放的关键在于自己能够运用自己的理性,只有这样人才能获得真正的解放,才能真正是人。现代解放逻辑把人从宗教偶像的压迫中解放出来,在人类解放的历史进程中发挥过积极的作用,但是应该看到,现代解放人学对人的解放的阐释是建立在唯心主义的基础之上的,它将人的解放诉诸理性主义、目的论,这就使人的解放缺乏现实的基础,也缺乏可操作性。

随着资本主义生产力的发展和资本的扩张,现代"解放"人学不仅没有真正实现人的解放反而走向了自我的反面,造成了更"完备的奴隶制和人性的直接对立物"(《马克思恩格斯全集》第2卷,第149页)。现代解放人学建构了新的奴役人的力量使人们的异化程度进一步加深,其批判性品格逐渐丧失,仅仅变成了美好的乌托邦。特别是进入20世纪以后,理性更是陷入了危机。面对着人的解放变成了人的压迫,以法兰克福学派为代表的西方马克思主义矛头直指理性主义。韦伯认为,导致了人的生活

---

① [德]哈贝马斯:《现代性的哲学话语》,译林出版社2011年版,第23页。
② [法]孔多塞:《人类精神进步史表纲要》,何兆武、何冰译,生活·读书·新知三联书店1998年版,第204页。

日益增长的异化罪魁祸首不是别的竟是理性。在工具理性的肆虐下，世界的祛魅达到了顶点，人也在目的论的推动下变得工具化，丧失了自由。技术理性不仅使科学技术得到了巨大的发展，同时也使人的自由进一步丧失，价值进一步贬值。于是，理性主义开始受到质疑和批判。

资本主义社会的种种矛盾日益凸显，人们对在理性主义基础上建立起来的欧洲文明产生了深刻的怀疑。特别是两次世界大战以后，战争给人类社会带来了无穷的灾难。战争中对人性的摧残达到了极点。战争中武器的使用，以及环境污染、能源危机等问题使人们开始反思理性与科学的两面性。海德格尔描述了现代人的无家可归的命运，认为其原因在于现代科学技术，认为现代技术的无限制发展导致了人与自然的危机。海德格尔是用"托架"（Gestelle）一词来指"技术世界"，目的、手段、想法根本与技术最本真处无关。技术之本真处在于，"在技术中存在此一要求逼迫自然去提供并保证自然能。此一要求比任何一个人类所设置的目的都更强有力。肯定此一要求，比起承认在管制何者今日在这回事中的一个秘密来，毫不逊色；也就是：适应超出人类，超出人类的计划与行动的此一要求。现代技术的最本真处绝不仅仅是人之为人。今天的人类自身就为此要求所迫，去逼迫自然做好准备。人类自身就被安排，被要求去适应上述要求"。[①] 人类在现代技术座架的促逼下，人已经变为非人。面对人类的无家可归，海德格尔最后说"只有一位上帝能拯救我们"。

哈贝马斯反对黑格尔以来的主体性哲学提出用交往范式来取代主体哲学范式，用交往理性来取代传统的以主体为中心的理性。为此，哈贝马斯在"交往行动理论"基础上提出一种"交往社会的乌托邦"概念。它是通过"对话""交往"而建立自由、公正、民主的合理化社会模式的"乌托邦"思想。这种乌托邦以人类解放为旨趣，但其目标是把人类从生活世界解放出来发展交往生产力，建立美好的、没有强权和文化压抑的社会交往。

20世纪五六十年代后，西方社会进入一种"后工业社会"，也称作信息社会、高技术社会和消费社会。这一时期的物质生产达到了空前的繁荣，但是人的生存危机也日益明显，特别是80年代以来人类生存状态的恶化，人与自然矛盾的加剧，人们开始思索现代性产生的种种问题，于是

[①] 熊伟：《熊译海德格尔》，熊伟译，同济大学出版社2004年版，第262页。

后现代性进入了人们的视野。后现代与现代的关系有两种理解,一种是与现代的理论、文化的、意识形态的彻底断裂或决裂;另一种认为后现代依赖于现代,是对现代的继续和强化。如哈贝马斯认为,现代性尽管出现了许多问题,但现代性仍是一项"未竟的"事业,它仍有许多潜能还尚未发挥出来,仍需我们继续和完成。

后现代主义认为人类的生存危机的元凶就是理性主义,理性成为人统治人的工具。后现代主义者注重个体性,反对主体性和人道主义,强调人的多样性。后现代主义者福柯认为历史是没有意义的,也不是进步的,在历史发展中,人的自由、进步、理性等都是偶然的。人不起决定作用,是知识起决定作用,于是人的价值消解了。在尼采的"上帝死了"之后福柯提出了著名的"人的死亡"的命题。这样,后现代主义把反理性思潮推向了极端,根本否定主体的地位和作用,而否定人的一切价值,从而导致虚无主义。总的来说,这些哲学家都是在抽象意义上论证人解放自己的历史使命和可能性,所以他们的人的解放只是空中楼阁。

2. 马克思解放人学的理论支撑:历史唯物主义

马克思的解放人学没有沉浸于理性王国的价值承诺,其独特性在于以真实的历史为基础摒弃了理性主义思维方式,运用历史唯物主义的方法把对"人"的理性思辨转化为对"人"的现实理解,所有资本主义的所谓"理性"特征在马克思这里都被认为是资本逻辑的内在本质,所以马克思的任务是要认清资本逻辑并努力超越资本逻辑,通过超越资本逻辑马克思为人的解放找到了根据。"解放的根据是马克思哲学的本体论问题。马克思的本体论既是从思维方式上与传统本体论的断裂,又在从'人的解放何以可能'的求索中开辟了本体论的现代道路。"[1] 这是马克思的过人之处,也是马克思人的解放思想的重大意义所在。

马克思认为,"'解放'是一种历史活动,不是思想活动。'解放'是由历史的关系,是由工业状况、商业状况、农业状况、交往关系的状况促成的。"[2] 与人追求解放的历史活动相对应,人类自身的存在表现为三大历史形态,即与自然经济形态相适应的"人的依赖关系"、与市场经济形态相适应的"以物的依赖性为基础的人的独立性"和"建立在个人全面

---

[1] 孙正聿:《解放何以可能——马克思的本体论革命》,《学术月刊》2002年第9期。
[2] 《马克思恩格斯选集》第1卷,人民出版社1995年版,第74—75页。

发展和他们共同的社会生产能力成为他们的社会财富这一基础上的自由个性"。在 1859 年《〈政治经济学批判〉序言》中马克思说,"法的关系正像国家的形式一样,既不能从它们本身来理解,也不能从所谓人类精神的一般发展来理解,相反,它们根源于物质的生活关系,这种物质的生活关系的总和,黑格尔按照十八世纪英国人和法国人的先例,称之为'市民社会'……我所得到的、并且一经得到就用于指导我的研究工作的总的结果,可以简要地表述如下:人们在自己生活的社会生产中发生一定的、必然的、不以他们的意志为转移的关系,即同他们的物质生产力的一定发展阶段相适合的生产关系。这些生产关系的总和构成社会的经济结构,即有法律的和政治的上层建筑竖立其上并有一定的社会意识形式与之相适应的现实基础。物质生活的生产方式制约着整个社会生活、政治生活和精神生活的过程。"① 马克思认为,只有在现实的物质生活中并使用现实的手段人的解放才能实现。因而,人的解放的出发点和归宿只能是"现实的个人",他们的活动和他们的具体的、历史的生活条件。人之为人的根据"不能从所谓人类精神的一般发展来理解",而必须从在"物和物的关系"掩盖下的"人和人的关系"来理解。

  资本主义的现实是资本主义在反对中世纪宗教对人的束缚的过程中起到过积极的作用,随着资本主义的发展资本主义社会的矛盾也越来越深。最其中最主要的矛盾就是资本家与工人的矛盾。马克思《论犹太人问题》中描述了资本对工人的剥削加深对人的生活的影响,"使得人不仅在思想中,在意识中,而且在现实中,在生活中,都过着双重的生活——天国的生活和尘世的生活。前一种是政治共同体中的生活,在这个共同体中,人把自己看做社会存在物;后一种是市民社会中的生活,在这个社会中人作为私人进行活动,把别人看做工具,把自己也降为工具,成为外力随意摆布的玩物"。② 因此,把人从非人的存在中"解放"出来,把人的世界和人的关系还给人自己成为马克思哲学的任务。马克思说,"真理的彼岸世界消逝以后,历史的任务就是确立此岸世界的真理。人的自我异化的神圣形象被揭穿以后,揭露非神圣形象中的自我异化,就成了为历史服务的哲学的迫切任务。于是对天国的批判就变成对尘世的批判,对宗教的批判就

---

  ① 《马克思恩格斯全集》第 3 卷,人民出版社 2002 年版,前言。
  ② 《马克思恩格斯全集》第 2 卷,人民出版社 1995 年版,第 43 页。

变成对法的批判，对神学的批判就变成对政治的批判"。①

（二）从抽象资本统治的最普遍现实出发

马克思要揭示"真正的人"的一种可能性的生活方式，反对任何以剥削为基础的社会，拒绝任何限制阻碍人类潜能发展的社会，从而实现"真正的人"的一种可能性的生活方式，这就是一个自由人的联合体。在马克思看来，这个自由联合体不是一个理想而是一个现实运动，它形成于资本主义的母体中。因此，和其他人不一样马克思没有根据这个计划建构这个社会。相反，他试图在人的社会生活内部和反人道的生活中揭示其周围的人类生活，以显示这种不人道如何再生，如何隐藏自身，并寻求打破这种力量的方式。马克思把这个社会力量叫作资本。马克思从资本主义母体的社会实践出发马克思资本主义社会人类生存状况的全部特征都可以用"资本逻辑"作为一个根本性的概括，在资本逻辑下人的解放不过是资本在人思想中的游戏。资本主义社会的最大现实是资本的生产和再生产本身独立于人的意志具有独立性和个性，而人的生命活动是被监禁在资本这个不人道的壳中丧失了独立性和个性。马克思把它称作现实受"抽象"（资本）统治的最普遍的、最根本的现实。这个抽象的资本像黑格尔的精神一样是主体，是一种客观力量，它利用实际的生产者推动自己的意志的表达和实现，它有自身再生和发展的一套运行逻辑，这就是资本逻辑。不过与精神不一样的是，马克思认为资本可以而且必须有意识地被推翻。马克思认为，"只有超越资本的力量，把人从资本的普遍统治中解放出来，把资本的独立性和个性变为人的独立性和个性，才能实现人的自由自觉地活动，最终还原人的本真存在，使自由和善的人性得以出场，这也是人类伦理价值追求的普遍底质"。② 因此，马克思认为最重要的不是建构未来社会，而是揭示资本主义母体中人类的生活是如何被资本逻辑这个不人道的力量所统治，并揭示资本逻辑是如何再生、如何隐藏自身并寻求打破资本逻辑力量的方式。因此，推翻资本逻辑的这一目标贯穿于马克思《资本论》的每个句子中。当我们引用马克思《资本论》序言中的那句著名的话，即一个社会即使探索到了本身运动的自然规律，本书的最终目的就是

---

① 《马克思恩格斯选集》第1卷，人民出版社1995年版，第2页。
② 杨楹：《马克思解放理论的伦理旨趣》，《哲学研究》2005年第8期。

揭示现代社会的经济运动规律时,——它还是既不能跳过也不能用法令取消自然的发展阶段(《资本论》第 1 卷第 2 版,第 8—10 页)。千万别忘了后面还有一句话,那就是它能缩短和减轻分娩的痛苦。实际上后面还有一句话更重要,即通过现代社会的经济运动规律的自我运行,这"规律"将有可能超越其本身,我们应自觉地克服它并开始一个真正的人的生活。一旦我们能够克服这个"经济运动规律的必要性",那么任何政治经济学或黑格尔的辩证法将永远是多余的。

  上面这段话包含两层意义,一是这个资本主义经济运动规律实际上就是资本逻辑的规律,只有超越资本逻辑人的真正生活才能开始。因此,马克思《资本论》的核心目的不是解释资本主义,不是批判资本主义体系(实际上在《资本论》中马克思从来没有使用"capitalism"资本主义,而使用的是"资本",因为"-isming"作为一个社会或文化运动在马克思的时代还不普遍),而是将批判根植于整个社会、经济和文化形成的资本逻辑的力量,分析为什么人类能够使自身摆脱资本逻辑的致命束缚和剥削而获得自由,说明我们应自觉地克服它、粉碎它。通过推翻资本逻辑的力量使人从"抽象"的统治中解放出来,从"物"的普遍统治中解放出来,从非人的资本力量的绝对掌握之中解放出来实现人的总体性生成,这就是马克思著名的关于"共产主义社会"的理论。二是一旦超越了资本逻辑任何政治经济学就是没有意义的了。现在我们可以理解马克思之所以把《资本论》的副标题叫作政治经济学批判,是因为马克思必须要批判古典政治经济学,在马克思看来古典经济学的范畴不仅是"错误的"而且是疯狂的,疯狂的原因是古典经济学不仅将这种思维形式系统化,而且他们把以资本逻辑为核心的这种疯狂的不人道的社会形式当作是理性的。李嘉图和黑格尔试图用这些古典政治经济学的范畴结构表明人类必须怎样生活。马克思看到了自己的任务不是以更好的方式使用那些范畴,而是从社会人的角度对那些范畴作出严格的科学批判。因此,马克思研究这些范畴的目的是说明如果人类要生活就必须粉碎这些范畴。这是马克思的独到之处。无论是马克思的支持者还是反对者都应该看到,只有把马克思的人的解放的学说放在资本逻辑的背景下才能真正理解马克思人的解放的现实性,只有把资本逻辑的终极目标锁定人的解放,才能真正理解马克思进行政治经济学批判的实质。因此,从资本逻辑的视角研究其与人的解放的关系是马克思人的解放思想研究的一个独特范式。通过这一范式,"马克思不仅扬弃了近代伦理对人的解放的抽象的、形式的、虚伪的承诺，还为人的生存提供一种超越主义的'解放'的道德关怀和道德信念"。①

马克思认为资本逻辑存在的根源是私有财产。所以通过对私有财产的异化才能实现人对人的本质的真正占有，实现人的解放。对私有财产的扬弃马克思认为不应该是简单的否定，要用历史的眼光。马克思认为，人的全面发展要以物的依赖性为基础的人的独立性为前提，所以，生产力的高度发展和世界历史的形成是解放的物质前提。"当人们还不能使自己的吃、喝、住、穿在质和量的方面得到充分保证的时候，人们就不能获得解放。"② 所以，马克思十分重视物质生产力的发展，也对资本逻辑进行了辩证的分析。如何扬弃私有财产这一造成异化的根源，马克思认为，这就是革命。只有革命才能消灭私有财产和雇佣劳动制度，颠覆旧社会结构的一切权力，从而在根本上消灭无产阶级受奴役、剥削的社会条件；也只有通过革命，无产阶级才能抛掉自身的一切陈旧的肮脏东西，才能建立社会的新基础。马克思认为这一革命的力量就存在于无产阶级手中。马克思指出人类解放"就在于形成一个被彻底的锁链束缚着的阶级，即形成一个非市民社会阶级的市民社会阶级，一个表明一切等级解体的等级"，这个阶级就是无产阶级。在马克思看来，哲学必须而且能够掌握群众与无产阶级革命相结合，把无产阶级当作自己的物质武器。哲学与无产阶级的关系正如马克思所言，"德国人的解放就是人的解放。这个解放的头脑是哲学，它的心脏是无产阶级。哲学不消灭无产阶级就不能成为现实；无产阶级不把哲学变成现实，就不可能消灭自身"。③ 通过对无产阶级历史使命的描述马克思为人的生存和人类解放找到了现实生成路径。

（三）以建立自由人联合体为目标

马克思认为，在超越了资本逻辑之后代替资本主义的将是一个新的联合体，"这个联合体是人和自然界之间，人和人之间的矛盾的真正解决，是存在和本质、对象化和自我确证、自由和必然、个体和类之间的斗争的真正解决"。④ 这个联合体会使每个个体全面发展，并且"每个人的自由

---

① 杨楹：《论马克思解放理论的伦理旨趣》，《哲学研究》2005年第8期。
② 《马克思恩格斯选集》第1卷，人民出版社1995年版，第104页。
③ 同上书，第16页。
④ 《马克思恩格斯全集》第1卷，人民出版社1995年版，第297页。

发展"将为"一切人的自由发展"提供条件。这一共同体的实现要有一个条件,即工人政治经济学的建立。学者莱博维奇认为马克思政治经济学有两个,一个是资本的政治经济学,一个是工人的政治经济学。《资本论》的主题是资本的政治经济学,其目的就是要向工人揭示资本剥削的秘密,从这个角度讲《资本论》实现了这个目标。在资本主义社会人是被倒置的被生产的,是不完整的不全面的。与资本的政治经济学相对立,马克思认为还有一个政治经济学这就是工人阶级的政治经济学,超越资本的政治经济学之后要实现的就是工人阶级的政治经济学。工人阶级的政治经济学是代表工人阶级和广大劳动人民利益的经济学说,代表了先进生产力发展的要求,代表了工人阶级的利益,而且其阶级利益与社会发展的方向是一致的。随着对资本政治经济学的超越和工人政治经济学的建立,资本主义社会将被这样一个社会所取代,马克思在《共产党宣言》中指出,"代替那存在着阶级和阶级对立的资产阶级旧社会的将是这样一个联合体,在那里,每个人的自由发展是一切人的自由发展的条件"。在这个联合生产者的社会,每个人的自由发展是一切人的自由发展的条件,这就是众所周知的共产主义社会。莱博维奇认为,马克思的计划是写六部著作来进行资本主义研究,《资本论》只是其中的第一部。马克思原计划在《资本论》之后再写一本关于雇佣劳动的书,遗憾的是这本书没有完成。正是由于雇佣劳动这本书的缺失,使我们没有真正理解马克思的政治经济学,也没有理解马克思的人的学说。

马克思对共产主义的确满怀期待,作为马克思的一个理想和愿景,马克思用最动人的词语描绘了共产主义。马克思说共产主义是以每个人的全面而自由的发展为基本原则的社会形式,是私有财产即人的自我异化的积极扬弃,是人向自身、向社会即合乎人性的人的复归,是彻底的自然主义或人道主义,或者说是真正的人道主义的实现。在共产主义社会,人由对物的依赖关系变为自由人的联合体,这是由对自由时间和劳动时间对立的扬弃而实现的。到了共产主义,由于社会生产力的极大发展,实现了劳动的普遍化,劳动不再成为人谋生的手段,而成了人的第一需要,这样就会有足够的自由时间保障全体社会成员全面而自由的发展。共产主义社会人才能作为一个完整的自由的人,全面占有自己的本质,即实现每个人的全面自由发展。

马克思理解的共产主义不是僵死的教条,而是现实的运动,是一个现实的否定性过程。为此马克思明确地提出:"共产主义对我们说来不是应当确立的状况,不是现实应当与之相适应的理想。我们所称为共产主义的是那种消灭现存状况的现实的运动。"对于马克思而言,共产主义不仅仅是一个理想,更是人们通过努力实现的真实的存在。当然马克思对共产主义的现实的理解是一个过程。马克思最早对共产主义思想进行评述是在《莱茵报》时期。

1842年10月马克思出任《莱茵报》主编,当时莱茵报发表了赫斯的《德意志哲学派别》提出要消除贫困和确立社会主义原则,后来赫斯发表言论说无产阶级反对私有制的斗争可能引起社会革命的言论。马克思反对当时流行的共产主义。他写道,《莱茵报》甚至在理论上都不承认现有形式的共产主义思想的现实性,因此,就更不会期望在实际上去实现它,甚至都不认为这种现象是可能的事情。但是马克思并不否认共产主义是一个重要的现实问题。他提出,不能仅仅因为共产主义在当时是个虚无的问题而不把其作为当前重要问题对待,并指出谁也无法掩盖一无所有的阶级要求占有资产阶级的一部分财产这一事实。马克思提出要以严肃的科学态度来对待这些现实的社会思想,要对其进行深入研究后才能加以评论,以考察其是否科学。

之后马克思深入工人阶级内部去了解他们的生活状况和斗争情况,从而加速了向共产主义的转变。在《论犹太人问题》中马克思认为,产生社会压迫的根源不是宗教而在于现实的社会关系中,并提出了人类解放是要废除私有制。1844年的《神圣家族》是马克思和恩格斯合写的第一部著作,在这本书中,马克思把尘世粗糙的物质生产作为历史发源地,提出世俗共产主义原理并第一次把自己的学说称为"共产主义"。

《德法年鉴》时期,马克思一方面深入工人阶级内部,去了解他们的生活状况和斗争情况;另一方面继续进行其理论研究从而加速了向共产主义的转变。在《论犹太人问题》中马克思认为产生社会压迫的根源不是宗教而在于现实的社会关系中,并提出了人类解放是要废除私有制。《1844年经济学哲学手稿》标志马克思完成了由民主主义者到共产主义者的转变,并初步提出自己的共产主义思想。他指出,共产主义私有财产即人的自我异化的积极扬弃,因而是通过人并且为了人而对人的本质的真正占有。因此它是人向自身向社会的合乎人性的人的复归,这种复归是完全的自觉的和在以往发展的全部财富的范围内生成的。

1848年后欧洲各国的政治经济形势和工人运动都发生了深刻的变化，革命风暴之后是资本主义经济蓬勃发展的局面，各国工人运动走向统一，成立了国际工人协会。工人的革命斗争非常需要有正确的理论作为指导，马克思积极投身革命运动总结革命经验为共产主义者同盟起草了第一个纲领性文献，这就是《共产党宣言》，《共产党宣言》标志着马克思共产主义思想的逐渐成熟。19世纪60年代中后期，马克思恩格斯根据欧美资本主义的发展和工人运动的经验，在总结了巴黎公社的经验和批评蒲鲁东主义、巴枯宁主义、拉萨尔主义以及俄国民粹主义的过程中，对未来共产主义社会提出了一些新的观点。共产主义社会是一个不断发展、不断完善的过程，这个过程将表现为经济上成熟程度不同的阶段。《哥达纲领批判》中第一次明确提出把共产主义社会划分为经济上成熟程度不同的阶段，并且分析了第一阶段和高级阶段的区别和联系，提出阶段论是针对在发达资本主义国家无产阶级革命取得胜利而说的，也就是说无产阶级经过革命推翻资本主义制度，经过一个过渡时期然后进入共产主义社会的第一阶段和高级阶段。可见，马克思共产主义思想的形成不是凭空产生的，是革命实践的产物。因此具有强大的生命力和科学性。表现在：

第一，它是辩证的。共产主义是一场批判性的具有辩证性质的实践运动。马克思在《1844年经济学哲学手稿》中所说："共产主义是作为否定的否定的肯定，因此，它是人的解放和复原的一个现实的、对下一段历史发展来说是必然的环节。共产主义是最近将来的必然的形式和有效的原则。但是，共产主义本身并不是人的发展的目标，并不是人的社会形式。"[①] "共产主义对我们来说不是应当确立的状况，不是现实应当与之相适应的理想。我们称为共产主义的是那种消灭现存状况的现实的运动。"[②] 这段话表明共产主义运动是辩证的，不断运动的，不断解放和复原人的一种肯定和环节。

第二，它是革命的。"对实践的唯物主义者即共产主义者来说，全部问题都在于使现存世界革命化，实际地反对并改变现存的事物。"[③] 马克思理解的共产主义不是僵死的教条，而是现实的运动，是一个现实的否定性过程。"要消灭私有财产的思想有共产主义理想就够了，而要消灭现实

---

① [德] 马克思：《1844年经济学哲学手稿》人民出版社2002年版，第60页。
② 《马克思恩格斯选集》第1卷，人民出版社2008年版，第75页。
③ 《马克思恩格斯全集》第7卷，人民出版社2001年版，第104页。

的私有财产则必须有现实的共产主义运动。"① 这就是消灭资本主义制度，就是实现无产阶级专政，把这种专政作为必经的过渡阶段，以求达到根本消灭阶级差别，消灭一切生产这些差别的生产关系，消灭一切和这些生产关系相适应的社会关系，改变一切由这些社会关系产生出来的观念。

第三，它是批判的。共产主义是私有财产即人的自我异化的积极的扬弃，因而是通过人并且为了人而对人的本质的真正占有。它是人向自身、向社会的即合乎人性的人的复归，这种复归是完全自觉的和在以往发展的全部财富的范围内生成的。

马克思对共产主义的阐释，对于理解马克思的本体论是至关重要的。共产主义是一个"否定性"的过程，一个"消灭现存状况""实际地反对和改变事物的现状"的过程，"把这个过程视为解放的根据，或者说，从否定性的过程去理解解放的根据，这是马克思本体论极其重要的思想内涵，即革命的、批判的辩证法的思想内涵"。② 所以，共产主义只是人的解放过程的一个现实环节，并不是终点！

二　马克思解放人学对当代社会还有用吗？

150 多年过去了，资本发生了巨大变化，很多马克思所说的经济条件在当代社会已经不再存在，那么马克思的学说对于当今社会还有用吗？这里涉及几个问题：一是马克思理论的科学性问题，二是马克思人的解放思想的当代出场问题，三是资本逻辑与符号逻辑的关系问题，四是马克思人的解放思想对当代资本主义和社会主义的意义问题。

（一）马克思学说的科学性

英国自然科学和社会科学哲学家波普尔以他的"证伪主义"学说试图证明，尽管马克思想要建立一个科学体系，即对经济、政治特别是革命进行分析和预测，但其方法是机械的历史决定论，所以马克思的理论是非科学的。波普尔提道："历史主义方法的中心观点，更具体地说，马克思

---

① 《马克思恩格斯全集》第 42 卷，人民出版社 2001 年版，第 40 页。
② 孙正聿：《解放何以可能——马克思的本体论革命》，《学术月刊》2002 年第 9 期。

主义的中心观点，似乎是这样的。……恰如能够预测日食一样，预测革命应当是可能的。……"① 但是，马克思没有正确区分科学预测和历史条件发生改变之间的关系。比如，在《资本论》前言中，马克思论述了自然、社会、经济发展的普遍规律，马克思认为资本主义向社会主义的必然过渡是基于工人阶级的苦难。但是，当工人阶级的物质条件得到改善时马克思的一些预言就被历史证伪了。当然，波普尔不是要批判马克思本人，他甚至认同马克思关于人类平等与自由的道德理想，波普尔要批判的是庸俗马克思主义，即把马克思主义简单化、片面化、教条化、庸俗化，这种庸俗的马克思主义在波普尔看来不具有科学的品格。

以英国康福斯为代表的哲学家则是要重新确认马克思学说的科学性。康福斯认为，马克思将他的理论付诸政治实践是正确的，这种理论和实践相结合的体系是不断发展的，是开放的。正如马克思本人曾经指出的，人类自己创造自己的历史，但不是随心所欲地创造，而是在直接碰到的、既定的条件下创造。所以，纠结于马克思的预言是否被历史证明是错误的，因为马克思本身就不是一个预言家，而是一个实践的组织者。更何况预言是有条件的，马克思对社会主义的预言是以资本主义的生产力发展和工人阶级的发展壮大为前提，最终取决于革命政治组织的有效性。康福斯认为，马克思理论的研究前提是人类社会的物质生产生活，其主导思想是生产关系要适应生产力的发展而变化，至于能否适应和适应到何种程度则取决于人与人之间的相互关系。这就决定了马克思的理论是可以被检验的。康福斯承认，尽管第二次世界大战后资本主义社会发生了一些好的变化，但是现存的马克思主义理论还是能够解释这些短暂的特殊现象的。

近年来的研究逐渐远离了波普尔的所谓科学性。一些学者认为，马克思使用的"science"一词是来源于德语的"Wissenschaft"，这一词在德语中的意思是关于自然、社会、文化和不同思想形式的系统知识。因此，马克思一直被认为是多元主义方法论，因为马克思使用了古典的、数学的、社会学的、经济学的、历史的和政治的分析。但是他们认为马克思实际上是反实证主义的，特别需要强调的是，用能否被实证来说明社会和自然现象的普遍规律是否为正确是实证主义的滥用。

---

① [英] 卡尔·波普尔：《猜想与反驳——科学知识的增长》，中国美术学院出版社2003年版，第338页。

关于马克思学说的科学性问题波普尔强调了马克思历史构想的科学有效性问题。而一些学者认为，马克思研究体系的科学实践性和其他学科的学者没有太多不同，马克思与别的思想家的真正区别在于其强调理论和实践相结合。马克思本人对科学的理解是，科学需要精确，因为事物存在本质和现象的差别，科学的任务是透过现象看本质，这也是马克思的研究方法，即把唯物主义和辩证法有机结合起来。马克思正是通过这种方法看到了资本主义社会的商品拜物教和利润来源，看到了资本主义的本质，这就是资本主义社会中人的生活是一种不人道的生活，而之所以人们过着这种不人道的生活，是因为人受"抽象"（资本）的统治。

历史的发展和事实证明马克思的学说不仅是科学的革命的，也是经得住历史考验的。尤其是马克思对资本逻辑的批判对于揭示当代社会的经济规律仍然十分成功，其原因在于资本自我膨胀的本质没有变，现代社会的运行依然像马克思理解的那样根植于服务于资本生产的目的。资本仍然要超越和挑战所有传统的限制的旧的生产方式和生活方式，撕裂所有对资本主义生产发展的限制，按照他的面貌创造世界，强迫世界采用资本生产方式。所不同的是当今社会资本逻辑的表现形式更加隐蔽，影响范围更加广泛，它仍然是制约人的解放实现的决定性因素。因此，更全面深入地研究当今社会资本逻辑在广度和深度的变化，研究其与人的解放之间的关系，是理解和分析当今社会人的解放问题的一把钥匙。于是，"尽管资产阶级学者一次次地想把马克思送进历史，但资本主义那些统治人的力量造成的不稳定、异化、剥削却一次次地出现，从而使人们认识到马克思在今天一如150多年前一样至关重要"。① 人们发现马克思仍然是我们的这个时代一个"无法超越"的思想家，而且不是其他人正是资本家重新发现马克思。因为他们比别人更敏锐地意识到资本主义经济的本质和不稳定。2007年次贷危机引发的金融危机就是一个明证。2008年的金融危机让一些大的欧盟金融机构频频告急，就在欧盟各国开始匆忙救市时，一个有趣的现象出现了：马克思的《资本论》再度成为人们所关注的焦点。重读《资本论》的不仅有青年知识分子，还有银行家、经理和政要人物。德国财长布吕克、法国总统萨科齐都在研读《资本论》。《资本论》第一卷是

---

① 弗朗西斯·温文：《资本主义使马克思主义仍至关重要》，丁海摘译，《社会科学报》2005年9月15日第7版。

1867年9月14日在汉堡正式出版的，为什么过了150年马克思的《资本论》仍然受到热烈追捧？因为人们发现，要探寻金融危机的根源仅仅从西方主流经济学出发是无能为力的，马克思主义经济学可以为我们提供一个探求经济危机解决方法的新视角，马克思主义资本理论对当今社会仍然具有它的理论指导性和现实启发性。

（二）从资本逻辑到符号逻辑：马克思人的解放思想的新出场

只要资本关系还是统治人类生活的基本原则就需要一个更大的各种反资本运动，马克思对"资本逻辑"的批判就具有不可背离的当代性意义。这种当代意义意味着马克思的资本逻辑批判理论要随着时代和社会发展的变化不断丰富和发展，因为马克思主义理论不是教条是发展的理论，马克思主义新的出场路径和出场形态的不断彰显是马克思主义理论与时代变化发展相交融的必然结果。随着以信息科技为核心的高新技术的迅猛发展，当今社会发生了一系列深刻变化，也出现了许多新变化和新特征，其中最为突出的一个特征就是消费社会的崛起。

法国著名哲学家社会学家鲍德里亚认为，随着消费社会的崛起当代资本主义已经发生重大变化，即已经从马克思所说的生产社会转向消费社会。消费社会商品的使用价值让位于商品的符号价值、象征价值与精神特性，人的生活和存在方式也随之发生变化。消费一跃而起成为社会生产和生活的主导动力，人们喜欢消费迷恋消费甚至被卷入一场洪流中，即只有通过消费才能确定自己的存在，这就是所谓的"我消费我存在"！当然揭示这一表面现象不是鲍德里亚的目的，这只是他逻辑展开的现实起点。鲍德里亚的问题是：为什么自诩为"理性"的人类会被消费如此异化着，而且毫无察觉甚至乐此不疲，其原因究竟是什么？鲍德里亚向前追溯认为罪魁祸首的表层原因是传统政治经济学，深层原因是启蒙理性，最根源则是犹太基督教。通过从传统政治学到启蒙理性再到犹太基督教的批判，鲍德里亚对现代社会完成了从经济批判到文化批判再到宗教批判的救赎。

在这一批判过程中，鲍德里亚认为当下最需要的是对传统政治经济学进行批判。鲍德里亚认为，传统政治经济学的基本逻辑是生产逻辑，正是生产逻辑毒害和污染着一代代革命者。在鲍德里亚看来，马克思的生产逻辑在这里发挥了推波助澜的作用，他甚至认为马克思的生产逻辑对人不是钥匙而是枷锁。因为在鲍德里亚看来，马克思把生产看作是永恒的，把生产当作是人类的存在，这种对生产理解的直接逻辑后果就是强化了生产力的革命话语和生产力拜物教，导致人们认为一切都是生产出来的。于是人们热衷于生产，痴迷于生产，甚至将生产作为一种习以为常的思维方式和生存方式，人们不去思考人究竟真正需要什么，究竟应该如何更好地生存，而是盲目地不假思索地持续性地生产、竞争、攫取和掠夺。人们为了生产而生产，为了利润而利润，为了增值而增值，其结果是环境恶劣、就业竞争激烈、能源危机、人口增多、交通堵塞等问题，这些都是与人的本来的生活相违背的。鲍德里亚认为，这种生产逻辑正是现代社会一切问题产生的根源。于是鲍德里亚从批判生产逻辑开始，批判这种生产的幽灵，批判这种生产浪漫主义，批判马克思以生产为核心的政治经济学。

鲍德里亚对马克思政治经济学的批判。首先，对物的再认识。鲍德里亚认为，马克思过于集中在商品二因素之一的交换价值，实际上当代社会人们对物的占有不仅仅出于使用价值，更多的是物的符号价值。其次，当今社会符号逻辑已经取代资本逻辑。鲍德里亚认为作为符号的人格化在现实生活中运行的规律符号逻辑已经取代了资本逻辑成为一种至上的本体性存在。最后，消费社会的人已经不再被资本异化而是被符号异化。物通过符号支配一切，人们被符号统治和异化，符号使人的主体性衰落，符号成了奴役人、控制人、统治人的力量。符号统治人的形式比资本更加神秘且不易被察觉，这种统治和异化达到了前所未有的程度，而且是在人类集体无意识的状态下完成的。鲍德里亚试图把人类从这种镜像中解放出来，他坚信当下现存的资本主义社会的生活方式并不是人类的真实意愿，人们被蒙蔽着，一旦人们撕碎这层面纱人才真正成为"人"。于是鲍德里亚采取向后看的方式，试图以回归原始社会的象征交换重构资本主义社会批判理论。可见，鲍德里亚对马克思政治经济学的批判对马克思政治经济学来讲是一种巨大挑战和理论威胁，这种挑战甚至是釜底抽薪的，但是它也为马克思政治经济学的当代发展提供了机遇。面对挑战与机遇，马克思主义者一方面必须迎面直击进行正面回答和理论反驳，捍卫马克思主义的理论权威；另一方面也要不断丰富发展马克思主义思想，彰显马克思主义理论的当代性。

（三）资本逻辑与符号逻辑的关系

当代社会符号逻辑并没有取代资本逻辑，相反资本逻辑仍然是当今社会的决定性逻辑。首先，乌托邦式的否定生产回归纯粹的原始生态是没有意义的，相反马克思没有乌托邦式地否定生产，而是从唯物史观出发说明物质资料生产是人类社会存在和发展的基础。片面地否定生产会使人类失去生产和发展的物质基础，而且出现问题的症结所在不是生产本身而是生产关系。马克思客观分析了资本主义生产的历史性，找到了隐藏在生产背后使人异化的真正根源，即资本逻辑的秘密。他要通过对资本逻辑的批判揭示现代社会的本质，探寻人类社会的未来。生产只是其表现的形式，在马克思生活的时代资本主义大工业生产仅仅是主要的生产形式。这说明在解决资本主义社会存在的问题及如何真正解放人类自身等方面鲍德里亚仍然没有超越马克思。他仅仅是想往后看，怀着一种凄美的期望到原始社会去寻找帮助，这注定鲍德里亚的解放之路仅仅是乌托邦！

其次，符号逻辑仍然是资本逻辑实现过程中的重要一环。经济全球化的发展使得资本冲破了时间和空间的界限可以向更广更深领域进发，这使得不断扩大生产与消费能力之间的矛盾更加激化。但是资本逻辑的发展必然需要消费在流通环节的最终实现，于是资本逻辑要想继续正常运行必须用尽各种手段不断刺激消费，创造消费，只有这样才能克服生产与消费之间的矛盾，才能最终实现资本的增值。如果说生产是资本逻辑得以生产的土壤，那么消费就是其不断壮大所需要的养分。有了坚实的土壤，有了丰富的营养，资本逻辑得以壮大。因此，符号逻辑的话语权仍然是资本逻辑所赋予的，资本逻辑仍然决定着符号逻辑。

最后，在消费主义社会消费也是一种生产，消费仍然是资本生产的内在环节，是资本生产的必然结果和逻辑延展。符号价值也是诞生于生产，这种生产不仅是物质生产也是一种差异生产，这种差异生产也是劳动。消费社会的基础是符号、代码，其内在的运作机制仍是资本。符号逻辑仍然是资本运行的当代形式，仍然处于马克思的资本批判框架中，符号逻辑背后起决定作用的仍然是资本逻辑。当然，消费社会的符号逻辑确实反映了资本逻辑在当今社会的一些新变化和新发展，它是资本逻辑的功能化和当代样式，是资本逻辑在新的时代背景下向社会生活领域的全面扩大化，它在一定意义上将马克思的资本逻辑进一步引向深化。鲍德里亚对符号逻辑的分析和阐述的确对于我们分析消费社会与人的解放问题具有重要的借鉴意义。

（四）马克思人的解放思想的当代意义

马克思一生的目的就是要推翻资本的力量，今天资本已经发生了巨大变化，但有一点是不变的即资本的本质没有变。然而在当今社会仅仅理解资本的本质和剥削根源是远远不够的。马克思主义的历史责任仍然是讨论资本全球化的背景下资本的本质和工人的关系、女性解放与女性受压迫、超越资本的必要性，以及如何继续马克思未竟的事业继续推翻资本的力量，如何帮助工人阶级意识到自己的地位和需要，意识到自我解放的可能条件。这些问题的解决需要以马克思人的解放思想为方法论依据。

但是仅仅是这样也还是不够的。20世纪社会主义对人的解放的发展做了巨大的努力和探索，对于21世纪来说人们需要有一个梦想，即经过我们的努力和付出前方有一个更美好的世界在等着我们，这就是21世纪的社会主义。21世纪社会主义的发展要有自己的逻辑，一是以人的逻辑为基础；二是社会生产组织的目的是满足公共需求；三是核心是人的发展。21世纪社会主义的发展将丰富和发展马克思人的解放思想，也使马克思人的解放思想具有了世界意义。

21世纪中国特色社会主义的发展吸引了全世界的目光，得到了国际社会的认可，它以科学的理论、成功的道路使人民当家做主，受到人民的支持，证实了马克思主义在当今世界没有过时依然具有强大的生命力，为21世纪社会主义发展提供了可参考借鉴的模式。首先，它正确处理和认识了社会主义社会的资本逻辑与符号逻辑。随着市场经济和经济全球化的发展我国也进入了消费社会，中国特色社会主义发展使我们意识到资本逻辑和符号逻辑的基本运行规律在社会主义社会也同样存在，也给社会主义社会人的解放与发展带来了新的问题和挑战。因此，在中国目前所面临的诸多发展伦理问题中，一个不可回避的基础性问题就是如何避免资本—符号逻辑对人的全面入侵，为每个人的自由全面发展奠定基础。这一问题的解决是中国市场经济的良性发展的必然要求，也是实现人的解放的现实道路，需要我们作出理论回答和哲学反思。其次，在理论上继承发展了马克思人的解放思想，科学发展观、中国梦与社会主义核心价值观等与马克思人的解放思想是内在统一的。最后，中国特色社会主义社会取得了重大成就，这是在实践上对马克思人的解放思想的最好落实与发展。其随着中国梦的实现，21世纪的中国特色社会主义将为每个人的实现自由和全面发展准备条件，最终真正实现人的解放！

三 学界研究现状

（一）关于马克思解放人学思想的国内外研究

关于马克思解放人学思想的研究国内外学者都取得了一定的成果。国外主要是苏联和东欧的一些社会主义国家和当代一些西方马克思主义者的研究。国内主要是大陆的一批社会科学方面的专家学者以及台湾学者的研究。

1. 关于马克思解放人学思想的国外研究[①]

西方马克思主义的中心问题是人的问题，特别是当代资本主义条件下的人的问题，所以马克思人学特别是人道主义旨趣、异化观、实践观、社会批判理论，以及历史唯物主义对西方当代人学产生了重大影响。因此，对马克思解放人学思想的研究也成为西方马克思主义关注的焦点，主要可以从两个角度概括。

一是认为马克思思想中没有人学思想，马克思过度强调了物质主义，而对人是缺少关照的，所以马克思主义应该用"人学"来补充。代表人物有存在主义马克思主义者萨特，他曾经公开宣称马克思主义中有一个"人学的空场"。他认为，"马克思主义因为缺少人学而出现了停滞局面，在马克思主义哲学中'人被弄成了公式化的傀儡'，'把人吞没在观念里了'，马克思主义的辩证法不存在了。在萨特看来，应该把人的主观性因素加入到马克思主义中去，重新恢复辩证法的本来面貌。"[②] 虽然他们对马克思的人学思想给予否定，但是他们都承认马克思人学思想的无法比拟的优越性。即使萨特也曾经说过，"当代西方所处的正是马克思的时代，马克思主义它仍然是我们时代的哲学：它是不可超越的，因为产生它的情势还没有被超越。"[③] 海德格尔则断言："马克思在体会到异化的时候深入到历史的本质性的一度中去了，所以马克思主义关于历史的观点比其余的

[①] 杨兆山：《马克思人的解放思想道德时代价值：科技革命视野中人的解放问题探索》，博士论文，2004年5月。

[②] 白顺清：《西方马克思主义与马克思主义人学》，《党政干部学刊》2007年第1期。

[③] 萨特：《马克思主义和存在主义》上卷，安徽文艺出版社1998年版，第28页。

历史优越。但因为胡塞尔没有，据我看来萨特尔也没有在'在'中认识到历史事物的本质性，所以现象学没有、存在主义也没有达到这样的一度中，在此一度中才有可能有资格和马克思主义交谈。"①

二是从对资本主义社会现实的异化现象出发，认为人的异化理论和人道主义思想是马克思主义的核心与精髓，并试图进一步补充和修正马克思人学思想。如弗洛姆批判了认为马克思主义哲学只注重人的物质需要、忽视人的精神的观点，认为马克思哲学是以人道主义和异化为基础的人学，是一种关于人的哲学。弗洛姆还对马克思的劳动概念进行了人类学解读，认为马克思的劳动概念是和异化概念紧密相连的，并提出马克思的异化概念是对黑格尔的异化观点的继承和发展。还有法兰克福学派代表人物马尔库塞，"他用马克思《1844年经济学哲学手稿》中的人道主义理论去'修正''改造'马克思的后期理论，并且用《手稿》中的人道主义理论去解释、统一、概括整个马克思的思想，从而把整个马克思主义理论置于'人'的理论基础之上。"②西方马克思主义者对马克思人学思想的认识对于丰富和发展马克思的人学思想具有重要的意义，他们的一些理论成果对于人的解放也具有重要的现实意义，但在某种程度上存在着对马克思的误读甚至是歪曲，我们要辩证解读、具体分析、正确理解、分别对待，有批判地吸收和继承。

2. 关于马克思解放人学思想的国内研究

我国学者对马克思解放人学思想的研究主要分为三个阶段，第一个阶段是从20世纪80年代开始，第二个阶段从20世纪90年代开始到20世纪末，第三个阶段是21世纪开始至今。

从20世纪80年代开始，理论界关于解放人学的研究主要受西方人道主义思潮的影响，主要集中于人道主义和异化问题，主要成果是重新解读马克思的人道主义，认为社会主义也产生了异化现象，而要克服社会主义的异化必须高扬人的主体性。比如李泽厚的《批判哲学的批判——康德述评》。对人道主义的这种再认识是对"文化大革命"以来"左"倾错误思想的批判和反思，是中国知识分子应时代发展需要对人的主体性的一种诉求，对于解放人们的思想和改革开放的不断深入具有重要的意义。当然

---

① 海德格尔：《论人道主义》，商务印书馆1997年版，第380页。
② 高振强：《西方马克思主义与马克思主义人学》，《河南社会科学》2000年第2期。

这一时期的人道主义讨论也有一定的分歧,一种观点认为,马克思主义和人道主义是根本对立的,应彻底摒弃人道主义,同时认为异化会引起人与人之间关系的畸形,不能给人以正确的指导,这种理论是消极的。一种观点认为,马克思主义实质上是真正的人道主义,其思想的实质和核心是实现人类的解放,因此应该肯定人民群众的真正价值,肯定人道主义;第三种观点认为,"马克思主义把人看做是处在一定社会关系中的人,因而它是现实的或科学的人道主义,人道主义只是马克思主义理论内容的一部分;第四种观点是,胡乔木在1984年1月发表的《关于人道主义和异化问题》文章中指出的,要区别人道主义两个方面的含义:一个是作为世界观和历史观的人道主义,一个是作为伦理原则和道德规范的人道主义。在1984年肇庆召开的关于人道主义和异化问题的讨论会上,许多同志认为,马克思、恩格斯是赞成在道德范畴的意义上使用人道主义的概念的,在世界观、历史观的意义上则是批判人道主义的。"[①] 这一时期的主要成果有中国社会科学院哲学研究所编写的《人性、人道主义问题讨论》,北京大学编写的《马克思主义与人》,中国人民大学编写的《马克思、恩格斯论人性、人道主义和异化》,王锐生、景天魁的《论马克思主义关于人的学说》,等等。

20世纪90年代开始到20世纪末,人本主义思潮在我国再次成为研究的热点。这一时期主要成果有两个方面,一方面是对西方人学思想的研究介绍,代表性成果是徐崇文的《国外马克思主义和社会主义研究丛书》,欧阳谦的《20世纪西方人学思想导论》,衣俊卿的《20世纪新马克思主义》等;另一方面是对马克思主义人学思想的研究。主要代表性成果是韩庆祥的《马克思主义人学思想发微》,袁贵仁的《马克思人学思想研究》等。这一时期的主要成果有:第一,对马克思人的理论进行了系统研究,肯定人在马克思主义理论中的重要地位。第二,阐释了马克思人学的基本框架体系。如杨适的《人的解放——重读马克思》《马克思人学思想》等都比较系统地分析了马克思人学思想的形成发展、内涵和特点,初步阐释了马克思人学思想的基本框架。第三,对西方马克思主义人学思想有了系统的介绍。这一介绍丰富和发展了马克思的人学研究,对于马克

---

① 李杰:《改革开放以来中国学者关于马克思人学研究综述》,《理论探讨》2010年第5期。

思主义理论的当代发展具有重要意义。

21世纪开始至今这一时期对马克思解放人学的研究呈现百花齐放的良好态势。主要代表作有贺来2004年出版的《边界意识和人的解放》，孙正聿的论文《解放何以可能——马克思的实践转向和科学发展观的理论自觉》，王雨辰的《消费批判与人的解放——评西方生态学马克思主义对消费主义价值观的批判》，杨兆山的博士论文《马克思人的解放思想的时代价值》，等等。这些理论成果分别代表了人的解放理论研究的三个方向：一是从生存哲学角度将人的解放看作是人的生命意志；二是从实践哲学的角度认为马克思人的解放是马克思哲学所实现的本体论变革；三是将西方马克思主义和当今社会人的生存状况结合起来，找寻实现人的自由和解放之道。

纵观这几十年的马克思人学理论发展，成果是非常显著的，但也存在一些问题，比如注重文本研究，对当前中国人的现实生活的关注较少。对马克思人学的产生发展研究比较深入，但是对于其解放思想的伦理指向研究较少。特别是随着现代电子科学技术的发展，人的解放面临着很多新的现实问题，这就要求我们结合社会主义现代化建设过程中人所遇到的现实问题，联系国内外学者对人的解放的理解和诠释，不断丰富和发展马克思主义人学理论，使其在构建社会主义和谐社会中发挥更重要的作用。

（二）关于马克思资本理论的国内外研究

1. 国外研究现状

（1）关于马克思《资本论》逻辑方法

一些西方学者认为，马克思《资本论》使用的逻辑方法一直没有得到学界的充分关注，这也应是未来研究的重点。目前关于马克思《资本论》采用的逻辑方法西方学者主要形成了以下几种观点：历史逻辑方法、逐次逼近法和线性生产法。

历史逻辑法是由恩格斯提出的1906年之后被米克发展。根据历史逻辑方法的解释，马克思《资本论》中的逻辑范畴对应真实历史过程。这一解释最有影响的是它假设第一卷第一部分的主体不是资本主义，而是前资本主义的简单商品生产，生产者拥有它们自己的生产方式，在这里没有涉及劳动工资。在这里马克思的方法被认为在本质上和斯密、李嘉图是一样的。米克认为，马克思主要关注的是对简单商品生产和资本主义生产进行比较。

逐次逼近法是由格罗斯曼于1929年提出的,1968年由斯威齐采用。根据逐次逼近法的解释,《资本论》第一卷以大量商品假设为开端,主要目的是把最初分析集中在资本主义最本质的特点上,即利润来源上。在第三卷中,这些简单的假设被抛弃,目的是要提供一个更理想化的商品价格理论,并对其他资本主义现象进行解释。根据这一解释,第一卷中两个重要的假设是,个人商品的价格和它们的价值相等,资本构成在所有工业部门都一样。尽管这两个假设与现实明显矛盾,但它们在第一卷是要说明资本主义利润是由劳动工人创造的。

线性生产法是以线性生产理论为基础,分别由 Morishima 于1973年和 Steelman 于1977年提出,近来被广泛采用。根据斯拉法解释,马克思方法论被认为本质上与斯拉法线性生产理论是一致的。根据这种解释,资本论第一卷是关于价值体系的,在这个体系中个人商品的劳动价值和剩余价值率来自既定的技术条件和实际工资。第三卷是关于价格体系,这里个人商品劳动价值被转换到它们对应的货币价格上,由在一定技术条件和实际工资条件下的利润率决定。

(2) 关于马克思资本逻辑与黑格尔逻辑的关系

关于马克思资本逻辑与黑格尔逻辑的关系问题一直是西方学者研究的重点。一种观点认为黑格尔的辩证逻辑对马克思资本逻辑起到决定性作用,主要代表人物有阿瑟、托尼·史密斯。另一种观点认为黑格尔的辩证逻辑对马克思的资本逻辑不重要,代表人物 Paul Mattick。

阿瑟认为,黑格尔逻辑与马克思资本论的分析密切相关。阿瑟对资本的辩证法解释是几十年来对资本解读的重要成果。阿瑟的解释属于新马克思主义思潮。这一思潮不再为历史唯物主义寻求辩证宏大叙事,而是立足于系统辩证法,用系统辩证法的逻辑解释资本并把它理解为资本主义系统的理论。阿瑟说,"马克思《资本论》中阐述的社会关系和黑格尔《逻辑学》中的对应关系的基础,在于交换的'抽象性'。……'价值'的交换范畴是同资本结合在一起的,而价值可以被证明为物质事物之间的一种'形而上'的关系"。[1] 阿瑟还认为,马克思异质商品交换在实践中构成的

---

[1] 夏林:《马克思究竟如何超越黑格尔?——深入理解马克思主义的"原点问题"》,《现代哲学》2009年第1期。

抽象形式和黑格尔在思想中构成的逻辑范畴在方法上是类似的，而且马克思的叙述方法是以黑格尔逻辑概念（质、量、度、本质、现象、现实）为基础并进一步论述这些概念之间的关联。

托尼·史密斯认为，马克思在《资本论》中的系统辩证法和黑格尔的辩证法相同。史密斯回应了各种传统马克思主义者反对黑格尔辩证逻辑的观点，他认为，在马克思那里有很多理论，不同理论有不同的方法，理解资本逻辑的正确方法是系统辩证法。系统辩证法这一方法既有理论优势又有实践优势。马克思系统辩证法逻辑能够被应用到当代资本主义两个具体问题中，即技术变化的动力问题和工人阶级政治的策略问题。帕特里·克默里提出，黑格尔逻辑特别是它的本质逻辑对马克思的《资本论》十分有用。他引证了马克思早期哲学中的黑格尔逻辑影像。他认为，马克思从黑格尔继承的主要观点是，本质和现象并不是逻辑不相关的独立本体。相反，在本质和现象之间有一个必然逻辑。这一理论解释了为什么本质必须以某一特殊形式出现。帕特里·克默里认为，就是这个本质和现象之间的必然联系是马克思货币理论的关键，也是马克思批判李嘉图的关键。

Paul Mattick 认为，黑格尔逻辑对马克思资本理论不重要。他认为，黑格尔试图通过辩证逻辑导出他的概念系统，他把普遍性应用到社会形式。马克思逻辑建立在相反原则上，马克思资本主义理论中的概念不是来自先验逻辑演绎，而是来自资本主义历史和社会现实。《资本论》以商品为开端，因为这个是古典政治经济学的起点，但是马克思最后表明这个出发点是不够的，资本主义理论更好的出发点是资本家和工资劳动者的阶级关系。Paul Mattick 重新考察资本论第一章，认为马克思使用了黑格尔的语言，但这部分逻辑不是黑格尔的。货币必要性不是来自矛盾的纯逻辑，而是来自社会实践的实际需要。最后 Paul Mattick 认为，马克思使用黑格尔的语言目的是符合古典经济学的批判目的。这两种观点都没有正确地说明黑格尔的辩证法和马克思资本逻辑之间的关联，马克思的资本逻辑既是对黑格尔辩证法中合理内核的继承，又是对黑格尔辩证法唯心主义本质的批判与超越，它是革命的批判的辩证逻辑。

（3）关于马克思《资本论》的研究[①]

《资本论》揭示了资本主义社会发展的必然规律，证明了资本主义必

---

① 参见裴小革《国外学者如何看待资本论》，《求是学刊》2002 年第 6 期。

然灭亡社会主义社会必然胜利的历史规律，这深深触犯了资本主义社会统治阶层的既得利益，以至于在它诞生后直到现在，对其研究和争论就没有停止过。

在经济学领域，《资本论》被公认为是引起争议最多的著作。一种观点是对《资本论》给了较高评价，认为《资本论》是一部揭示社会经济矛盾和运动规律的著作。如琼·罗宾逊肯定了《资本论》在揭示资本主义社会经济矛盾和运动规律方面的成就。米尔·达尔认为《资本论》中的劳动价值理论和剩余价值论等学说揭示了市场经济中的矛盾和冲突，触到主要凭借财产所有权生活的人的痛处，这也就是为什么这两个理论会在经济学家当中引起那么多的争议的原因。列昂惕夫等国外经济学家肯定了《资本论》有关资本主义社会经济矛盾和运动规律理论的实证性和科学性。美国纽约大学经济学教授詹姆士·贝克（James F. Beoker）认为，马克思政治经济学为寻求对生产力的发展建立人类支配权的一切人民提供了指南。这对于高度发达的资本主义国家的人民是正确的，同样它对于经济上不发达和受剥削的世界的那些人民也已证明是真理。就一种方法论而言，即其重要是以抓住社会生活的现实问题，其有力足以摆脱这些现实问题，对马克思的经济学的需要则是普遍的。另一种观点则对《资本论》的评价较低，如英国经济学家凯恩斯。他在写于1925年的《对俄国的简略观察》一文中谈到《资本论》时，说《资本论》是一本陈旧的经济学教科书。在我看来，它不仅在科学上是错误的，而且在当代世界毫无益处或没有用处。尽管对《资本论》的评价有高有低，但几乎没有人否认它是一部学术著作。比如当凯恩斯发表其代表作《就业利息和货币通论》时，他在该书一开始注明"经典学派"一词是马克思创造的，自己对这个词的别种用法可能是犯了文法错误。自20世纪30年代以后，《资本论》关于自由放任资本主义经济不能长久存在的论述的科学性被相当多的国外经济学家所承认。

在哲学领域，以德里达、詹姆逊、哈贝马斯和吉登斯为代表，对《资本论》有关资本主义社会经济矛盾和运动规律的论述给予很高的评价。他们认为，与马克思在世的时候相比，当今时代的确已经有了许多重大变化。有许多变化是马克思所未曾料到的。因而想在《资本论》中寻找解决现实问题的现成答案肯定是行不通的。但是，发达国家的经济仍属于资本主义经济，这一点并没有变，因此《资本论》并没有过时，《资本论》对资本主义社会经济矛盾和运动规律的论述仍具有现实意义，《资本论》关于未来社会的科学预见仍有价值。在马克思所未曾料到的社会变化中，有许多变化本身是对《资本论》有关资本主义社会经济矛盾和运动规律的论述做出反应的结果。由于《资本论》有关资本主义社会经济矛盾和运动规律论述的深度和广度，不管人们对《资本论》抱有何种态度，都必须对《资本论》揭示的这些矛盾和规律做出反应。汤姆森在《理论的贫困》中认为，资本论是对资本内在逻辑性的一种研究，而不是针对资本主义。可以肯定地说，如果没有《资本论》就没有今天的世界。海尔·布隆纳充分肯定了《资本论》有关制度分析的科学性。他说："对马克思关于资本主义是什么的分析，我所持的态度是更多肯定的，不管这种分析在说明资本主义将变成什么方面有什么问题。这个从简单商品开始对资本主义制度的社会分析，我认为是我们所曾见到过的最值得注意和最发人深省的敏锐思维之一，我常把它同柏拉图和弗洛伊德的学说相比，它是当之无愧的。这种分析的洞察能力是马克思主义所特有的，也许是最突出和最不朽的成就。它使我们对可能完全无法理解的社会能够有所理解，使我们能够认识到我们是什么，而这是认识到我们可能成为什么的必要的前提。"[1]

2. 国内研究现状

近年来随着市场经济的发展，对资本的研究逐渐成为中国学术界的研究热点。他们探讨的主要问题有，如何认识资本与现代性的关系，如何看待资本的历史作用，如何看待社会主义社会资本对人的影响，如何对资本加以伦理规制，等等。

关于资本与现代性，国内学术界主要有以下几点主张。复旦大学孙承叔教授指出，围绕现代性有两种基本理论：一种是理性现代性理论，以黑格尔近代理性主义为代表；另一种是资本现代性理论，以马克思为代表。当代社会所出现的技术对人的统治、人本身的异化、社会的非理性等危机的根源，西方学者一般把它归罪于科学技术的发展和理性形而上学，而马克思认为造成现代社会危机的根源是现代资本，正是资本使人成为一种失去生存意义的工具性存在。在现代性问题上，离开了对资本的批判，不仅

---

[1] ［美］海尔布隆纳：《马克思主义：赞成与反对》，中译本，桂冠图书股份有限公司1990年版，第107—108页。

是肤浅的，而且带有虚伪的本质。

　　上海财经大学现代经济哲学研究中心鲁品越教授认为，一部作为"资本哲学"的《资本论》所揭示的，正是资本力量驱动下的现代社会与现代性的生成史，是对现代经济结构与现代性的深刻而宏大的理论重构。作为现代性生成过程的深层主线的资本扩张过程，本身就是一个创造过程：它不断把客观生活世界纳入资本运转体系中，在实践中通过现实的社会生活世界而不断展开和创造，由此产生了现代性各种基本特质，产生了现代社会的生活方式和众生相。

　　关于资本的历史作用，近年来学术界对于资本的历史作用进行了一系列辩证解读，取得了一定的成果。以黄楠森等为代表的学者认为，要辩证认识资本的历史作用。资本的恶给人类带来了不可忽视的负面后果，但是也极大促进了人类社会的发展。

　　关于资本与人的生存，复旦大学哲学系陈学明教授认为，资本的原则与人的功能的和谐是冲突的。中国社会科学院刘奔研究员指出，资本创造了巨大的物质文明，同时又使人本身被贬低为手段。在这种情况下，应该既保持"发展资本"同时又"限制资本"。

　　关于资本的伦理规制，社会主义市场经济必然存在资本在学术界已经取得基本共识，如何发挥资本善的一面，遏制资本恶的一面学者们提出了自己的观点。苏州大学哲学系陈忠博士认为，资本问题是现代性的最根本问题，对资本问题的解决要与伦理学相结合，建构以资本批判为基点的"现代性—伦理学"——"深层发展伦理学"从以上综述可以看出，目前在资本哲学的研究中，对资本逻辑的专门剖析还显得不足。目前对资本逻辑的研究主要集中在以下几个方面，从消费主义的角度，从社会结构变迁角度，从资本逻辑与生活逻辑的关系的角度，从辩证法角度解读资本逻辑。实际上，马克思的历史使命是通过揭示资本逻辑最终自己否定自己的发展趋势，为人的自由发展开辟了现实的可能性道路。对资本逻辑批判以及对人类主体生存状况的关注和终极关怀是马克思一生研究的主要问题。

（三）关于鲍德里亚符号逻辑的国内外研究概况

　　1. 国外研究

　　20 世纪 70 年代，随着后现代思潮的兴起形成了一股后马克思主义哲学研究的思潮。与这股思潮中的佼佼者，如福柯、利奥塔、德里达相比，鲍德里亚属于大器晚成。1975年，鲍德里亚的《生产之镜》被译成英文，这是一个一发不可收拾的开端。1981年《符号政治经济学批判》，1983年《沉默的大多数》《仿真》，1987年《忘却福柯》，1988年《交流的狂喜》，1990年《诱惑》《致命的策略》《冷酷的记忆》，1993年《象征交换与死亡》，1994年《模拟与仿真》，1996年《物体系》，1998年《消费社会》等相继出版。目前国外对鲍德里亚的研究主要在以下几个方面。①

（1）从马克思主义视域来研究

第一个对鲍德里亚进行专门研究的是美国学者凯尔纳，代表作是《让·鲍德里亚：从马克思主义到后现代主义或更远》（Jean Baudrillard: From Maarxism to Post – modernism and Beyond）（1989）。凯尔纳认为鲍德里亚对当今社会现实的描述比较充分，对现存政治矛盾的论述也是恰当的。他对鲍德里亚做出高度评价，同时也认为，社会理论需要对当前社会的条件、趋势和发展进行经验的研究，因此，鲍德里亚的著作是有缺陷的和不完全的。

（2）从后现代视域来研究

代表人物是英国学者甘恩，代表作是《鲍德里亚：批判和命定性理论》。甘恩更重视鲍德里亚的后期著作，把鲍德里亚作为后现代评论家。他的研究视野进一步扩大，不仅包括鲍德里亚早期著作，还包括罗萨特、阿尔都塞、列维斯特劳斯、德波、巴特、巴塔耶、福柯等。他将鲍德里亚与这些思想家进行比较，认为鲍德里亚是后现代的先锋。

（3）从符号学角度分析

代表人物是加拿大学者基诺斯科，代表作是《鲍德里亚和符号》（Baudrillard and Sign）（1994）。基诺斯科运用美国符号学家皮尔士的思维解释了鲍德里亚的理论。他指出鲍德里亚的革新之处，在鲍德里亚的象征交换中取消了能指和所指之间的"/"。基诺的研究预示着一个新的研究方法，他强调，鲍德里亚著作中的符号开辟了一个正确的方法。

2. 国内研究现状

与国外研究相比，国内对鲍德里亚的研究起步相对较晚。到20世纪90年代中期，国内对鲍德里亚的研究还是比较薄弱的，专门研究鲍德里

---

① 参见高亚春《符号与象征——鲍德里亚消费社会批判理论研究》，人民出版社2007年版，第11页。

亚的学者更是寥寥无几。最先开始引进和介绍鲍德里亚思想的是从事文学评论的学者。这一领域中的学者主要做的工作是将国外对鲍德里亚思想的诠释作为研究的范本直接移植到中国,更多地关注于"后现代"视域中的鲍德里亚。之后,对鲍德里亚的研究范围拓展到了哲学、经济学、社会学等多领域,陆续出现了研究论文、专著和译著的出版。21世纪后,鲍德里亚以其独特而怪异的风格及学说引起国内学者广泛关注,关于鲍德里亚的研究也如雨后春笋般萌发。总的来说,目前关于鲍德里亚的研究主要集中在以下几个方面。

(1) 鲍德里亚符号消费社会的研究

鲍德里亚进入国内学者的视野是与国内消费社会的形成和20世纪90年代后的后现代思潮密切相关的。对于鲍德里亚符号消费社会的研究我国相对比较成熟。代表作包括高亚春的博士毕业论文《符号与象征:鲍德里亚消费社会批判理论研究》和孔明安的《从物的消费到符号的消费——鲍德里亚的消费文化理论研究》(《哲学研究》2002年第11期)等。主要观点认为,这一时期的鲍德里亚仍然属于西方马克思主义,在其早期著作《物体系》中鲍德里亚从具体的物逐步进入"符号"领域,突出了符号的地位和价值,这一观点延伸到《消费社会》和《符号政治经济学批判》中。在《消费社会》中,鲍德里亚对"符号价值""符号消费"进行了论述,认为人已经被自己创造的"符号"王国异化了。个体因为沉浸在符号消费中不能自拔,并在符号消费中丧失自我,也即个体"在其中被取消"。

对于如何看待鲍德里亚对消费社会的分析,国内学术界存在两种不同的见解:一种是认同性立场,主张以鲍德里亚的消费理论为母体,建构一种中国特色的后现代消费理论,实现从"生产主义"消费到消费主义消费的过渡;另一种是批判性立场,认为鲍德里亚的消费社会是以当下的西方社会现实为背景的,不能毫无批判地将它移植到中国,必须要结合中国的具体现实来审视这一理论的合法性。

(2) 鲍德里亚与马克思主义政治经济学、唯物史观的关系

《消费社会》出版三年后,也就是2005年鲍德里亚的《生产之镜》和《符号政治经济学批判》才与国内读者见面。也许是时间的原因,国内对这本书的关注相对《消费社会》来讲比较薄弱。在这本书里,鲍德里亚将马克思政治经济学与符号学研究结合起来,提出了符号政治经济学

批判的理论框架。符号政治经济学批判是鲍德里亚早期思想建构中的重要内容，也是他批判消费社会的理论平台。在鲍德里亚的这一理论层面，马克思政治经济学的生产的逻辑削弱了，取而代之的是符号逻辑的凸显。

针对鲍德里亚对马克思唯物史观和政治经济学的批判，国内学术界展开了一系列有力的回击。南京大学张一兵教授认为，正是在《生产之镜》和《符号政治经济学批判》里，"鲍德里亚展开了对马克思历史唯物主义理论大厦内部最重要的支撑性结构——物质生产基始论和历史现象学批判逻辑的全面攻击"[①]。在这个意义上，对鲍德里亚与马克思主义政治经济学、唯物史观的关系问题的研究亟待加强。关于这方面的研究还有仰海峰的博士毕业论文《走向后马克思：从生产之镜到符号之镜——早期鲍德里亚思想的文本解读》，2006年戴阿宝的博士毕业论文《终结的力量：鲍德里亚前期思想研究》。

其实，鲍德里亚对当代资本主义经济与社会结构的分析是极为深刻的，他透视了资本的逻辑在当下的主导性支配结构，即符号控制。但是鲍德里亚对马克思的误读也正在此，他的符号逻辑仍然处于马克思的资本逻辑批判框架中。要真正回应鲍德里亚必须理解马克思的资本批判逻辑。通过资本逻辑与符号逻辑的比较分析，捍卫马克思的历史唯物主义方法论。而这方面的研究在国内目前还没有专门性论述，这也是本文写作的一个初衷。

（3）鲍德里亚与后现代理论之间的关系

尽管鲍德里亚被很多人指认是后现代的教父，但是鲍德里亚本人从未承认自己是后现代的，甚至他还不屑于后现代。那么，究竟鲍德里亚属不属于后现代目前学术界仍有不同的观点。以美国学者凯尔纳教授、复旦大学哲学系汪行福教授为代表的一方明确指出，鲍德里亚是后现代先锋理论的精神领袖。他明确指出，鲍德里亚在1973年《生产之镜》之后，就放弃了原来的新马克思主义的立场，转变为后现代主义者，并从"消失"的三个层面，即真实的消失、主体的消失以及整个现代性自身的"大消失"入手，细致地勾画了以消失和断裂为精神实质的整个后现代理论的大构想，所以鲍德里亚不仅属于后现代，还是后现代的先锋人物。

另一种观点认为，鲍德里亚绝不是后现代主义者。这种观点的主要代

[①] 张一兵：《对鲍德里亚〈生产之镜〉批判性解读》，《哲学研究》2006年第11期。

表是南京大学张一兵教授和中国社会科学院孔明安博士。他们认为，尽管鲍德里亚后期著作探求的是对当今超真实社会的批判，进而追求一种超空和超越的境界，但这并不能掩盖他在这种批判和超越背后的本体论承诺。他试图返回到原始的象征交往的精神家园，这仍然是后期鲍德里亚最纯真的、最理想的真实。

四 本书内容结构

第一章，调解与斗争：黑格尔与马克思的辩证逻辑。这一章首先是对马克思资本逻辑的理论来源即黑格尔辩证逻辑的一个梳理，因为要真正理解马克思的资本逻辑必须了解黑格尔的辩证逻辑。其次，主要阐述了马克思资本逻辑对黑格尔辩证逻辑的批判和发展，为充分理解马克思的资本逻辑奠定基础。最后，对马克思资本逻辑与黑格尔辩证逻辑进行了一个比较，从而彰显马克思资本逻辑的革命性与批判性。

第二章，资本与劳动：资本逻辑与人的自由的冲突。这一章首先阐释了马克思资本逻辑的三个形式（商品形式、货币形式、资本形式），然后论述了资本逻辑的主体和本体论特征，最后从资本逻辑的正义性和非正义性角度分析了马克思对资本逻辑与人的解放之间的关系的认识。通过以上内容分析全面展示马克思对资本逻辑进行批判的全貌，从而揭示了资本逻辑与人的解放之间的矛盾。

第三章，符号与消费：符号逻辑与人的生存的博弈。这一章主要完成的任务是对鲍德里亚符号逻辑作以完整论述。首先，对符号逻辑范畴的分析，包括符号、符号价值和象征价值等概念的分析，从而为理解符号逻辑打好概念基础。其次，详细论述了符号逻辑的本体论。最后，从符号拜物教和符号异化等方面分析了符号逻辑与人的解放之间的关系。

第四章，日常生活与景观：从资本逻辑到符号逻辑的演进。从马克思资本逻辑到鲍德里亚符号逻辑的演进是需要一个过程的，本章主要从不同角度描述了鲍德里亚符号逻辑产生的客观现实和理论来源。一是研究了从生产社会到消费社会的发展，这是符号逻辑产生的时代背景。二是讲述了巴特的符号学，列菲弗尔德日常生活批判理论到德波的景观社会，这是符号逻辑的理论来源。三是概括了鲍德里亚自身的理论体系，即从经济学批判到文化批判再到宗教批判,通过这一过程鲍德里亚重构了当代社会批判理论,试图完成对人的救赎。

第五章,未竟的事业:马克思解放人学的当代境遇与责任。这一章主要探讨马克思人的解放思想的当代意义。通过分析资本全球化背景下马克思解放伦理的当代意义,主要论述了资本全球化背景下的资本本质与工人解放之间的关系、女性受压迫与女性解放以及超越资本的必要性及结果。然后对20世纪社会主义对人的解放的各种努力给予概括总结。

第六章,人的逻辑:21世纪中国特色社会主义的实践与努力。在分析了马克思人的解放思想的资本主义意义和社会主义意义之后,本书对21世纪中国社会主义在人的发展方面取得的成就进行了总结。中国特色社会主义正确认识了社会主义社会的资本逻辑与符号逻辑,不仅在理论上继承和发展了马克思的人的解放思想,也在实践上取得了重大成就。中国特色社会主义的改革实践为世界社会主义的发展与人的解放提供了可参考借鉴的模式。随着社会主义现代化和中华民族伟大复兴的中国梦将为每个人的自由和全面发展准备条件,人的解放将最终可以实现。

第一章

调解与斗争：黑格尔与马克思的辩证逻辑

在揭开马克思的资本逻辑之前必须要提到一个人，这就是黑格尔。因为黑格尔哲学特别是黑格尔的辩证法在马克思哲学产生中具有特殊的历史地位，不了解黑格尔的辩证逻辑就无法真正理解马克思的资本逻辑。马克思的资本逻辑中包含着辩证逻辑的形式（内核），为什么资本逻辑中包含着辩证逻辑的内核，这是因为无论黑格尔还是马克思的研究都不能和一个问题分开：人们如何生活？正是这个问题推动黑格尔从神学学生不情愿地转向哲学工作，使马克思从他的目标是成为古希腊哲学教授转向革命共产主义者。黑格尔的辩证逻辑的确可以帮助马克思的资本理论打开一扇新的大门，这是人类社会一直所要求的——解放。马克思尽管在《资本论》中明确批判了黑格尔的辩证法的神秘性，但也公开承认是这位大思想家的学生，他说，"辩证法在黑格尔手中神秘化了，这决不妨碍他第一个全面地有意识地叙述了辩证法的一般运动形式。"[①] 列宁在 1914 年至 1915 年研究黑格尔的逻辑学时也深刻认识到这一点，他发表了一个惊人的格言：不钻研和不理解黑格尔的全部逻辑学，就不能完全理解马克思的《资本论》，特别是第一章。在 1891 年给恩格斯的信中说，马克思指出黑格尔逻辑对我很有用，马克思接下来说他想写一点关于黑格尔方法论的介绍，不幸的是这个介绍没有写。现在我们被迫为我们自己描绘马克思对黑格尔方法的批判本质。黑格尔和马克思一样都试图理解人类在现代世界的生活方式以及他们如何生活，尽管他们结论是直接相反的。黑格尔的逻辑是调节的逻辑，黑格尔通过范畴结构表明人类怎样必须生活。因此，黑格尔的辩证法是概念辩证法。而马克思的逻辑是斗争的逻辑，他要告诉人们要生活就必须粉碎它，这使得马克思的辩证法是科学的革命的辩证法。

---

① ［德］马克思：《资本论》，人民出版社 2004 年版，第 24 页。

一　黑格尔的辩证法：概念辩证法

正确理解黑格尔的辩证逻辑必须把它放在黑格尔的整个思想体系中。黑格尔的辩证逻辑的出发点是从特定历史时刻的直接既定经验开始，用范畴解释经验，通过反思与否定表达出一种生存论的欲望。

（一）抽象的丰富的开端

黑格尔研究的出发点是现代社会的分裂，这种分裂既是整个社会的一部分也是每一个人的一部分。黑格尔将这种不和谐的起源和社会的解体作为其哲学的核心。他认为，对哲学的需要开端于古希腊的城市国家和城邦的破裂，因此，黑格尔的哲学就是企图处理个人与普遍、有限和无限、相对和绝对的、个人和社会的对立关系。如果科学可以调节这些对立将人类统一，那么黑格尔认为科学本身就必须首先被统一到一个系统中，黑格尔将科学纳入一个统一的事业的运动称为"辩证法"，即"logic"。

"logic"这个词来源于古希腊的"逻各斯"，是指一种普遍的语言、语法形式，引申为万物的规律和本质。到了斯多葛派就从"逻各斯"那里发展出逻辑。到了近代，"逻辑被经验哲学理解为一种外在于内容并被主观运用于内容上的形式手段和工具。理性哲学则认为逻辑是一种客观必然性，这样逻辑就成了令人讨厌的僵死的形式"[①]。这种逻辑我们称为形式逻辑。后来的康德和费希特都试图克服这种主客对立的形式逻辑，但是都没有完成这个任务。黑格尔的辩证法却提供了一个解决这个问题的方法。因为黑格尔拒绝接受主客体二分法。对黑格尔而言主体构成理解客体形式的起点。更确切地说，客体是主体采取的形式，通过这种形式主体被投身到外部世界。所以，辩证法不是被应用到主体的方法而是主体自身的本质，辩证法不能与客体分离，因为辩证法的目的是把他们看作是一体的和同样的。

有一种观点认为黑格尔辩证法的错误在于将客体作为开端，这种说法认为黑格尔集中于精神研究，他将主体作为世界的创造者，相反马克思认

[①] 邓晓芒：《思辨的张力——黑格尔辩证法新探》，商务印书馆2008年版，第461页。

为主体是客体的反映。这是对黑格尔辩证法的误解，这种说法将辩证法过于简单化和形式主义了。黑格尔辩证法的开端是经验的丰富的。大部分人把辩证法理解为揭示事物内在矛盾的一种方法，它解释了一个系统自我膨胀的运动过程。按照这种理解马克思和黑格尔的区别就不是在认识论上而是在客体上。实际上黑格尔辩证法的目的是说明我们自己经验的本质，它是我们观察世界的方法，这种方法是从主体出发分析客体的一种方法。它有一个关键的假定前提，即我们的知识始终都是基于社会和历史的。黑格尔说，哲学是用自己理解的方式思考。所以，认为一种哲学可以超越它的当代世界是很荒谬的，就像是想象一个人可以跳过自己的年龄，这是不可能的。这意味着，黑格尔的研究方法的出发点是从特定历史时刻的直接既定经验开始。正因如此，黑格尔的开端不是僵死的，他把开端看作生命，这个开端本身是不完备的，但正因为如此它才"赋有引身向前的冲动"[①]。它才是真正的开端。因此，"黑格尔的逻辑的开端既是最抽象的又是最丰富的，真正的开端是个过程，因为它潜在地包含有发展出后来一切范畴的可能性"[②]。

（二）用适当的范畴解释经验

黑格尔的既抽象又丰富和经验的开端需要通过适当的范畴来解释。黑格尔认为，关注人类所有的领域，从最平凡的日常生活到宗教信仰乃至形而上学体系都必须依赖范畴，没有范畴哲学家就不可能做这些事情，无论我们谈的是形而上学、经验科学、宗教还是日常生活，所以哲学家会用一个适当的范畴来解释直接经验。

范畴是什么？范畴是一种最普遍的规定，有着表现它的一定的概念。黑格尔认为，范畴不是凭空产生的，它们是在面对经验时取得的最初胜利，因此，范畴的目的不是在思想之外创造世界而是重建这个经验的可理解的世界。这就需要区别基本范畴。黑格尔说，为了使这一科学（即黑格尔自己的理论）可能存在，我们必须从个别（I）、特殊（P）发展到普遍（U）出发。这一发展进程是一个既定经验的反映，目的是实现世界的重建。黑格尔反对当代概念分析方法，即把一个或另一个个体范畴孤立。

---

① ［德］黑格尔：《逻辑学》下卷，商务印书馆1981年版，第535页。
② 邓晓芒：《思辨的张力——黑格尔辩证法新探》，商务印书馆2008年版，第461页。

与这种分析方法不同，黑格尔创建了一个新的方法，这个方法将提供给基本范畴一个内在的序列，这个序列将一些种类或不同特殊性综合起来，形成一个普遍性。这就是基本范畴所要说明的一个结构的两极，即一致性和差异性。在黑格尔的语言中，这种结构被解释为不同个性的综合或作为共性和个性的综合。从这个范畴的一般概念我们可以继续导出范畴结构的三个一般类型。第一，在强调共性时个性就是隐性的；第二，在强调个性时共性就是隐性的；第三，共性和个性都是显性的。接下来，黑格尔说三个范畴结构有其系统的内在关联。黑格尔认为，作为一个解释原则 Universality（U），Particularity（P），Individuality（I）单独的两个都不能理解事物。如果要从 I 和 U 之间的关系得出结论就需要在中间插入一个 I 和 P、P 和 U 之间的关系。同样，I 和 P 之间的关系要通过 I—U 和 U—P。三段论作为一个解释原则，这个系统需要三种三段论——I—P—U，P—I—U，I—U—P。也就是说，每个要素都可以在中间，其作用是调和两端成为一个整体。所以，真正的结果出现的时候不是一个个体概念出现的时候，而是当总体概念出现的时候。三段论完成时差异就消失了。因此，概念逻辑必须以三段论为核心，只有这样才能允许共性和个性的同时存在。这个三段论体系作为一个整体形成了黑格尔概念逻辑的高潮。黑格尔认为，这时的概念是一个新的概念，它比先行的概念更高、更丰富；因为它由于成了先行概念的否定或对立面而变得更丰富了，所以它包含着先行的概念，但又比先行概念更多一些，并且是它和它的对立物的统一。概念的系统一般就是按照这条途径构成的，并且是在一个不可遏止的、纯粹的、无求于外的过程中完成的，这个过程就叫作辩证矛盾。

  黑格尔关于矛盾的观点一直有很多争论。但至少在建构范畴的系统理论中，黑格尔的想法很简单。如果一个范畴在一般性上是一种原则即综合多方面，那么一个具体的范畴如果仅仅阐释共性而不涉及个性，那么就会产生实体的一与多的矛盾。要克服这个矛盾需要最开始的范畴被否定，第二个范畴被制定来使共性和个性之间的差异明确起来。但是当这样做的时候，共性又被隐藏起来不能显现，差异的出现是靠共性隐藏获得的。这样范畴的本质和差异性之间再次有了矛盾。克服这个矛盾需要第二个范畴再被否定，用一个新的范畴取代它，这个新的范畴，它有两极即共性和个性而且每个都是同时明确的，它是共性和个性的统一。黑格尔清楚，矛盾和否定在这不能在形式逻辑意义上使用。黑格尔宣布"上面的矛盾和否定是范畴系统化的逻辑运算符,而不是形式逻辑的逻辑运算符"[①]。

到这里我们可以发现,黑格尔逻辑以简单的共性范畴开始,开端和内容是直接的,但这种直接具有抽象普遍性的形式,它是简单的和普遍的。但是这时的范畴实质上是不充分的,这种不充分必须被克服,而只有当差异性被明确之后这种不充分才能被克服。黑格尔认为,共性使自身变成另一个自己的时刻就是辩证的时刻。这就可以使我们一步步从简单、抽象范畴到复杂和具体范畴。黑格尔认为这是一种绝对方法,它并不是通过外部反思而是从自身主体中出发确定事物,因为正是自身控制着事物的内在原则和精神。以这种方式经验的客体领域已经在思想中被重建了,这种方法被阿瑟称为系统辩证法。因此,黑格尔的辩证逻辑应该被作为一种在既定领域内的思想的重建方法,而不是作为一个外在于思想的事先创造。

在《权利哲学》中黑格尔把这一方法赋予实践。他试图在思想中建立一个范畴,这个范畴可以抓住现代社会的本质,这就是所有权范畴。黑格尔认为,现代社会的一个特点就是个人原则被承认,在所有权中主体个人的意愿和目标清楚。黑格尔认为,这是个体原则被制度化的最简单最抽象的方式。个体主体可以通过从客体中撤回自己意愿宣称个人的个性。黑格尔在这里又提出了一个范畴——"契约"。但是,用形式逻辑演绎出必要性不可能从所有权演绎出契约。很多人认为,主体可以不用冲突地通过契约交换表达自己的意愿。然而这么说没有意义,黑格尔认为鉴于所有权范畴定义的社会形式必须考虑社会人在社会形式内的活动。于是就有了下面的框架:

范畴1:社会形式——→必要结构——→范畴2 新社会形式

从以上分析看出,辩证逻辑和物质实践的关系是直接的。因为最初范畴定义的社会形式必然导致社会人在这一形式中活动,这会导致另一种新的社会形式。这就为定义新的社会形式的新范畴提供保证,从这一个角度我们可以说辩证逻辑是一个物质实践逻辑。这段分析我们得出的结论是,黑格尔的系统哲学在经验科学历史崛起前不可能充分发展,黑格尔的辩证方法不是通常被认为的与唯物主义完全绝对对立。但是,黑格尔的辩证逻辑作为这些范畴的最高形式使他们组合成一个系统的整体,这是它的力量

[①] Tony Simth: "The Logic of Marx's CapitalReplies to Hegelian Criticisms"(http://www.marxists.org/reference/subject/philosophy/works/us/tonysmi.htm).

也是其弱点。

(三) 反思、否定与能动

黑格尔辩证逻辑的第一个重要内容是反思。黑格尔学说的核心是要寻求人类如何生活。在考察了人类的整个历史生活后，黑格尔认为人的生活是不自由的，人除了有精神活动以外还有物质劳动和雇佣劳动。人的本质应该要追求自由的生活，但是现实生活中物质劳动与人的自由和自我创造的本性相矛盾，雇佣劳动使人的生活被市场力量奴役，因而它们都是不自由的活动。这就是自由与必然的矛盾。黑格尔要调和这些对立和矛盾，如何调和？一致的观点是，认为黑格尔是在思维中也只有在思维中社会生活的对立面才能被调和与理解，这一方法被认为是唯心主义的，这也是后来黑格尔辩证法被批判的主要原因。黑格尔的确曾经这样说，"思想的最高形式发生在思想自己成为自己的对象。这就是无论何时，我们的思想都认为我们使用的基本范畴是内在于我们自己，而不是考虑到基本的客体的经验。"[1] 但是就此认为黑格尔辩证法只发生在思维中是错误的。

黑格尔认为人的精神是自由的，但是人的精神的自由的获得不是天生的，而是要经过一个过程，这个过程就是系统的、科学的知识发展。不同的知识反映了人的社会生活的支离破碎，只有把这些不同的知识统一到科学人的精神才能实现自由，黑格尔把它确定为绝对知识。黑格尔说，绝对知识"这个最后的精神形态……是在精神形态中认识着它自己的精神，换言之是概念式的知识……真理是在它特定的存在中……在这种特定存在的要素中显现在意识面前的精神，或者在这里换个说法也是一样的：意识在这种要素中产生出来的精神，就是科学。"[2] 可见，绝对知识的获得是人获得精神自由的途径。

黑格尔强调人要有追求绝对知识的意识、理性和精神，只有获得绝对知识人才能实现自在自为的生存状态。这里黑格尔认为，"自在自为的意识是理性，自在自为的理性是精神，自在自为的精神是绝对知识。"[3] 因

---

[1] Tony Simth: "The Logic of Marx's Capital Replies to Hegelian Criticisms" (http://www.marxists.org/reference/subject/philosophy/works/us/tonysmi.htm) .

[2] ［德］黑格尔：《精神现象学》下卷，商务印书馆1979年版，第266页。

[3] 庞俊来、宋开之：《绝对知识：黑格尔伦理思想体系的终极关怀及其当代批判》，《学海》2008年第5期。

此，绝对知识的获得需要理性、需要精神、需要经验、需要场域。绝对知识不是超越时空的，它需要在一定的经验和历史时空中。而绝对知识的获得展开需要思维参与其中。思维参与的方式是反思，只有反思这种方式才能表明自己是理性的。黑格尔认为，"思维通过一个长期的历史过程使自身参与这一形式研究，而现在已经达到了一个新的阶段。每一个矛盾必须同时被作为这一整体系统的原素超越和保存。可见，黑格尔辩证法抓住了历史和知识的跳舞节奏。"① 对于如何反思，黑格尔认为要通过一种逻辑与语言的连贯性，反思也有一种逻辑，但不是形式逻辑，而是辩证逻辑。

　　黑格尔辩证逻辑的第二个内容是否定。马克思说，作为能动原则和作为创造原则的否定性的辩证逻辑是黑格尔哲学的精髓。为了更好地理解这一点我们可以假设生活中只有一种——白色，如果是这样那么说"什么看起来是白的"就不可能了。因为白色不可能被区分出来直到有另一种颜色比如黑色出现。所以，对黑格尔来讲，事物本身没有意义，只有与其他事物相关时事物才有意义，意义需要我们去区别事物和范畴。在自己的范畴内是无法比较的。比如，白色在"白"的自身中无法比较。区别两个事物的唯一的方法就是通过否定。否定是唯一区别不同的方法，是理性化过程的核心。第二个阶段的否定对彰显第一个特征具有重要意义。因此，矛盾的出现或者说否定是意义出现的基础。矛盾是主体的症候，它向主体提问题、质疑主体并把意识作为异化的来源。人们不知道矛盾其实在世界上并不存在，只有主体将意义赋予世界时矛盾才存在。因此，矛盾的出现或否定不是不同范畴之间的吸收或包容，而是一种合力。也就是说，第一个阶段和第二个阶段都是我们认为世界这一过程的两个方面，它会帮助我们通过第三个阶段使这两个阶段更具体化。第三个阶段只是帮助我们将起点更具体化而不是超越它。这就导致了黑格尔的一个新概念——必然性。必然性不再是基于某种原因而是向我们展示了一种关系。客体绝不是独立于主体，客体是由主体维度建构的。世界不是客体的集合也不是客体的王国，客体是我们说明我们经验的世界的本质的方法。因此，主体和客体可以是相互关联的，因为它们都涉及主体，涉及我们的经验和对世界的了解。但世界总是这样逃逸我们的主体性，这个经验的距离就构成了主

---

① Hegel, "Economics, and Marx's Capital"(http://www.marxists.org/reference/archive/smith-cyril/works/articles/cyril.htm).

体。因此，辩证逻辑的目的是教人如何认识主体和客体，这就赋予了辩证逻辑的第三个内容，即能动。

黑格尔辩证逻辑的自否定不是简单的否定，而是一种能动的否定，它赋予了自身强大的生命力。因为"辩证逻辑是一种反身性的逻辑，而形式逻辑强调同一律回避反身性。反身性体现的是一种自否定的自由精神，不安于现状，要否定、超越、突围，要成为自己所不是者，对理想、彼岸的追求，表达出一种生存论的欲望。可见，黑格尔的辩证逻辑具有深层次的生存论起源，如果把黑格尔辩证逻辑中的对人的生存的理解削掉，这必然是错误的"①。总之，通过反思和能动的否定，黑格尔通过肯定、否定、否定之否定（肯定）的辩证思想，修正了传统形式逻辑的三段论，实现了辩证逻辑最深刻的变革。

二 马克思对黑格尔辩证逻辑的批判

马克思对黑格尔辩证逻辑的批判是首先基于一种抽象研究方法。马克思认为科学必须采用正确的逻辑方法找到事物的特征。问题是什么才是正确的恰当的方法？马克思的研究方法虽然开始于资本主义生产和早期政治经济学家关于生产方式的相关经验数据，但是对马克思而言仅有观察和实证的研究是不能说明事物之间的相互关系的。因为如果仅根据观察和实验研究就不需要科学和抽象思维。马克思认为，"所有的来自于观察的事物是混沌的关于整体的表象"②，因此，"分析经济形式，既不能用显微镜，也不能用化学试剂。二者都必须用抽象力来代替"③。这种抽象方法是透过事物的错综复杂的具体现象和发展过程，经过科学分析揭示出内在本质联系，从而达到对具体整体的理性的、规律性的认识。由抽象范畴上升到具体范畴的过程就是建立理论体系的过程。

研究完具体我们必须在逻辑上理解整体，这需要发展一种总体性逻辑方法。因此，马克思对黑格尔辩证逻辑的批判基于一种总体性研究方法。

---

① 邓晓芒：《黑格尔辩证法辨正（1）》，2007 年 8 月 1 日星期三 00：28 西南政法大学金开名家讲坛之二，豆丁网。
② 《马克思恩格斯全集》第 46 卷，人民出版社 2003 年版，第 37 页。
③ 《马克思恩格斯全集》第 23 卷，人民出版社 1995 年版，第 8 页。

马克思反对卢卡奇的个人主义方法坚持总体性的研究方法。从总体性理解社会意味着社会的变化和发展不是一个简单的因果关系，不是一个依赖和独立的关系而是在不同时刻的相互作用的关系。按照这样的方法世界就是一个有机整体，是各种因素相互作用的结果。马克思认为，"研究必须充分地占有材料，分析它的各种发展形式，探寻这些形式的内在联系。只有这项工作完成以后，现实的运动才能适当地叙述出来。这点一旦做到，材料的生命一旦观念地反映出来，呈现在我们面前的就好象是一个先验的结构了"。① 这种总体性的逻辑方法是由一系列功能各异、相互联系的具体方法构成的方法论体系，包括抽象和具体、简单和复杂、整体和个体、内容和形式、本质和现象、一般和特殊、定性分析和定量分析、逻辑和历史、分析和综合、归纳和演绎、动态分析和静态分析相统一的分析方法等。从总体性出发马克思认为逻辑顺序和历史顺序一定有一定的关联，这就使其辩证分析始终以现实社会为参照，这个逻辑进程不是在形式逻辑中的演绎系统而是以社会人的实践为基础，这种推论只有在人的社会形式中运行才能正确。马克思强调这才是科学的方法。所以，马克思的辩证逻辑的方法不仅不同于黑格尔且恰恰相反。因此，黑格尔的哲学权利成为一种国家哲学使现存事物显得光彩，马克思认为自己的辩证法使资产阶级恼怒和恐怖。具体表现在以下几个方面。

（一）对范畴的批判

马克思理论是一种批判理论，其目的是提出对资本主义生产方式的系统批判。马克思认为这个批判不是通过一些外在标准来完成，而是从最开始的范畴开始进行范畴的重建，从而建立对生产方式的理解。因此，马克思认为，作为批判理论的基本方法即辩证法也必须以一个范畴开始，这个范畴要包含理论的全部内容。但是，马克思认为，辩证逻辑不是从一个逻辑范畴到另一个逻辑范畴的自我确认，而是从一个形式到另一个形式即从商品到货币形式再到资本的真正的历史运动。基于不同的社会形式马克思坚持认为没有一般经济，每个生产形式都有其具体的运行规律。所以，马克思研究的出发点是最简单的社会形式，这就是现代社会的劳动产品——商品形式。从这开始的原因是商品形式是历史的和经验的也是简单抽象

---

① ［德］马克思：《资本论》第1卷，人民出版社2004年版，第24页。

的。从商品形式出发可以产生货币形式，从商品形式和货币形式可以产生资本形式。当资本以利息资本形式出现并归于商品形式时，辩证法的任务就完成了。正如阿瑟指出的，只有当我们完成这一任务时，逻辑顺序的倒序才能被认为是有道理的。

（二）对本质逻辑的批判

马克思认为本质逻辑包括不可调和的二元论，本质逻辑中的二元论不仅是不可调和的而且直到二元性被推翻仍然不可调和。马克思认为黑格尔用概念意图调和来自表象和本质的对立是不可能的。本质必须通过其他形式表现出来而不是自身，试图使表象和本质之间相同的任何努力必然是片面的。表象又是本质不可缺少的，他们属于本质。马克思认为，科学的方法不是从表象到本质（像李嘉图这样），而是从本质到现象（像马克思价值理论这样）。马克思认为资本主义社会的本质逻辑是抽象统治位于资本的核心。如抽象劳动（价值）必须以交换价值（货币，价格）表现出来，而剩余价值以利润表现出来。因此，揭示资本逻辑要揭示其本质，只有揭示出本质才能理解资本主义社会的各项现象。

（三）对概念逻辑的批判

黑格尔哲学的基本任务是重建概念形而上学。在黑格尔看来，概念自身包含自己的否定即和自己对立的东西。黑格尔认为，"辩证法就是在纯概念中的运动，是逻辑理念的运动。"[①] 而概念才是真正在先的，事物之所以是事物全凭内在于事物自身的概念活动。"概念世界"作为绝对的"逻辑在先"构成了世界存在的理由，"逻辑思想是一切事物的自在自为地存在着的根据"[②]。可见，黑格尔的辩证法是发生在纯思维领域，是一个从概念到概念的运动，仅仅有逻辑关系的气势而无实质内容。马克思认为黑格尔混淆了概念的发展与事物本身的发展之间的关系。因此，"黑格尔的概念辩证法虽然表现出超越传统形而上学独断性和僵化性的强烈意向，但它仍受制于传统形而上学的理论范式，仍执着于对绝对同一性的、

---

① ［德］黑格尔：《逻辑学》下卷，商务印书馆1976年版，第199页。
② 同上书，第85页。

永恒在场的超感性世界的追寻,人现实的生命被他的逻辑概念所虚化。"①正因为如此,马克思反对黑格尔所称的神秘主义,黑格尔的假设使辩证法的前提和结果无限期地继续下去形成逻辑循环。在瓦格纳注释中,马克思比较了自己的历史方法和黑格尔辩证概念:我不从"概念"出发,因此我不能从价值概念出发。我的出发点是最简单的社会形式,这就是现代社会提出的劳动产品:这就是"商品"。本人正是从这个分析开始。当然这并不意味着马克思的研究中没有概念,只是马克思的概念是从总体性逻辑方法出发,以最简单概念为开端,"这些概念是具体分析的结果,以最简单的规定和概念开始,进而在逻辑上推出一个具有许多规定和关系的丰富的总体"②。

(四) 对思维理论的批判

黑格尔认为,思维的运动是与历史运动相对立的。黑格尔认为,"思维过程,即它称之为观念而甚至把它转化为独立主体的思维过程,是现实世界的造物主,而现实事物只是思维过程的外部表现"③。思维在黑格尔的眼里是产生自身的内容。黑格尔认为在思维中,只有在思维中,社会生活的对立面能被调和与理解,这也是后来马克思批判黑格尔辩证法的主要原因。在真实的《莱茵报》工作期间参与的现实斗争使马克思看到黑格尔的关于思维和存在、市民社会与国家之间的关系的唯心主义观点是错误的。仅仅在思维中进行对立面的调节是没有用处的,只有在人的现实生活中进行斗争人才能实现自身的解放。因此马克思说:"我的辩证方法,从根本上来说,不仅和黑格尔的辩证方法不同,而且和它截然相反。在黑格尔看来,思维过程,即他称为观念而甚至把它转化为独立主体的思维过程,是现实事物的创造主,而现实事物只是思维过程的外部表现。我的看法则相反,观念的东西不外是移入人的头脑并在人的头脑中改造过的物质的东西而已。"因此马克思认为,真实过程是在思维过程之前和独立于思维过程的,思维过程要从真实过程中获得它的内容。思维真正出发点必须是具体的物质客体,比如商品。但是商品又不是一个具体的物,商品是在

---

① 贺来:《辩证法与人的存在——对辩证理论基础的再思考》,《哲学研究》2002年第6期。
② 《马克思恩格斯全集》第46卷,人民出版社2003年版,第38页。
③ 《马克思恩格斯选集》第2卷,人民出版社1995年版,第111—112页。

资本/工资劳动的社会关系内，也就是说商品反映了一种关系，这是一个范畴，一个思维的建构，它是思维建构的一种理念。因此，马克思认为思维要在真实的历史过程中去建构。

（五）对异化理论的批判

黑格尔辩证法的核心是异化理论，对于黑格尔来讲，异化来源于经验和我们将之理性化之间的压力。这种紧张关系表现出来的形式通过矛盾经验形式表现出来。在黑格尔这里，"异化""对象化""外化"三个词的含义是没有区分的。黑格尔的异化公式有三种："一是绝对精神——自然界——主观精神；二是伦理——教化——道德；三是服役意识——劳动——自为存在意识。"① 可见黑格尔的异化过程都是在意识中进行的。而马克思是从人的实践活动出发理解异化，认为异化实质上是人的活动后果对人及其有目的活动的否定，人作为能动的创造主体总要千方百计地扬弃异化，异化的扬弃就是对否定的再否定。马克思把辩证法的异化思想应用到资本主义社会生活现实，认为异化是对人及其本质的否定。而在资本主义社会人是被资本统治的，所以要实现人的本质的真正的复归必须扬弃异化。马克思认为异化和异化的扬弃是同一条道路，所以要批判和超越资本，消灭资本主义制度，最终实现共产主义。

三 马克思的辩证法：资本辩证法

目前国内学者对马克思辩证法的研究，主要有从直观经验出发的"唯物辩证法"，从认识论出发的"认识辩证法"和"实践辩证法"，从人的始源性生存出发的"生存论辩证法"。这些辩证法使得对马克思辩证法的研究逐渐深化。马克思继承了黑格尔辩证逻辑的合理内核，同时又对其辩证法进行了批判性继承，从而建立了自己的历史的实践的辩证法。其主要内容是以现实的人的感性活动为出发点，把辩证法扎根于真实历史过程，其本质是批判的和革命的。

---

① 李珺平：《异化：从黑格尔到马克思的"转移"及其他〈异化的扬弃〉学理剖判》，《博览群书》2002年第1期。

（一）以现实的人的感性活动为开端

马克思的辩证法要解决人的生存与解放问题，这就使马克思的分析方法不是从概念出发，而是从现实的人的实践活动出发，把现实的人的存在作为辩证法的根基，从而实现了辩证法的根本变革，这就是马克思在辩证法史上所做出的最为根本的贡献。马克思在《关于费尔巴哈的提纲》第一条中说，"从前的一切唯物主义（包括费尔巴哈的唯物主义）的主要缺点是：对对象、现实、感性，只是从客体的或者客观的形式去理解，而不是把它们当作感性的人的活动，当作实践去理解，不是从主体方面去理解。因此，和唯物主义相反，能动的方面却被唯心主义抽象地发展了，当然，唯心主义是不知道现实的、感性的活动本身的。"这段话被认为反映了马克思和以往哲学的本质区别，即在于它的全部哲学理论的出发点是人的现实的、感性的活动，也就是"革命的""实践批判的"活动。

（二）扎根于真实的历史运动

不同于黑格尔用范畴来解释辩证法，马克思将辩证法扎根于真实的历史运动中，通过资本对人的奴役的真实历史过程的揭示马克思的辩证法不是空洞的哲学教条，而是唯物的实践的辩证法。第一，马克思将辩证否定扎根于真实的社会历史之中。黑格尔的辩证法是一种思辨辩证法。表现在，黑格尔用绝对精神取代唯物主义建立了以思辨辩证法为核心的庞大哲学体系。黑格尔认为，绝对观念是先于自然界和人类社会而存在的能动的实体或主体，由于它自身包含的矛盾，必然要外化为自然界，这是第一个否定；当绝对观念在发展过程中认识到自然界不过是自身的异在时，就扬弃了自然界而回复到自身，这就是否定之否定。马克思说："由于黑格尔根据否定的否定所包含的肯定方面把否定的否定看成真正的和唯一的肯定的东西，而根据它所包含的否定方面把它看成一切存在的唯一真正的活动和自我实现的活动，所以他只是为那种历史的运动找到抽象的，逻辑的，思辨的表达。"[①] 马克思批判地继承了否定之否定的观点并对其进行了唯物主义的改造。他将否定之否定扎根于真实的社会历史之中，从本质和形式两个方面把握住了这一规律。

---

① 《马克思恩格斯全集》第 42 卷，人民出版社 1997 年版，第 159 页。

第二，马克思将矛盾扎根于真实的社会历史中。黑格尔对矛盾的理解是矛盾首先是一个过程，他第一次把世界描写为一个过程，认为一切事物本身都自在的是矛盾的，无论是自然的、历史的和精神的世界都是一个充满矛盾的过程。其次，黑格尔认为矛盾是事物发展的动力。矛盾即对立统一，是"一切运动和生命力的根源；事物只因为自身具有矛盾，它才会运动，才具有动力和活动。"① "矛盾是推动整个世界的原则，说矛盾不可设想那是可笑的。"② 黑格尔的矛盾中包含着超越的因子，他认为，每一个矛盾必须同时被作为这一整体系统的元素超越和保存，"黑格尔辩证法抓住了历史和知识的跳舞节奏。"③ 再次，黑格尔认为矛盾是普遍的。黑格尔把事物描述为不断运动的过程，并且在揭示这种过程的内在矛盾时，把矛盾同运动、发展联系起来，深刻地说明了运动发展的动力或源泉在于过程内部的矛盾性，这是对辩证法学说的重要贡献。但是，黑格尔所说的自然界或历史都是绝对观念的外化或异在，他所说的运动不过是绝对观念的自我运动。马克思肯定了黑格尔的矛盾思想，认为其深刻之处在于他处处都承认矛盾的存在，但是其"主要错误在于把现象中的矛盾理解为本质中的理念中的统一"④。马克思把矛盾思想建立在真实的历史运动之中，认为生产力与生产关系的矛盾是人类社会的基本矛盾。正是由于这一基本矛盾的运动促使人类社会从低级形态发展到高级形态。在资本主义社会，这个基本矛盾表现为生产社会化与生产资料私人占有之间的矛盾。一方面，个人的生产资料变成了由许多人共同使用的社会化的生产资料；另一方面，生产资料和产品却由资本家私人占有。生产力的发展要求不断扩大生产资料和产品的社会化程度；而生产资料和生活资料又属于资本家，这使得资本和劳动的矛盾成为资本主义社会的现实

第三，马克思将辩证法运用到人的存在和发展的真实历史进程中。马克思曾经这样评价黑格尔的辩证法，"黑格尔的《现象学》及其最后成果，作为推动原则和创造原则的否定性的辩证法的伟大之处首先在于，黑格尔把人的自我产生看作一个过程，把对象化看作失去对象，看作外化和

---

① ［德］黑格尔：《逻辑学》下卷，商务印书馆1976年版，第66页。

② 同上书，第285页。

③ Hegel, Economics, and Marx's Capital, from History, Economic History and the Future of Marxism, Essays in Memory of Tom Kemp.

④ 《马克思恩格斯全集》第1卷，人民出版社1995年版，第385页。

这种外化的扬弃；因而，他抓住了劳动的本质，把对象性的人、现实的因而是真正的人理解为他自己的劳动的结果。人同作为类存在的自身发生现实的、能动的关系……只有通过下述途径才是可能的：人实际上把自己的类的力量统统发挥出来（这又是只有通过人类的全部活动、只有作为历史的结果才有可能），并且把这些力量当作对象来对待，而这首先又是只有通过异化的形式才有可能。"① 马克思继承了黑格尔将劳动看作人的本质、看作人的自我确证的观点。马克思认为，黑格尔否定性辩证法的伟大之处，就在于把人看作一个自我创造发展的过程。与黑格尔不同，马克思将辩证法运用到人的存在和发展中，认为人的存在既处于与自然的普遍联系之中，又处于与他人的普遍的社会关系之中，"人的存在是一个自我否定、自我超越的历史发展过程，它代表着一种把人从异化中超越出来的解放旨趣"②。因此，马克思的"辩证法就是关于人的存在的自我理解学说，人的存在构成了辩证法最深层的理论基础"③。

（三）批判与革命

马克思的辩证法的本质是批判的革命的辩证法。批判性是辩证法最为根本的理论特质和思想功能的性质。马克思在《资本论》第一卷第二版跋中谈到他在《资本论》中所运用的辩证方法时说："辩证法在对现存事物的肯定的理解中同时包含对现存事物的否定的理解，即对现存事物的必然灭亡的理解；辩证法对每一种既成的形式都是从不断的运动中，因而也是从它的暂时性方面去理解；辩证法不崇拜任何东西，按其本质来说，它是批判的和革命的。"④

辩证法在对现存事物的肯定的理解中同时包含对现存事物的否定的理解，即对现存事物的必然灭亡的理解。"它反映了人类在肯定现实事物的同时又超越现实指向理想的矛盾运动。"⑤ 辩证法本质上是能动的辩证法

---

① 《马克思恩格斯全集》第 42 卷，人民出版社 1997 年版，第 163 页。
② 贺来：《辩证法与人的存在——对辩证理论基础的再思考》，《哲学研究》2002 年第 6 期。
③ 同上。
④ ［德］马克思：《〈资本论〉1872 年第二版跋》，载《马克思恩格斯选集》第 2 卷，人民出版社 1995 年版。
⑤ 李卫红：《马克思的辩证法是关于人的自由和解放规律的学说——对马克思辩证法实质的一种理解》，《中国石油大学学报》（社会科学版）2010 年第 3 期。

和否定的辩证法。通过不断否定自己、超越自己辩证法表达了一种生存论的欲望。

马克思辩证法不仅具有批判性更重要的是其具有革命性。由于马克思将辩证法扎根于真实的社会历史，通过对资本主义社会固有矛盾的分析揭示了社会主义取代资本主义的历史必然性。在《共产党宣言》中，马克思恩格斯指出："资产阶级的灭亡和无产阶级的胜利是同样不可避免的。"因此马克思指出，为了扬弃异化回归人的本质就要对异化的根源进行批判和超越，这就是要消灭资本主义制度，最终实现共产主义。为了实现这一目标，马克思还对资本主义时代无产阶级革命和解放的根本性质和历史使命，对资本主义发展的历史趋势作出科学论述。马克思认为，无产阶级是资本主义历史时代的产物，它把自己的劳动力出卖给资本家，它与最先进的社会生产力和生产方式相联系，它所创造的全部剩余价值被资本家所占有。这种受剥削、受压迫的地位必然导致无产阶级对资本主义剥削制度的反抗斗争。无产阶级的阶级本性就是批判的、革命的。马克思主义学说是一定历史时代的产物，是无产阶级登上历史舞台的产物。为此，马克思主义哲学始终以革命地改变世界为己任，始终与无产阶级革命相结合，成为了无产阶级革命的指导思想。

（四）本质：资本辩证法

马克思将其辩证法的精髓运用到资本主义社会的历史分析中，将辩证法运用到资本逻辑的分析中，创立了资本辩证法，其本质就是把辩证法与资本对人的奴役的真实历史结合在一起，通过批判资本扬弃资本最终消灭资本主义制度从而实现每个人的自由和全面发展。马克思将辩证法应用到资本逻辑的研究中不是资本与辩证法的简单嫁接，而是体现了马克思辩证法的革命的批判的本性。通过资本辩证法马克思实现了从"概念的自我否定"到"资本的自我否定"[1]，同时"扬弃了现代伦理对人的解放的抽象的、形式的、虚伪的承诺，还为人的生存提供了一种超越主义的'解放'的道德关怀和道德信念"[2]。

---

[1] 白刚：《马克思的资本辩证法——辩证法的革命与革命的辩证法》，《江苏社会科学》2010 年第 3 期。

[2] 杨楹：《马克思解放理论的伦理旨趣》，《哲学研究》2005 年第 8 期。

首先，马克思的资本辩证法是实践的和历史的。马克思对资本逻辑的分析就是始终以现实社会为参照，这个逻辑进程不是在形式逻辑中的演绎系统而是以社会人的实践为基础，这种逻辑过程只有在人的社会形式中运行才能正确。马克思从资本主义社会最真实的生活现实出发，认识到资本主义对人的异化来源于资本逻辑。因此，马克思的辩证法始终与揭露和批判资本对人的奴役和统治结合在一起。在资本逻辑的统治下，人、人的劳动被异化了。马克思对资本逻辑下的资本拜物教和资本异化对人的统治进行了详细的分析，从而使马克思的辩证法具有了实践性和历史性。

其次，马克思的资本辩证法是批判的。马克思将辩证法的否定规律运用到资本逻辑中，认为资本逻辑就是由"商品形式—货币形式—资本形式"构成的一个否定之否定的辩证运动过程，商品形式、货币形式、资本形式中都包含着矛盾的对立统一。在资本逻辑的运动过程出现的异化就是对人及其本质的否定，异化的扬弃就是对否定的再否定。因此要不断扬弃资本，扬弃异化，其目标是最终实现人的解放和全面发展。因此，马克思的资本辩证法"始终把实现人的解放和自由全面发展作为自己不懈的追求，作为关于人的生命存在的内在逻辑充分彰显了它与人的解放的内在关联，所以马克思的辩证法可以理解为解放辩证法"①。

最后，马克思的资本辩证法是革命的。马克思的资本辩证法通过不断自我否定、自我超越、自我批判使资产阶级恼怒和恐怖。因为马克思的资本辩证法告诉工人阶级只要资本逻辑存在无产阶级就是不可能自我解放的，无产阶级和资产阶级的矛盾是不可调和的，要想实现自己的解放和全面发展就必须超越资本逻辑，消灭资本主义私有制，指望资产阶级良心发现是不可能的。马克思号召全世界无产者联合起来，使现存世界革命化，向现存的资本主义制度开火，为自己的解放而斗争。因此，"恩格斯说德国工人运动是德国辩证法的继承者"②。这种行动着的辩证法使马克思的辩证法发挥了真实的历史作用，彰显了辩证法应该具有的革命本性。

---

① 李兵：《生存与解放》，人民出版社 2007 年版，第 146 页。
② 《马克思恩格斯选集》第 4 卷，人民出版社 1995 年版，第 254 页。

第二章

资本与劳动：资本逻辑与人的自由的冲突

作为一种运行规律资本逻辑是指资本的人格化在现实生活中运行的规律，表现在资本作为价值、作为关系、作为运动、作为权利支配和组织整个社会过程，并与矛盾各方对抗的一种生产、交换原则和体系。它反映了资本与辩证法之间的内在必然联系。资本逻辑本身并没有缺陷，其实质性冲突来源于资本逻辑和人的自由之间的矛盾。资本逻辑使自我抽象成为真正的抽象，通过商品形式、货币形式和资本形式不断扩大和加深经济生活的商品化，迫使现实生活中的一切都变为自己增值的手段和工具、包括人，于是资本逻辑与人的解放之间的实质性冲突产生了。通过这一冲突马克思"在基本而重要的意义上"揭示了现代人"无家可归的命运"（海德格尔语）。

一 资本逻辑的形式

资本逻辑的核心是辩证逻辑。辩证逻辑必须以一个范畴开始，这个范畴要包含理论的全部。马克思认为，辩证逻辑不是从一个逻辑范畴到另一个逻辑范畴的自我确认，而是从一个形式到另一个形式的现实运动，这就是从商品形式到货币形式再到资本形式的运动。

（一）商品形式

马克思《资本论》以商品为开端基于三个相互关联的层面：

第一，分析层面：马克思是在反驳以亚当·斯密为代表的古典理论和新古典经济理论。马克思首先拒绝了古典和新古典理论的核心概念，古典经济学的观点是，生产被认作是劳动活动与生产客观方式的关系。新古典理论的观点是，需要被认为是人的心理和客体满足需要的关系。这两种概念的前提都是经济关系是由自然法决定的，都独立于财产所有权。古典经济理论和新古典经济理论同时认为，财产（产权）是社会的、历史变化的。但是对于这两种理论，所有历史差别都根据私人所有权而变化。他们都没有看到私人所有权和财产分配之间的管理建立了资本主义社会的等级。相反，马克思否认需要和生产是独立于财产关系的，认为资本主义产权（财产）的完整形式包括财产分配，它是社会作为总体性的生产结果，目的是将所有者财产的货币收入最大化。因为生产和消费是实现利润最大化的方法，这些经济行为是由这个目标决定的。马克思通过商品的开端克服了生产和消费之间的分离，作为价值承担着商品解释了具体资本主义财产关系。

其次，马克思批判了斯密的自由市场和自由经济学理论。马克思要说明斯密的自由市场的基本假设是错误的。马克思认为真正的问题出在资本主义社会结构和经济实践创造利润的方法，而不是斯密所讲的国家和市场的关系。当然，马克思后来也说明了政府在资本主义的作用，但是马克思是把它作为一个结构来看待而不是把它看作是与个人相对的国家。马克思并不是要和斯密有所不同，而是要解释斯密错在哪里。因此，马克思没有像斯密等古典经济学从货币、价格开始理解资本主义，而是分析了商品二重本质和劳动二重性等。马克思认为，商品生产依赖于作为本体人类学基础上的劳动。马克思这里逆转了黑格尔的精神现象学。马克思认为，人的本质是要通过具体劳动的合作实现的，这是人的类本质。从这点看，种的存在提供了马克思理论的最终开端。其实不是。在种的存在模型中，劳动仅仅是社会的不能是私有的。但是事实上，劳动在商品经济中是私人承担的，同时服务于其他人。种存在的模型是一个表象。它不是一个纯思维范畴，而是一个人类行为的形象，非异化生产者将人类本质定义为一个和谐的合作过程。这些形象在纯范畴的辩证序列中没有立足之地。接下来马克思追溯了在两个性质不同的使用价值交换中需要有个共同的特征，即抽象劳动。抽象劳动是商品价值的度，它提供了马克思经济范畴序列的逻辑起点。

可见，马克思理论的真正出发点既不是种的存在，也不是抽象劳动范畴，而是两者的结合，前者提供后者批判的标准。对比种的存在的人类学模型，创造性的人类劳动本身在对象中表现自己，抽象劳动作为劳动的完全异化（否定）的形式出现。商品生产的劳动不是作为集体劳动的一部分而是和其他商品生产者分离，这里没有形成一个真实的社会共同体，这些分离的生产者通过商品交换放在一起。在这个意义上，商品看起来站在分离的生产者之上。在黑格尔逻辑上这是商品的本质表现，这个现象在马克思这里称为商品拜物教。和人类学的种的存在模型相比较，这里抽象劳动被解释为否定的、异化的、拜物的社会形式，这是资本主义生产方式重建的起点。接下来的所有事情都是从这个出发点系统引出来的，如商品、货币、资本的各种形式都是从抽象劳动和交换价值引发出来的，物化和拜物都是十分糟糕的。这里否定的社会形式对人的主体拥有更多控制力量。马克思要通过这些分析向人们解释，资本主义经济学家让我们相信市场商品是永恒的真理是不对的，商品市场仅仅是资本主义社会才有的。

第二，社会历史层面：马克思强调他分析的不是一般社会而是集中在资本主义经济实践占主导的资本主义社会。在《资本论》中，马克思一直强调资本主义不同于前资本主义的特征。马克思认为，如果我们知道资本主义的特殊性、知道它是怎么开始的就知道如何结束它。无论我们使用后现代资本主义还是用社会主义、共产主义来取代它，我们都需要清楚是什么使市场贸易转变成资本主义市场贸易。那么什么是资本主义的典型特征？又是什么使市场贸易转变成资本主义市场贸易。马克思认为就是对商品的崇拜。这一崇拜不是在所有社会中都存在，比如在前资本主义社会像中世纪欧洲并不存在，这种社会形式每个人集体屈从于地主、教会，他们之间的生产关系对于所有人是可见的、可知的，人与人依赖关于构成封建社会的基础，它不像现代社会生产者和消费者彼此匿名。对商品的崇拜只是在资本主义劳动关系占主导地位时才存在。马克思说，某种门槛已经被跨越成为资本主义的主导，这就是资本主义劳动关系清除了我们对商品最初的生产的感觉。当我们从使用价值考虑商品时商品没有什么神秘的，当进入交换范围成为商品时，它就具有魔力了并有了自己的意愿。交换价值是无形的，我们不能吃它和使用它。价值的额头上没有标签，它把劳动产品变形为象形文字，人必须破译它。起初贸易者一直关心的是自己可以从商品中获得多少，但随着大量的贸易增加和重复，价格比例已经获得某种稳定性，价格也看起来是商品的真正本质，而不是他的重量和颜色。对商品的喜爱使我们相信，商品有权利制造我们。就像我们相信一件衣服能使我们看起来好看，衣服被认为是好看的起源。商品看起来比人有更大的权利。于是我们错误地认为客体（物体）有权利使自己和其他商品相交流，作为社会性主体商品看起来是在市场上自己交换，当资本主义社会交换从我们自己创造的商品中远离出来，我们就仅仅在交换价值中面临商品，而人类看起来仅仅是价值的携带者和承担者。当我们把神圣的超自然权力赋予商品时，好像他们能带给我们欢乐，于是商品拜物教产生了。商品拜物教在资本主义如此普遍，以至于使他们看起来是价值的来源。商品中人类价值来源的断裂使商品看起来很怪异。商品看起来像怪兽很怪异，因为我们觉察到商品中的社会价值的出现，然而并没有觉察到这是一种反人类劳动的权利。因为我们强调了商品的这种权利而忽视了人的劳动权。基于此，马克思认为对资本主义的分析必须从神秘的商品开始揭开其层层面纱。

第三，经验层面：资本主义是从非资本主义社会的历史中演变过来的。乍一看，资本主义社会与以往社会不同的地方就在于其巨大的商品积累。马克思在《资本论》中说，商品是资本主义社会最普遍的现象，"资本主义生产方式占统治地位的社会的财富，表现为'庞大的商品堆积'，单个的商品表现为这种财富的元素形式。"什么是商品？商品是一个外在目标，通过属性满足人的需要。这些需要是来自胃、来自想象并没有区别。这些需要可能是物质的，对于基本生存需要是必需的。马克思在《资本论》中用"monstrous"来形容商品，而不是通常我们认为的"immense"，二者的区别是后者仅仅说明商品是大量的，而前者不仅有量的意义更有猛兽的意义，它暗含了商品已经干扰了人的生活。可见，"monstrous"还有定性的意义。马克思认为，资本主义生产方式不仅增加了商品的数量，更使商品成为一个可怕的现象，因为它干扰了人的生活，甚至超越了劳动者的边界。在资本主义社会商品更像monstrous，因为他们看起来比人类更加有力量导致去人类化。整个《资本论》马克思都使用了哥特式语言，比如剥削、掠夺、战利品、吸血鬼等来表达资本主义使人类付出的代价。在《资本论》第一句话，马克思在道德天空阐述了他的伦理愤怒。这表明马克思对资本主义是很反感的。当然马克思也没有谴责商品生产，事实上，他认为生产和消费的链条是人类存在的条件，这是一个永恒的自然的必要性。一旦我们超越了基本的自我充足的简单生产，商品生产就是人的基本条件。马克思对社会交换不是一般的批判而是把它看作理解资本主义的关键。

马克思如何认识商品？马克思将商品作为一个异化形式，作为一个拜物教与人对立，作为一个事物商品拥有了主体的特征，而真正的主体——人被降低为它的瞬间。这个范畴的进程可以被当作一个范式，这个范式是通过否定的形式开始直到范畴的完全发展，这是辩证法的关键特征。具体来讲，马克思认为商品是一个外在目标，通过属性满足人的需要。这些需要是来自胃、来自想象并没有区别。这些需要可能是物质的，对于基本生存需要是必需的。马克思对于各种不同种类的需要并不感兴趣，马克思看商品的角度不是从好与坏而是从质和量的角度。这个抽象的量和具体的质马克思把它分别定义为使用价值和交换价值。物的使用价值依赖于它的物的质，交换价值比使用价值难察觉，因为它依赖于无形的量。我们在消费商品时就能意识到它的使用价值，交换价值在我们要出售它或者有人买它时就不存在了。所以，交换价值只能在市场上出现。一个物体的交换价值怎样成为同时外在的和相对的，这依赖于其他人在市场上支付多少的偶然性。一个人不能同时获得一个商品的使用价值和交换价值，这就出现了使用价值和交换价值的矛盾，这个矛盾是马克思《资本论》的逻辑起点，所有价值的来源都是人类劳动。马克思认为，一个物品的社会交换必须在使用价值前存在，如果两种价值都来自劳动，那么必须有一种方法将这种劳动进行区分。这个矛盾同时也是马克思整个辩证法的基础。因此，理论从商品形式开始，辩证法必须不断克服使用价值与价值的障碍，只有这样才能表明价值运动能够把物质性内容包括在内。如果从流通形式中完全排除物质内容，辩证法本身就被严重削弱了，因为这样它是完全和物质生活断开了。价值及使用价值本来都是抽象的和相对"空"的东西，但通过辩证运动"空"就被内容填补。但必须理解的是这个内容永远不会超出资本抽象和一般的内容。具体来讲，商品形式经历了以下几个发展阶段：

1. 简单价值形式

一个商品的简单价值形式就是该商品中所包含的使用价值和价值的对立的简单表现形式。商品 A 的价值通过商品 B 能与商品 A 直接交换而在质上得到表现，通过一定量的商品 B 能与既定量的商品 A 交换而在量上得到表现。交换的发生是因为商品对于卖者具有潜在价值，对于买方具有使用价值。"我给你 2 码亚麻换一个大衣"意味着大衣的使用价值反映在亚麻布中。这样，亚麻的价值也反映在大衣中。交换从卖方角度和交换行为看反映了卖方对使用价值的否定。这时的商品与黑格尔逻辑中 being 和

nothing 之间的基本对立关系相似。商品在交换循环中是 beings，当他们消失时成为 nothingness。此时决定 being 的范畴是交换的商品。范畴当然是历史变化的。水曾经是免费物品而现在是很贵的商品。同时，可交换仍然根植于商品的使用价值中。在这个层面上，交换的直接动力是一个商品交换为了另一个不同商品的使用价值。交换同样的商品是没有意义的。交换存在的条件是使用价值的普遍性，这个存在的条件是内在于简单商品形式中，这个时刻也是资本逻辑最具辩证意义的地方。

物品被带到市场是因为它们被认为具有其他人需要的使用价值，如果我们最终消费了它就是实现了它们最初的使用价值，在这条前进的路上它们处于存在的不同阶段。在劳动作为抽象之前，商品本身是作为价值抽象的承担者。具体使用价值的物质抽象在交换阶段是被悬置的，商品需要一个新的交换价值目标，它们成为价值形式的主体。相反，使用价值实现时它们的交换价值是被悬置的。当物品在商品交换中统一了形式时，它们就在抽象本质（价值）中获得了同一性。在这种同一性下商品的特殊性就没有了。这里抽象不是一种精神上的运行而是一种物质上的抽象。资本主义经济发展的结构就是在商品交换的物质抽象创造纯形式之后开始他们自己的发展逻辑。所以商品资本主义系统一开始就包含着对它的批判。

简单形式是一个同一范畴，它定义了一个结构，一个商品的价值要通过另一种商品表现出来。在这个结构内有一个主要结构趋势，表明最初商品价值在第 3、第 4 个商品中表现出来。他们表明它的价值是相同的，商品交换发生在社会范围内。这个结构趋势归结为一个新的结构，它需要一个新的范畴，即差异范畴。

2. 扩大价值形式

扩大商品形式属于辩证法的差异范畴，它是指一种商品的价值表现在与它相交换的一系列商品上的价值形式，它是价值形式发展过程的第二个阶段。扩大形式的出现是商品生产的进一步发展、交换的产品和范围日益扩大的结果。与此相适应就出现了总和的扩大的价值形式。即一种商品的价值不是偶然地表现在另一种商品上，而是表现在它所能够交换的其他许多商品上。即商品 A 的交换性要通过很多商品的具体使用价值被评判，x 商品 A = y 商品 B、m 商品 C、n 商品 D，马克思把这叫作扩大形式。扩大形式比简单形式更复杂和具体。在这个结构中差异占据优势。价值只有通过不确定的不同商品表现出来，这是一个"坏的无限"因为这个原则上永远不能获得完满。简单商品形式和扩大商品形式中商品的最初价值都不是通过自身而是通过其他事物表现出来的，这时生产的社会协作本质没有表现出来，只有当生产的目的是要完成社会需要时其协作本质才能体现出来。

从简单价值形式过渡到扩大的价值形式发生了本质的变化。这时一种商品的价值表现在商品世界的其他成员上，从而使得价值真正表现为无差别的人类劳动。扩大价值形式的特点是相对于简单的、个别的或偶然的价值形式来说的，价值表现是充分了，但是它也有明显的缺点。从相对价值形式看，它是未完成的，它的表现系列是永无止境的；从等价形式看，没有一个共同的、统一的等价物，即没有统一的价值表现形式，这就造成了交换的困难。比如，当绵羊的所有者需要斧子，而斧子的所有者不需要绵羊时，交换就不能进行，或者说要经过数次交换才能达到目的。因此，总和的扩大的价值形式仍是没有充分发展的价值形式。商品世界随着商品交换和商品内在矛盾的发展，总和的扩大的价值形式就过渡到一般价值形式，即商品 B、C、D 都通过 A 表现出来。

3. 一般价值形式

一般价值形式是差异基础上的同一。扩大价值形式中必然有一个主导趋势即将扩大价值形式颠倒，即商品 B、C、D 的价值也可以通过 A 表示，这就是一般价值形式。任何一个商品的价值被单一商品形式表现出来，这个单一商品同时又是商品。这个一般形式是所有不同商品的同一，通过这个商品 A 其他商品的价值得以体现，最后就有了一个综合所有差异的同一，这是一个稳定的形式，它最大限度地表明了商品的价值形式。如果商品 A 的价值可以通过 B、C、D 表示，那么商品 B、C、D 的价值也可以通过 A 表示。即

1 件上衣 = 20 码麻布
10 磅茶叶 = 20 码麻布
40 磅咖啡 = 20 码麻布
1 夸特小麦 = 20 码麻布
2 盎斯金 = 20 码麻布
1/2 吨铁 = 20 码麻布
x 量商品 A = 20 码麻布
其他商品 = 20 码麻布

总之，马克思对商品形式的分析体现了辩证逻辑的核心，通过否定的形式开始直到形式的完全发展，从同一范畴开始经过差异范畴再到差异上的同一，这一过程不仅仅是一个外部的架构，相反它提供了抓住商品内容内在展开的方法。

（二）货币形式

简单商品形式的最后一个范畴是价值的一般形式，这里有一个从一般形式到货币形式的直接转换。商品不能自己跑到市场上交换，只有人即商品的拥有者可以做这些事情。在市场上我们作为经济关系个体是抽象买者和卖者，而不是在经济关系中真正的人，他们必须通过媒介进行交换。看起来贸易仅包括商品和交换，事实上一个新价值出现了，这就是货币形式。把大衣当作货币非常不方便，但黄金具有成为理想的货币商品的特性（它不生锈，很容易分离纯化和分割，有一个统一的质量，这些是非常重要的，因此每单位重量的价值可容易运输，是稀缺的，但不是过于稀少，如豪华商品等）。当然，银也可以这样做，但资本的逻辑需要一个单一的普遍等价物。使用价值在货币形式的产生方面起到重要作用。他必须是一种特殊商品被挑出来发挥一般等价物的作用。总之，为了使货币成为资本主义货币，它必须发挥作用，好像具有像商品一样的性质，即使它可能什么也不是仅仅是电子报价。

$$20\text{ 码麻布} = 2\text{ 盎斯金}$$
$$1\text{ 件上衣} = 2\text{ 盎斯金}$$
$$10\text{ 磅茶叶} = 2\text{ 盎斯金}$$
$$40\text{ 磅咖啡} = 2\text{ 盎斯金}$$
$$1\text{ 夸特小麦} = 2\text{ 盎斯金}$$
$$1/2\text{ 吨铁} = 2\text{ 盎斯金}$$
$$x\text{ 量商品 A} = 2\text{ 盎斯金}$$

货币是商品存在的本质和必要形式。在这个意义上，价值是商品的内在尺度，货币是其外在尺度。货币形式的出现使商品内在的矛盾即使用价值与价值的矛盾、具体劳动与抽象劳动的矛盾、私人劳动与社会劳动的矛盾完全转变成为外部的对立，即商品与货币的对立。一切商品只有换成货币才能实现自己的价值,一切私人劳动只有通过货币才能转化为社会劳动。货币形式属于辩证法的差异范畴。货币形式的出现使商品内在的辩证法发展为商品与货币的外在辩证法。人要购买商品必须首先拥有货币,货币作为主体拥有优先权统治人的商品交换行为。相对于简单商品形式,货币形式抓住了差异结构。在简单商品形式的辩证法中,这个统一首先是一个简单和直接的形式。在货币形式中,商品的简单统一表现为商品和货币之间的差异。

1. 货币作为价值尺度

货币作为价值尺度是一个同一范畴。作为价值尺度货币统一了商品世界使其有了直接交换的形式。马克思说货币本身就具有价值,在货币形式中价值自己测量自己。这就如同尺子所以能衡量其他一切物品的长度,是因为尺子自身也具有尺度一样。在货币成为价值尺度后,马克思提出货币结构倾向,即 C—M—C。每个分离的商品有其特别的价值体现在货币中。这是一个抽象的同一。货币为这个社会的私人生产的本质奠定了基础,成为商品价值较充分的抽象和普遍性的表达。马克思在这里还区别了商品市场价值格和真实价值,这种不同十分重要。马克思认为价值不会变只有价格在变,市场实践一步步使我们远离人类价值的来源。

2. 货币作为流通手段

货币作为流通媒介是差异范畴。第一,在 C—M—C 循环中两个不同的商品被带到一起。第二,这个循环具有被中断的可能性。因为卖者可能发现商品不是他们希望买的,买的可能发现他们的商品不是想卖的。这里循环的中断是个结构趋势,C—M 和 M—C 的区别是需要强调的。这里存在一个货币作为中间阶段的同一。但是在这个结构中,这个同一结构趋势要被破坏,差异要占主导。如果我在交换前积累了货币,那么即使我没有发现任何人购买我的商品,我自己也能够买我想要的商品。即使我以前没有为了购买而交换货币,后来也要用货币作为结束。这就保持了循环的统一。

在简单商品循环中(C—M—C)商品价值获得了使用价值的独立形式,M—C—M 中价值作为独立实体自己运动,货币和商品都仅仅是形式。在这里,货币形式作为主体与人类社会相对被给予优先权,统治人们的货币和商品交换行为。在交换关系的系统中,形式(价值)和物质(使用价值)的矛盾转化为商品和货币的对立。在商品和货币的关系中,价值需要不同的存在形式。价值形式的特殊性和普遍性在商品或货币之间被分配，在货币中体现的是普遍性，在商品中体现的是特殊性。只要货币作为流通手段商品的特殊性和普遍性就在这一个时刻被统一了。

货币形式作为普遍一般等价物允许商品相互交换，商品被转换为一个外在标准。在贸易早期阶段商品价格和第一个被用于交换货币的商品是偶然的。当交换成为更加普遍的行为，金属如金、银才开始被当作货币。货币仅仅是一个象征，可以被其他形式替代。货币作为象征形式忽视了货币与生产产品之间关联的历史进程，这导致了货币拜物教。人们认为货币是有魔力的，作为商品自我产生价值就像商品拜物教一样。马克思并不关心货币的出现，而是关心货币如何被用作资本主义上升的积木。马克思说资本主义基本逻辑是使用货币买更多的产品获取更多利润，货币是资本出现的最初形式，商品循环是资本的起点。商品生产和循环的发展构成资本主义上升的历史条件。

（三）资本形式

简单商品形式的最终一个范畴是货币形式。一个人的交换行为当然不是为了获得同样的 M，而是为了获得 M′。通过这一过程资本超越了商品形式的单一性，超越了商品和货币的区别。马克思认为，资本有三种形式：第一，生产过程中的资本，其自我扩大目的是剩余价值。第二，循环过程中的资本，包括不同工业资本的循环过程。第三，分配领域中的资本，包括工业资本（同一）、工业资本和其他资本之间（差异）。这些形式在逻辑上是同一、差异、差异上的同一。在研究资本形式时，马克思说了 M—C—M′作为过程中的价值、自我运动的实体不仅仅承担商品和货币形式还进入自身的关系中，它在新的资本中被统一，它取代了差异性成为一个总体。资本成为真正的价值它假设自身作为自己的结束。

1. 马克思对资本范畴的理解

资本（源自后期拉丁语"caput"一词，作头部讲）一词于12—13世纪出现，有资金、存货、款项或生息资本等含义。当时没有立即给资本下一个严格的定义，关于资本的论争主要涉及利息，这场论争的中心是揭开现代序幕的意大利，"资本"一词正是在意大利被创造、驯化和逐渐成熟的。资本在1211年肯定已经问世，在1283年以前商行资本的含义出现，在14世纪已普遍使用。资本一词及其确指的实在可在锡耶纳的圣贝纳迪诺布道词中见到，这种繁衍不息的赚钱手段，通常称为资本。该词含义逐渐发展为某家或某个商人的资金，意大利往往还用"corpo"一词，即是本钱。经过长期而混乱的论争，在整个欧洲范围内普遍认同脑袋（capitale）终究比躯干（corpo）稍胜一筹，于是随着其他词的地位逐渐削弱，资本一词终于被公众接受，这里所说的地位削弱意味着概念更新。

使资本真正成为理论研究对象起源于重农主义者萨雷·迪贝卡里亚，他在1771年提出资本概念。对于资本概念的理解有两大类。第一类是把资本看作一种生产要素，比如古典经济学家亚当·斯密。亚当·斯密对资本的理解是，资本是为了生产而积蓄起来的财富。在这里，资本本质上体现的还只是一种"物"，这个作为资本的"物"是能增值的"物"，能带来利润的"物"，是为资本家所拥有的、占统治地位的、超历史的东西。第二类理解是马克思的理解。马克思对资本范畴的理解，概括起来有以下三点。

（1）资本的本性——扩张。资本的扩张本性一方面是由资本的核心即增长决定的，另一方面是由人的欲望和资源有限性的矛盾决定的。首先，资本的核心是增长。马克思在《资本论》中有这样一句话："这个过程的完整形式是 G—W—G′。其中 G′ = G + ΔG。即等于原预付货币额加上一个增值额。我把这个增值额或超出原价值的余额叫做剩余价值。可见原预付价值不仅在流通中保存下来，而且在流通中改变了自己的价值量，加上了一个剩余价值，或者说增值了。正是这种运动使价值转化为资本。"[①] 这段话反映了资本必须实现增长，而要实现增长资本必须不断扩张自己。其次，人的物质欲望和资源的有限性是资本发展的驱动力。18世纪，科学技术发明使社会物质生产能力前所未有的提高，这使人性本身追求自身利益的欲望获得物质的强制性。人为了追求物质欲望疯狂的向内向外扩张。然而，资源是有限的，资源的有限性与人们需要无限性的矛盾必然导致竞争的出现，这使人获得最大利益的努力并非一帆风顺。所以资本必须利用各种手段不断扩张，其目的是赚取财富，只有这样他们才可能在竞争中取胜。马克思曾精辟地描述了资本掠夺扩张的结果，这就是资本从头到脚每个毛孔都滴着血和肮脏的东西。资本不断扩张的结果，一是空间的量的横向扩张，由此产生经济全球化；二是生产力的质的扩张，不断迫使经济系统进行科学技术创新。科技革命与全球化的交织，共同构成全球性的资本扩张。

[①] 《马克思恩格斯全集》第23卷，人民出版社1995年版，第172页。

(2) 资本的本质——人与人的关系。马克思在1847年的《雇佣劳动与资本》中批判了资产阶级经济学家历来所宣扬的资本是生产资料、是"蓄积劳动"的观点。在《资本论》第1卷中马克思这样分析：表面看来，资本总是表现为货币、生产资料、商品等一定的物。这些物质资料确实是资本的存在形态，但这些物本身并不就是资本，不能反映资本的实质。在资本主义经济运动中，资本既是货币又是固定资产还会是人，但这并不是表明资本是各种物，而是人、物、金都可以成为这种关系的物质承担体。在《资本论》中，马克思更是多次明确指出："资本不是一种物，而是一种以物为媒介的人与人之间的社会关系。"① 这种社会关系是一种颠倒的社会关系。马克思还用形象的比喻对资本的社会关系本质进行了说明："黑人就是黑人。只有在一定的关系下，他才成为奴隶。纺纱机是纺棉花的机器。只有在一定的关系下，它才成为资本。脱离了这种关系，它也就不是资本了。"②

(3) 资本的存在——历史性范畴。资本形式作为历史性范畴的存在是指资本不仅是资本主义的特殊剥削关系，而且在封建社会、奴隶社会也存在，资本作为一般无酬劳动支配权或剩余劳动索取权是一切社会存在和发展的基础，是迄今任何社会生产方式下的共有范畴。作为"资本一般"，它是每一种资本作为资本所共有的规定，是使任何一定量价值成为资本的那种规定，这个规定就是"增值"，即带来剩余价值。马克思把这种剩余劳动看作一切社会生产方式所共有的基础。在资本主义社会，这种剩余劳动体现为剩余价值，在封建社会它主要表现为地租，在奴隶社会则主要表现为对奴隶的直接强制劳动，在社会主义和共产主义社会，剩余劳动又表现为社会的积累、管理和保障费用。正是这个自行增值和带来剩余的价值涵盖了各种资本形态和资本关系。

2. 资本的特点

(1) 自我运行的主体

资本是一个相对自我生存自我运行的总体，它是持续的和自我再生的，这是马克思总体性方法占据和取代自身的条件。阿瑟认为，在这方面像黑格尔的精神一样，资本是主体，是一种客观力量，它用实际的生产者

---

① [德] 马克思：《资本论》第1卷，人民出版社2004年版，第834页。
② 《马克思恩格斯选集》第1卷，人民出版社1995年版，第362页。

推动自己的意志，它是黑格尔的"概念 concept"的实例，是黑格尔"逻辑"的高潮。从这点看辩证逻辑是理解马克思资本主义的合适的方法。对于马克思而言，"资本一出现就标志着社会生产过程的一个新时代"[①]。在《1857—1858年经济学手稿》中，马克思明确资本作为伪主体成为真正的个体。"在资产阶级社会里，资本具有独立性和个性，而活动着的个人却没有独立性和个性。"[②] 资本才是总导演，一切人都要服从资本的意志。资本已经从"物"堂而皇之变成了大写的"人"，而人的主体地位却被轻而易举地夺走，资本结构在本体论上是一个客体存在物，但是这个客体存在物有一种力量，这种力量在现实社会中起着"抽象成为统治"的作用。所以，资本是一个真正的抽象成为凌驾于生产者之上的权力。资本的这种权力通过将社会的每一个角落归于社会需要而获得纯粹客体的绝对权力。但是这根本不是自由主体获得独立权力的结构。只要人们被归入资本的权力下面而不是从事自我解放的活动，人就被湮灭在资本的客体存在中。

（2）自我超越的主体

无论最初以什么开始，无论最初资本的数量是多少，资本必须超越自身，必须反对任何内在和外在的限制，因此，资本是个自我超越的主体。资本之所以具有自我超越性，是由于以下几点：

首先，它是由资本的本性决定的。考虑资本的所有形式，马克思提出资本的本性就是增值自身。一句话，他们的目的是获取更多的剩余价值。这就是马克思所有的资本一般公式 M—C—M′。从货币—商品—货币的目的很纯粹，即为卖而买。马克思认为，资本只有一个前进的动力，即增值自身、创造剩余价值。马克思把资本对剩余价值的基本追求作为所有资本形式的本质特征。根据这一本质，资本总是努力寻找不断扩张。因此，资本主义代表了自我实现财富增长的绝对动力，资本本身就蕴含着自我增值的这种动力。

其次，它是由资本发展的障碍决定的。资本生产的真正障碍是其自身，因此资本必须自我超越自己。马克思认为，任何限制资本发展的障碍都要被克服。然而对于资本来讲，它自己生产自己的障碍。资本循环要正

[①]［德］马克思：《资本论》第1卷，人民出版社2004年版，第193页。
[②]《马克思恩格斯选集》第1卷，人民出版社1995年版，第287页。

常地进行，必须顺次经过购买、生产、销售三个阶段，分别地采取货币资本、生产资本、商品资本三种职能形式，依次由一种职能形式转化为另一种职能形式。如果资本循环在第一阶段遇到阻碍，货币资本就会凝结为贮藏货币；如果资本循环在第二阶段停顿下来，生产资料和劳动力就得不到充分利用；如果是在第三阶段出了故障，商品资本就不能转化为货币资本，那么价值和剩余价值就不能实现。因此，资本循环每一个阶段的正常进行是总循环过程连续进行的基本条件。

最后，它是由资本超越的永恒性决定的。资本的内在本质是持续增长的动力，资本的增值不仅仅是一次简单的运动获取利润，而是使自身不断运动，实现永恒增值。因此，资本总是必须不断超越自己的障碍，它定位于不断增长，不断超越量的限制。这种增长不仅仅是一个简单运动，获取一次利润，而是使自身不断运动实现永恒增值。这个运动是无限的无休止的，是持续永恒的没有结束的过程。通过无限运动资本获得一种权力，这是对劳动及其产品的支配权力，一种无偿占有别人劳动的权力。资本的这种权力至高无上，这种权力如同一种普照的光将一切囊入怀中，主导着人与世界、人与人以及人与自身的关系。可见，创造世界市场的趋势是直接内在于资本概念中。

(3) 异化的力量

异化是资本的核心本质。资本是一种外在的异化的力量把自己强加给社会中的人，通过这种强加资本实现自身的目的，这会导致资本主义社会的一个悲观维度，即人的主体性完全被资本所统治。这里有一种方法可以解决这个问题，这就是方法论的方法。即允许资本具体化的趋势在理论上完成，这样就需要一个纯粹的资本的概念，在更具体的分析层面上引入反系统的斗争。然而斗争是资本的组成部分，对剥削的抵抗在资本主义社会总是存在。"工人拿自己的劳动换到生活资料，而资本家拿归他所有的生活资料换到劳动，即工人的生产活动，亦即创造力量。这种力量不仅能补偿工人所消费的东西，并且还使积累起来的劳动具有比以前更大的价值。……工人为了换到生活资料，正是把这种贵重的再生产力量让给了资本家。对于工人本身来说这种力量是白耗费了。"[①] 可见，在资本主义社会异化是普遍存在的，作为资本的生产要素无产者有产者都不能摆脱被异

---

① 《马克思恩格斯全集》第 6 卷，人民出版社 2001 年版，第 489 页。

化的命运。

二 资本逻辑的构成

资本逻辑的构成需要以商品生产的发达为物质前提，还需要两个主体构成即资本与劳动，其运动的关键是劳动力成为商品。

（一）物质前提：发达的商品生产和流通

资本是能够带来剩余价值的价值，剩余价值的产生要依靠发达的资本主义生产，剩余价值的实现要依靠发达的资本主义流通。所以，**商品流通是资本的起点**，商品生产和发达的商品流通即贸易是资本产生的历史前提。正如马克思所说："世界贸易和世界市场在 16 世纪揭开了资本的近代生活史。"[1] 国际贸易虽然在公元前就已经出现，但在相当长的历史时期内由于社会生产力水平低下、商品经济落后、交通不发达并不存在世界性的市场。15 世纪末至 16 世纪初的地理大发现对西欧经济的发展产生了巨大的影响，为世界市场的形成准备了条件。地理大发现之前世界上只存在若干区域性的市场。地理大发现之后区域性市场逐渐扩大为世界市场。新的世界市场不仅包括欧洲原有的区域性市场，而且包括亚洲、美洲、大洋洲和非洲的许多国家和地区。这一阶段世界市场中处于支配地位的是前资本主义的商业资本。在这一时期，世界上原来互相隔绝的地区沟通起来。欧洲和亚洲、非洲、美洲之间的贸易日益发展，世界市场扩大了。美洲的特产玉米、马铃薯等迅速传到亚、非、欧。非洲的咖啡传到欧美，亚洲的茶叶等也传到了欧美。

发达的商品流通一定程度上要归功于技术革命。由于国内外市场迅速扩大，对工业品的需求量大大超过了手工业生产所能提供的数量，市场的需求刺激了生产技术的变革。于是工业革命随着纺纱机和蒸汽机的发明开始了。工业革命使工业生产完成了从手工生产方式到机器生产方式、从手工工场制到工厂制的过渡，使经济基础发生了根本的变化。资本主义工业生产迅速发展起来，各主要工业部门的劳动生产率呈几倍、十倍地增长。

---

[1] 《马克思恩格斯全集》第 23 卷，人民出版社 1995 年版，第 167 页。

工业革命在一个世纪所创造的生产力比过去所有年代创造的生产力还要大。一切事情都全力以赴地向着一个高经济高物质的方向发展。工业革命推动了社会生产力的巨大发展，生产力的发展又进一步促进了商品生产和商品流通，发达的商品生产和流通加快了资本生产和循环，扩大了资本流通范围，这就为资本的产生提供了物质前提条件。

（二）主体构成：资本与劳动

资本逻辑的形成除了物质条件外还需要一个主体构成，这就是资本与劳动。工业革命造成的最重要的政治后果就是工业资产阶级和工业无产阶级的产生。工业革命简化了社会阶级关系，资本家已经构成了社会最强大的阶级，无产阶级所受到的剥削和压迫也越来越严重，严酷的工作条件、长达十五六个小时的工作日、大量的女工和童工他们为资本家创造大量的财富，但是他们却收入微薄常处于失业、饥饿和贫困之中。工人在经济上成为一无所有的人失去了自由，完全成为资本的附属品。一切阶级矛盾转化为资本与劳动的对立。在马克思的年代，贫富悬殊、两极分化、社会不公平、高失业率、失业、劳动者受到残酷的剥削更是普遍且变本加厉，资本家与工人之间的对立日益尖锐。资本不仅在活着的时候要依靠劳动，这位尊贵而又野蛮的主人也要把他的奴隶们的尸体，即在危机中丧生的大批工人陪葬，同自己一起葬入坟墓。由此可见，如果说资本增长得迅速，那么工人之间的竞争就增长得更迅速无比，就是说，资本增长得越迅速，工人阶级的就业手段即生活资料就相对地缩减得越厉害。马克思说："无产和有产的对立，只要还没有把它理解为劳动和资本的对立，它还是一种无关紧要的对立，一种没有从它的能动关系上、它的内在关系上来理解的对立，还没有作为矛盾来理解的对立。这种对立即使没有私有财产的进一步的运动也能以最初的形式表现出来，如在古罗马、土耳其等。所以它还不表现为由私有财产本身规定的对立。但是，作为财产之排除的劳动，即私有财产的主体本质，和作为劳动之排除的资本，即客体化的劳动，——这就是发展到矛盾状态的，因而也是有力地促使这种矛盾状态得到解决的私有财产。"[①] 正是正确理解了资本与劳动的对立使马克思将研究的领域集中在资本、资本主义制度上，从而发现了资本逻辑的两个主体即资本与劳

---

① ［德］马克思：《1844年经济学哲学手稿》，人民出版社2002年版，第87页。

动，二者的斗争是资本逻辑的本体论构成。

对于资本与劳动的对立资本家是予以否定的。资本家认为，工人把自己的劳动力作为商品提供出来，资本家为雇佣工人的劳动支付了工资，这就是社会等价劳动。工人能够获得等价物是因为他的劳动对资本家是有使用价值，然后工人获得钱，资本家获得它的劳动力。马克思认为这只是假象。这就需要揭示工资的秘密。

第一，工资不是工人在他所生产的商品中占有的一份，工资是原有商品中由资本家用以购买一定量的生产性劳动力的那一部分。马克思认为，当工人的劳动实际上开始了的时候，它就不再属于工人了，因而也就不再能被工人出卖了。因此，他最多只能出卖自己的未来的劳动，也就是说，他只能承担在一定时间内完成一定工作的义务。但是，这样他就不是出卖劳动（这劳动还待去完成），而是为了获得一定的报酬让资本家在一定的时间内（在计日工资下）或为完成一定的工作（在计件工资下）支配自己的劳动力，他出租或出卖自己的劳动力。可是，这个劳动力是同工人本身长在一起而不可分割的。所以它的生产费用是和工人本身的生产费用一致的；那些被经济学家称为劳动生产费用的恰恰就是工人的生产费用，因而也就是劳动力的生产费用。

第二，工资的多少取决于竞争和斗争。首先，工资的获得导致工人之间的竞争。资本家对工人的剥削使得劳动不能给人以乐趣，当劳动越是令人生厌的时候竞争也就越激烈，工资也就越减少。工人想维持自己的工资总额就得多劳动，多工作几小时或者在一小时内提供更多的产品。工人谁没有达到预期工作水平就会被解雇，如果这样的工人要生存下去，他将需要符合标准。结果就是，他工作得越多，他所得的工资就越少，而且原因很简单，因为他工作得越多，他就越是同他的工友们竞争，因而就使自己的工友们变成他自己的竞争者，这些竞争者也像他一样按同样恶劣的条件出卖自己。所以，原因很简单，因为他归根结底是自己给自己即自己给作为工人阶级一员的自己造成竞争。而且资本增长得迅速，那么工人之间的竞争就增长得更迅速无比，就是说，资本增长得越迅速，工人阶级的就业手段即生活资料就相对地缩减得越厉害；虽然如此，资本的迅速增长对雇佣劳动却是最有利的条件。其次，工资的多少取决于工人与资本家间的阶级斗争。马克思也指出："在最高利润率的这两个界限之间可能有许多界限。利润率的实际水平只是通过资本与劳动之间的不断斗争来确定，资本家经常力图把工资降低到生理上所能容许的最低限度,把工作日延长到生理上所能容许的最高限度,而工人则经常在相反的方向上进行了抵抗,归根到底,这是斗争双方力量对比的问题。"①

马克思还指出工人阶级与资本家围绕有酬劳动与无酬劳动的斗争必然采取阶级斗争的形式,因为资本是贪婪的不会作出让步。马克思指出:"我们知道,实际上,一种商品是低于或高于它的价值出售,取决于买者和卖者的力量对比(这种对比每次都由经济决定)。同样,工人在这里是否提供超过正常量的剩余劳动,取决于工人能够对资本的无限贪求进行抵抗的力量。然而,现代工业的历史告诉我们,资本的无限贪求从来不会由于工人的分散的努力而受到约束,而斗争必然首先采取阶级斗争的形式,从而引起国家政权的干涉。"② 可见,工人和资本家相互可以从对方那里得到多少取决于阶级斗争。工人是资本辩证法的第二个主体,阶级斗争是资本主义的本体论构成。随着资本和劳动的矛盾的加深,工人为了发展自己的自由个性必将在现实中和思维中反对资本的局限性。

据统计,从1919年到1939年的20年中,在资本主义国家中参与罢工的总人数有7400万。在资本主义制度下资本家已经构成了社会最强大的阶级,无产阶级的生活越来越受到压迫,不仅失去了自由,甚至连工人的劳动力都变成了商品。马克思揭露道:"资本由于无限度的盲目追逐剩余劳动,像狼一般地贪求剩余劳动,不仅突破了工作日的道德极限,而且突破了工作日的纯粹身体极限,它侵占人身成长、发育和维持健康所需要的时间,它掠夺工人呼吸新鲜空气和接触阳光所需要的时间,它克扣吃饭时间,尽量把吃饭时间并入生产过程。因此对待工人就像对待单纯的生产资料那样,给他吃饭,就如同给锅炉加煤、给机器上油一样。"③ 为了维持基本的生活工人阶级要拼命工作,但是依然摆脱不了被剥削被压迫的命运。马克思说,在资本主义社会工人阶级经过斗争虽然可以吃穿好一些,待遇高一些,持有财产多一些。但是这不会消除奴隶的从属关系和对他们的剥削,同样也不会消除雇佣工人的从属关系和对他们的剥削。

第三,工资是一个历史范畴。在马克思的资本内在逻辑理论中,工资

---

① 《马克思恩格斯选集》第2卷,人民出版社1995年版,第94页。
② 《马克思恩格斯全集》第32卷,人民出版社1998年版,第207页。
③ [德] 马克思:《资本论》第1卷,人民出版社2004年版,第20页。

是一种历史各种因素的结果，工资在各个国家、各个经济周期都不一样，这导致工资可能进一步随技能、劳动力市场供求以及阶段的商业周期而变化。马克思在《1861—1863年经济学手稿》中又指出："工人作为工人而生活所需要的生活资料，在不同国家，不同的文明状况下当然是不同的。"① 马克思在《资本论》中更加明确提出，"所谓必不可少的需要的范围和满足这些需要的方式一样，本身是历史的产物，因此多半取决于一个国家的文化水平，其中主要取决于自由工人阶级是在什么条件下形成的，从而它有哪些习惯和生活要求。因此，和其他商品不同，劳动力的价值规定包含着一个历史的和道德的要素。"② 总之，按照马克思的理解价值规律是工资的起点，价值规律通过竞争确保工资和非熟练工人的工作条件不断和其他行业持平。而资本逻辑理论的目的是显示工资本质上变化的重要性和必要性，宣布这些变化如何随着其他基本经济范畴而变化。

（三）运动关键：劳动力成为商品

黑格尔的普遍逻辑是资本的具体逻辑。对于资本不幸的是它不能像黑格尔的理念那样可以非常容易的自我实现，因为资本具体逻辑的发展运动要以物质生产为前提。作为纯形式资本可以自旋在真空，如果没有物质现实资本积累的逻辑运转将是非常快的。然而，真正的现实是物质的。因此，决定整个资本逻辑运动的关键就是物质生产过程的顺利完成。而在这个过程中最重要的是必须将整个劳动生产过程归入 G—G′，因为只有这样体现在第二个 G 中的利润才能被生产出来，这个任务是通过劳动力成为商品完成的。

资本内在逻辑运动的最重要部分就是商品经济中的劳动力的特殊性。G—G′的实现必须通过 G—W…P…W′—G′的过程实现，这个过程被称为资本总公式。从形式上看，资本总公式与价值规律存在着矛盾：按照等价交换原则，商品交换过程只能使价值形式在商品与货币之间转换，而不能引起价值量的变化。但是，资本总公式在流通过程中发生了价值量的增殖。这就是资本总公式的矛盾。解决资本总公式的矛盾，关键是要说明剩余价值是在什么条件下从哪里产生的。对资本总公式的分析说明，在流通

---

① 《马克思恩格斯全集》第32卷，人民出版社1998年版，第48页。

② ［德］马克思：《资本论》第1卷，人民出版社2004年版，第199页。

领域无论是等价交换还是不等价交换，都不能发生价值增殖；离开流通领域也不能产生剩余价值。所以，从货币到资本的转化既不能发生在流通领域，也不能离开流通领域，这就是解决资本总公式矛盾的条件。资本总公式矛盾的解决：价值增殖不能发生在 G—W 阶段的货币上，也不能发生在 W—G′阶段上，只能发生在 G—W 阶段的商品上。货币所有者就必须幸运地在流通领域内即在市场上发现这样一种特殊的商品，它的使用价值本身具有成为价值源泉的特殊属性，因此，它的实际使用本身就是劳动的物化，从而是价值的创造。货币所有者在市场上幸运地找到了这种特殊商品，这就是劳动力，因为劳动力是唯一能够生产超出自身成本的商品。

可见，资本主义经济发展需要一定的历史条件，它不仅需要商品和货币的存在，还要有可利用的劳动者，而且这些劳动者在市场上可以自由出卖自己的劳动力。这些历史条件不是天上掉下来的，要满足这些必须有几个条件，这在马克思的《资本论》中说得很清楚，（1）工人是自由的；（2）生产方式已经被生产者分开，工人除了自己的劳动没有任何东西可以卖；（3）资本家对是否购买劳动力不是冷漠的。资本关系的本质是控制生产，而在资本主义社会工人是作为生产的一部分的，因此资本主义生产关系的核心是购买劳动者的能力去进行劳动。这样，资本就抓住了生产所有权，它强迫工人出卖劳动给资本家。

然而，劳动力买卖与其他商品不同，劳动力不能与劳动者分离，它存在于劳动者身体中。劳动者生产一种商品时同时必须生产工人自己。而且工人总是在市场上作为卖者出现，而资本家作为买者出现。所以，工人真正出卖的是具体的所有权，是处理自己劳动能力的权利。也就是说原本属于工人这一主体的东西，现在已经转化成了资本这种客体所具有的东西。所以，劳动者不是自由的而是被迫作为商品出卖的。资本不仅在活着的时候要依靠劳动。这位尊贵而又野蛮的主人也要把他的奴隶们的尸体，即在危机中丧生的大批工人陪葬，同自己一起葬入坟墓。

三 资本逻辑的本体论

资本逻辑的本体论特征是使自我抽象成为真正的抽象。真正抽象是指一个交换过程，在这个过程中性质不同的事情通过抽象掉他们的不同，变得量上相同。

(一) 自我抽象的主体

资本逻辑是自我抽象的主体表现在：第一，经济社会和商品的抽象。资本通过自身逻辑的运行扩大加深了经济生活的商品化。随着商品化范围的全面胜利，经济生活量的方面更受到重视，而经济生活质的方面则不受重视。当所有商品的价值和价格在质上都一样的时候，唯一区别的就是量了。劳动力也是这样，通过机器劳动力变得非技能化，劳动力对于生产过程而言是同质商品。于是整个经济社会的商品化和商品都成为一个抽象的量。

第二，社会关系的抽象。在资本主义社会很大程度上社会关系是通过商品形式体现的。随着商品成为一个抽象的量，人的社会关系也变得更加抽象。这意味着，如果资本逻辑被允许展开，这种展开将构成一个过程，这个过程中社会关系自我抽象。这里的抽象是指一个交换过程，这个过程是建立在等价交换原则的基础上，通过交换性质不同的事情被抽象掉各自的不同而变得量上相同。

第三，资本的抽象。抽象化是在资本主义社会中占据支配地位的资本逻辑的必然产物，这个逻辑是建立在交换价值及其等价原则的基础上的，而这等价原则将所有的差异都分解成了定量的同一。因此，资本是一个真正的抽象，它成为凌驾于人之上的权力。这种抽象控制着人和人们常说的市场的自我调节能力控制着人十分接近，这种抽象意味着对资本逻辑的批判，这种批判源于对经济的一种投降，即将经济利润作为唯一有价值的东西。总之，资本作为自我扩张的价值，通过同质社会关系实际上使商品经济生活和商品更抽象，成为一个量，从而抽象思维被社会关系内的自我抽象的力量所支持。

(二) 自我具体化的主体

资本逻辑自我抽象的趋势和资本逻辑自我具体化的趋势是密切相关的，它们共同支撑了资本内在逻辑。具体化是个复杂的哲学概念，但是它的最基本的意义就是商品形式的非人格化规则。也就是说，所有的"物"被生产为市场上竞争的商品，社会生活被商品经济逻辑所控制。为了使资本逻辑的具体化趋势持续下去，首先，M—C—M′必须成为主体，在某种程度上这也是自我增值的基本条件。更简单的是，为了使 M—C—M′成为一个自发的主体，对于 M—C—M′ 来说必须把它存在的必要条件内在化。只有这样它才能成为自发主体，可以自己站立起来，扩大自己本身，不依靠外界支持或额外的经济力量。

其次，M—C—M′ 必须被理论化为资本逻辑的内在结构。资本逻辑的这个结构是可以再生的，而且可以按照商品经济本身的条件自我增值。马克思经常使用"内在"（inner）一词作为一种必要的内在联系和内在逻辑，这种必要的内在联系被看作资本的自由。于是资本逻辑被理论化为资本主义经济范畴必要的内在联系。这是一种总体性语言，这种总体性将基本经济范畴之间的内部关系归为一起。特殊单个主体的行为可能相当反复无常，难以预测，但是资本并不同于其他主体，它是一个像机器一样的主体，它使单个的主体的行为必须服从于资本主义市场规则，即资本逻辑。当然，在历史上我们可能努力去抵制或改造资本这个机器，以至于资本在一定抽象意义上作为自发主体被概念化。纯粹资本主义、完全物化并不意味着个人不能行动，但是这些行动经常被资本逻辑所扭曲。

（三）自我矛盾的主体

资本逻辑是一个活生生的矛盾体，这一矛盾体充分体现了辩证的精髓，即通过否定之否定建构自己。资本逻辑一方面在不断超越障碍，通过自我否定自我超越的历史过程发展自己；另一方面又不断为自己确立新的限制，这是一个无止境的不断否定不断发展的过程。从资本逻辑看这是一个活的矛盾。然而，这个矛盾是资本逻辑的动力和活力，是资本逻辑获得生命的源泉，是资本逻辑的必要成分。

资本逻辑面对的障碍不但是外在的，而且也是他们自身的内在本质，它表现在生产和流通领域中。在生产领域，资本要超越所有限制剩余价值生产的过程。然而，生产只是第一个行为。"一旦可以榨出的剩余劳动量物化在商品中，剩余价值就生产出来了。但是这样生产出剩余价值，只有结束了资本主义生产的第一个行为……现在开始过程的第二个行为。"① 第二个过程行为中必须出售出去，经过下面的阶段完成从 C′—M′ 的惊险一跳：

$$M—C—P—C′—M′$$

马克思认为，古典政治经济学的错误是把生产和资本的自我增值直接

---

① ［德］马克思：《资本论》第 3 卷，人民出版社 2004 年版，第 272 页。

等同，他们没有认识到资本主义生产是生产和流通的统一。因此，以前看起来资本增长的唯一障碍是生产，现在又遇到了一个额外的障碍就是流通领域。资本面临着"现有消费量或消费能力的限制"①。如果资本要增长，它必须超越这个流通领域的障碍，创造一个不断扩大的流通范围。这就是消费的重要意义了。因此，马克思说在资本主义基础上的消费限制维度和生产努力克服这些障碍存在一种持续的张力。这里，我们看到资本主义生产的另一个特征，资本在循环领域的问题并不简单，它必须扩大循环的范围需要不断产生新的消费，但是它扩大剩余价值的生产超出了它的能力。结果是过度生产，这是资本逻辑发展的基本矛盾。所以经济危机是资本主义发展的必然组成部分。从这个角度来说，资本逻辑的发展制造了其特有的限制，它的趋势是超越阻碍生产的障碍。可见，资本逻辑发展的真正障碍在于资本逻辑自身，资本逻辑是自我矛盾的。

四 资本异化与资本拜物教

资本逻辑本身并没有逻辑缺陷，就像真正的生物学家欣赏鲨鱼本身是极完美的杀人工具，实质性的冲突发生在资本逻辑和人的自由之间。因此，马克思对资本逻辑的态度是客观的和辩证的。马克思既肯定了资本逻辑的积极性，同时也深刻论证了资本逻辑和人的自由这一实质性冲突，即在资本全面统治下资本的命运与人的生存命运之间，资本的升值与人的贬值之间存在着内在的矛盾。通过这一冲突，马克思"在基本而重要的意义上揭示了现代人无家可归的命运，在这一点上马克思比其余的历史学优越"②。

（一）资本逻辑与正义

1. 马克思对资本主义的态度

要了解马克思对资本逻辑的态度，首先要清楚马克思对资本主义的态

---

① 《马克思恩格斯全集》，第46卷，人民出版社2003年版，第387页。
② 孙周兴选编：《海德格尔选集》上卷，生活·读书·新知三联书店1996年版，第383页。

度。关于马克思对资本主义持什么样的态度一直是学者们关注的问题。一种观点认为，马克思对资本主义的正义与否没有进行价值判断，要想得出马克思对资本主义进行了批判的结论必须先搞清楚一个问题，即马克思是在什么条件下谴责的资本主义，在什么条件下认为资本主义是不正义的？另一种观点认为，马克思认为资本主义是非正义的并对资本主义进行了无情的批判。

艾伦·伍德代表了第一种观点，他探讨了马克思是在什么条件下谴责资本主义的，他认为马克思的正义概念是与占支配地位的生产方式相适应的，每一种生产方式都有其自己的正义标准。既然不同生产方式的正义标准都不一样，所以判断一个社会是否正义就只有一个内在标准而不是外在标准了。比如，在一个无阶级社会中是不需要正义的，因为在那里国家都是不存在的。对于资本主义来讲也只有一个内在标准（即正义与否取决于其交易和分配行为是否与资本主义生产方式相一致），想用正义的外在标准来谴责资本主义是不切实际的。伍德的结论是马克思的正义概念没有价值判断，只是用它来判断一个社会的分配制度是否与其生产方式相适应。马克思相信最终在一个无阶级的社会里是不需要正义的司法系统来分配正义和权利的。因此，马克思很少使用正义概念而是使用平等权利和价值分配等概念。艾伦·伍德引用了马克思在《资本论》中论述剩余价值的分配时的一个例子来证明自己的观点，即马克思认为资本主义能够进行剩余价值分配对于工人来讲是幸运的。由此，伍德认为马克思没有觉得工人遭到了不公平对待，资本家对工人也不存在"不正义"的行为，因此马克思没有认为资本主义是非正义的。

与伍德观点相反，一些学者认为尽管马克思没有直接明确地说资本主义是不正义的，但是马克思使用了很多典型的哲学语言谴责资本主义的不公正。比如马克思在《资本论》中用"monstrous"来形容商品，而不是通常我们认为的"immense"，二者的区别是后者仅仅说明商品是大量的，而前者不仅有量的意义，更有猛兽的意义，它暗含了商品已经干扰人的生活，因为他们看起来比人类更有力量导致去人类化。可见，"monstrous"还有定性的意义。马克思认为，资本主义生产方式不仅增加了商品的数量，更使商品成为一个可怕的现象，因为它干扰了人的生活甚至超越了劳动者的边界。整个《资本论》马克思都使用了哥特式语言，如剥削、掠夺、战利品、吸血鬼等，这表明马克思对资本主义是很反感的。而且马克思不仅从无产阶级的角度来批判资本主义，还提出了一个更高一级的社会阶段的外在标准来谴责资本主义。马克思通过论述共产主义社会的初级和高级阶段的特征从而使我们认识到资本主义的不公正。这些学者认为，伍德对马克思的理解是错误的，而且他们认为马克思也从未指出资本主义是正义的。马克思不但看到了工人被剥削，更描述了工人的痛苦生活。马克思说资本家付给工人工资对工人来讲是幸运的，这实际上是一种讽刺。这种不等价交换不仅存在于工资领域，还存在于生产交换等各个领域。

关于马克思认为资本主义是否正义的问题争论很多，但是多数人同意马克思在谈论正义的概念时是在一个狭义范畴内对正义进行理解，而且他们也都同意马克思确实对资本主义的自由、商品等进行了谴责，尽管在非道德层面这不是必需的。实际上，马克思对资本主义是采用辩证分析方法的。马克思一方面用哥特式的语言无情地批评了资本主义社会，另一方面也对资本主义的现存方式和历史作用给予了肯定。学者认为马克思对资本主义的态度是复杂的。比如从工资来讲，从资本主义自身的历史发展看它是正义的，但是从共产主义社会的外在标准看资本主义又是非正义的，因为它存在非等价交换。这正是马克思辩证分析的结果。马克思基于对资本主义的辩证分析使其对资本主义社会的主导逻辑资本逻辑也采取了客观辩证唯物的态度，一方面对资本逻辑的历史作用给予了肯定，另一方面对资本逻辑阻碍人的自由与发展给予了深刻批判。

2. 马克思对资本逻辑的积极性的分析

马克思从唯物史观出发辩证分析了资本逻辑的历史作用，他肯定了资本逻辑的历史积极意义。首先，资本逻辑推进了生产力的发展。对资本推进资本主义社会的生产力发展的巨大文明作用，马克思和恩格斯在《共产党宣言》中曾有极高的肯定："资产阶级在它的不到一百年的阶级统治中所创造的生产力，比过去一切世代创造的全部生产力还要多，还要大。……过去哪一个世纪能够料想到有这样的生产力潜伏在社会劳动里呢？"[1] 在这一点上，著名的政治哲学家汉娜·阿伦特甚至认为马克思是她所见到的"对资本主义的最大赞扬"[2]。资本主义的生产和进步是以资

---

[1] ［德］马克思：《剩余价值理论》第3册，人民出版社1978年版，第397页。
[2] 参见欧阳康主编《当代英美哲学地图》，人民出版社2005年版，第643页。

本为前提和基础发展起来的,"没有资本就没有资本主义生产"①,这就是资本的伟大文明作用。

其次,资本逻辑带来了全球性发展。资本的本质特性就是无限地增值,而为了无限地增值自身,资本就必须不停地运动,开拓市场、扩大规模,使一切国家的生产和消费成为世界性。这就是生产和消费的全球化。资本逻辑使过去自给自足的状态被各民族的相互往来和依赖替代,世界由此变成了一个小村落,空间距离死亡了。物质生产如此,精神生产也是这样。科学、哲学、艺术等也自己跨越了国界,成为一种世界性的存在。在一定意义上,今天的全球化就是资本逻辑全球发展的结果,而马克思早在19世纪就已经预料到了。

最后,资本逻辑为人的自由而全面发展创造物质条件。"在资本主义社会建立之前,人总体上是处于'依赖关系',这也是人的发展的最初形态。"② 在这种形态下,人的生产能力依赖性较强。而资本主义社会中,资本为人的自由全面发展创造了物质前提,正如马克思所说,"资本作为孜孜不倦地追求财富的一般形式的欲望,驱使劳动超过自己自然需要的界限,来为发展丰富的个性创造出物质要素,这种个性无论在生产上和消费上都是全面的"③。这体现在两个方面:其一,资本创造了剩余劳动,剩余劳动的产生为人的自由而全面发展奠定了必要的物质基础。其二,资本创造了闲暇时间。资本把必要劳动减少到最低限度,就是节约了劳动的时间,劳动时间的节约等于增加使个人得到充分发展的自由时间,而个人的充分发展又会作为最大的生产力反作用于劳动生产力。

(二) 资本逻辑与非正义

马克思肯定了资本逻辑的积极性,但是更对资本逻辑阻碍现代文明和人的自由发展的消极方面给予了彻底批判。资本逻辑对现代文明和人的解放的消极影响主要有两个方面:一是异化,二是拜物教。

1. 异化

(1) 关于异化理论的争论

作为马克思批判资本逻辑的核心——异化理论一直是人们争论和研究

---

① [德] 马克思:《资本论》第 3 卷,人民出版社 2004 年版,第 925—926 页。
② 《马克思恩格斯全集》第 46 卷,人民出版社 2003 年版,第 104 页。
③ 同上。

的焦点。对于马克思异化的争论有两种说法，一是认为有早期马克思和晚期马克思之分，也叫人类主义和分析主义马克思哲学的对立。这种观点认为在早期阶段特别是在《1844年经济学哲学手稿》中马克思大量地使用异化概念并阐述了异化理论，这时的马克思被认为是本质主义的思想家或未成熟的黑格尔。马克思在这一时期之所以只用异化概念，是因为这一时期的马克思还是在黑格尔哲学和费尔巴哈论战的影响下。为了证实自己的言论，青年马克思觉得使用当下的历史和人类学概念是必要的。而成熟后的马克思不再进入黑格尔哲学的理想神话而是发展了一种新的科学，这种新的科学充满了新的术语和具体的社会内容。因此在对人类和社会进行成熟的批判之后，历史的马克思没有进入新的神秘形式，没有重复异化的理念，而是从抽象哲学进入具体的政治经济学。因此成熟时期的马克思著作不再使用异化一词，异化概念被抛弃了，马克思不再关心哲学的神秘而是集中于科学社会主义的发展。从1850年开始，马克思不再关注人和人的异化，而是集中在更深入更严格的阶级和无产阶级科学概念。因此，西方一些学者认为马克思抛弃异化概念是因为异化概念要依赖于人类本质的理论上的建构，而马克思发现自己不能为之进行辩护。

另一种观点认为异化的概念从来没有掉出马克思的后期著作，只是到了后期马克思将异化转入人类和他们实践生活方式的关系的经验观察中。得出这一结论的原因是，马克思在《关于费尔巴哈的提纲》中说哲学家们只是用不同的方式解释世界而问题在于改变世界。因此，作为一个哲学家马克思既要对历史作出回答也要对哲学传统作出回答，而马克思试图从根本上改变这个哲学传统。马克思认为传统哲学家是已经失去了它的停泊处，因为他们失去了对人类自身的自我理解。这种观点的结论是，异化是马克思哲学的核心主题，它将马克思研究方法统一到人类学、社会学、历史学、政治哲学和经济学等多学科综合的方法。

关于异化的争议源于人们对马克思思想的不同理解。由于语言、出版时间、手稿遗失等种种原因我们无法得到马克思的全部作品，因而不能完全理解马克思本人的全部思想。这一问题直到20世纪60年代马克思的早期作品《1844年经济学哲学手稿》和后来的《政治经济学批判大纲》问世之后也没有得到有效解决。之后卢卡奇的《历史与阶级意识》（1971年英文版）等相继问世，他们强调马克思的人道主义、伦理维度、异化问题和辩证分析等问题挑战了传统苏联将马克思学说作为一种科学的观点。

对于人道马克思主义的抬头，法国哲学家路易斯·阿尔都塞发起了一场马克思保卫战，他举起结构主义大旗，批判人道主义、教条主义，重建马列科学体系捍卫马克思主义的科学性。

阿尔都塞提出了著名的断裂说，即在马克思的思想中存在一个认识论断裂，这个断裂点发生在1845年。阿尔都塞认为，在1845年之前，即早期马克思思想属于人本学或"旧人道主义"，这体现在他的《政治经济学手稿》中，这时的马克思与《资本论》时期的马克思相比属于不成熟和不科学阶段，阿尔都塞把它称为前科学阶段，卢卡奇对马克思的阅读就属于"前科学时期"。1845年《德意志意识形态》之后马克思逐渐走向历史唯物主义和辩证唯物主义，而以《资本论》第一卷的问世（1867）为起点，马克思真正同一切哲学人道主义决裂，进入了真正的成熟的科学阶段。阿尔库塞认为，成熟的后期的马克思是科学的，阿尔都塞把马克思的这一时期叫作科学阶段。

阿尔都塞的这一观点来源于他的症候阅读法。通过这一个方法，阿尔都塞把马克思分为青年马克思和晚年马克思两个阶段。青年马克思时期还处于费尔巴哈的人类学和历史主义的问题域，以人的本质、类本质、异化为基本范畴。这时的马克思和费尔巴哈都没有超越黑格尔的问题域，试图通过辩证思维将个人和社会相统一。尽管他们将辩证法颠倒过来，但是却仍旧以一种抽象和思辨的方法思考哲学问题，仍然属于意识形态阶段。《德意志意识形态》和《关于费尔巴哈提纲》之后马克思不再将人的本质看作是人类学的、抽象的和非历史的，而是提出了一系列新的概念（比如，生产方式、剩余价值、阶级斗争、社会构成等）以此来理解人类社会的实践活动。通过对《资本论》的症候阅读，阿尔都塞认为马克思实际上是一个结构主义者，因为马克思认为即在一个既定社会里不同经济、政治和意识形态实践实际上是由总体社会结构所决定的，这表明马克思开始从人道主义转向结构主义，这个断裂就发生在这里。阿尔都塞认为这个断裂的发生也得到了马克思本人的确认。正如马克思在《政治经济学批判》前言中所论述的，《德意志意识形态》是他和恩格斯对晚期黑格尔的彻底批判。因此阿尔都塞也被认为是一个结构主义的马克思主义者。

阿尔都塞的观点引起了人道主义马克思主义的愤怒，以哈贝马斯、列斐弗尔、萨特为代表的学者坚持认为马克思主义就是人道主义，阿尔都塞对马克思思想发展的断裂理解是未经证实的。早期马克思和后期马克思是一致的，在人的本质的概念上前后期的马克思没有什么变化。马克思反对脱离人的具体社会关系谈论人的本质，认为人的本质是一定时期的具体的历史的产物，而人类社会历史则是人的本质的异化和异化的扬弃的历史。而且，异化思想在马克思的前期和后期是一致的。比如，在《资本论》第一卷中马克思使用了异化概念，用以论述工人怎样成为机器的附属品，在《政治经济学批判大纲》中马克思的剥削概念也是建立在异化概念基础上，在后期作品中，马克思虽然没有直接使用异化概念，但是也是在寻求对异化的超越。这股人道主义思潮在西方产生了深远的影响，直到今天。关于马克思思想的发展问题，阿尔都塞认为马克思的断裂发生在他的那句要改变世界的语录，即马克思要把他的思想付诸实践即无产阶级的政治革命，而不是仅存在哲学的思辨里。有很多学者反对阿尔都塞的断裂说。他们认为马克思自始至终都关注人的发展和人的解放，只是前后期用的词不一样，比如前期用异化而后期用物化，但是马克思对人的本质的理解和人的价值诉求的实现途径是一样的，即都是要通过以超越异化为途径。所以这个断裂不是一个突然的断裂而是一个持续的断点，这个断点一直延续到马克思的晚年时期。马克思并没有要建立一个哲学的概念体系，而是认为历史的发展即无产阶级政治实践的最后胜利最终会克服异化。因此，马克思的成熟时期对具体的社会经济和政治条件的分析就是建立在异化被克服的基础上的，所以晚期马克思很少使用异化这一词语。

（2）异化的构成

马克思把人的异化描绘成一种人的现实的失落，早期马克思为对异化进行了哲学——人类学的描述。马克思在《1844年经济学哲学手稿》中大量地使用异化概念并阐述了异化理论，这时的马克思被认为是本质主义的思想家或"未成熟的黑格尔"。对马克思异化理论的批评主要是：如果主体在资本主义社会被异化的话，那么在马克思的思想中必然有一个人的本质的东西。在后期作品中，马克思抛弃了这一观点不再使用异化一词。实际上，马克思并没有用异化理论提出人的本质的概念。与此相反，马克思旨在表达这个理论，即人的本质是等级对立的结果，对立的一方（主体）从另一方（她或他的本质）中抽象——导致异化。然而，马克思主体与本质对立的辩证分析方法使得马克思没有抛弃人的本质的概念。马克思认为主体不能脱离生活的经验的条件，不能脱离世界的基础和人的本身。马克思关心的首要问题是在资本主义社会主体导致了一个抽象的个人。然后，他的主要目的是废除资本主义社会主体和本质对立的等级关系。这是马克思本人一直要挑战的。虽然马克思的目标是从本质开始反对资本主义社会的主体，但是他不建议本主体的优先权，马克思认为在资本主义社会我们在根本上是异化的主体。

马克思在《1844年经济学哲学手稿》中指出，劳动不但生产商品，在资本主义条件下劳动也生产自身。这意味着当工人将自己的劳动力出卖给资本家时，他的劳动就不再属于他自己。生产产品的工人作为一个异化的客体存在。劳动者异化只是其中一个方面。这种异化不但在产品中表明而且在生产行为本身中表现出来。在生产行为中在资本主义条件下劳动者将自己和自己疏离，因为劳动者作为一个陌生人面对这个劳动产品。换句话说，产品本身除了这个生产性行为之外什么也不是。如果劳动产品被异化，那么生产行为本身必须是异化的表现。于是，就有了以下四种形式的异化：劳动行为异化、劳动产品异化、自己的类本质相异化、人同人相异化。

劳动行为异化。劳动行为本身成为一个异化行为。劳动者的生产性行为不再受劳动者控制，相反这是一个强加于劳动者的过程，劳动者行为是外在的和独立于劳动者，劳动者同整个劳动过程处于一种对立状态。因此，劳动者的外在性成为一个自我牺牲的形式，劳动者和劳动的生产行为异化。劳动行为异化是伴随着资本主义社会现代分工的进行而产生的。在《德意志意识形态》中马克思讨论了分工。马克思认为，从物质和精神生产分开的时刻，分工才真正开始。马克思认为，分工本身不是问题。只有当物质和精神生产的分离被视为绝对的时候它才成了问题。按照马克思的意思，生产的思想、观念、意识在物质活动中第一次直接交织在一起。然而，在现代资本主义社会物质和精神生产是被对立的，这些生产活动出现互相分隔并导致异化，它是这一社会的特征。在资本主义生产方式中，物质和精神生产的被分开意味着主体是被归入具体的工作活动中，主体不能证实自己但能否认自己。所以，工人同整个劳动过程处于一种对立状态，他在自己的劳动中不是肯定自己而是否定自己，不是感到幸福而是感到不幸，不是自由地发挥自己的体力和智力而是使自己的肉体受折磨、精神遭摧残。因此，"工人只有在劳动之外才感到自在，而在劳动中则感到不自在，他在不劳动时觉得舒畅，而在劳动时就觉得不舒畅。因此，他的劳动不是自愿的劳动而是被迫的强制劳动"①。

劳动产品异化。劳动成为劳动者外部的存在不再属于劳动者，既然劳动者行为是独立的和外在于劳动者，那么劳动产品对主体来说是作为异己的力量面对着主体，作为一个异化的客体而存在。对于马克思而言，劳动产品的异化不仅意味着劳动产品成为一个对象、一个外部的存在，劳动产品对主体来说也是异己的，是作为异己的力量面对着主体。由于分工越来越先进创造了一个不断扩大的生产力量，导致主体对劳动产品的敌视更加强烈。生产的权力不是属于他们自己，而是外来的力量站在他们自己的外面。工人与自己的劳动产品的关系就像是与一个异己对象的关系。"工人生产的越多，他能够消费的越少；他创造价值越多，他自己越没有价值、越低贱；工人的产品越完美，工人自己越畸形；工人创造的对象越文明，工人自己越野蛮；劳动越有力量，工人越无力；劳动越机巧，工人越愚笨，越成为自然界的奴隶。"②

人同自己的类本质相异化。当我们从个人劳动转向劳动者一般即把"人类"作为一个总体时就很容易认识到劳动异化影响了整个人的"类"，也就是说，异化歪曲了人的"类"本质。人的生产性行为不仅是个人的生产性行为，而且是人类种的累积的劳动。生产性行为是人类行为的特征，这是一个有意识的自由选择的创造性行为，它是人类种的本质行为。在自由和创造性行为意义上劳动被断定为人类本质的一部分。然而，劳动异化歪曲了产品和它的创造者之间的关系。它削弱了人类种的自由特征的行为。在资本主义条件下，"我"的自我行为被限制到自我生存的层面上，仅仅成为维持其个人生存的手段。因此，通过将生产目标和劳动者的自由活动相分离，主体与他的类本质异化，人不仅与自然界相对立，而且与自身相对立。

人与人的异化。劳动者与人的"类"分离即与人类本身的本质相分离直接导致人与人之间的相互异化。当人同自身相对立的时候他也同他人相对立。在异化劳动条件下每个人都按照他自己作为工人所具有的那种尺度和关系来观察他人。马克思在这里暗示，资本主义生产方式的核心结果

---

① 《马克思恩格斯全集》第3卷，人民出版社2002年版，第270页。
② 同上书，第269页。

资本关系的工具性特征贯穿了人类关系。

（3）马克思后期抛弃异化了吗？

马克思在后期真的抛弃异化的概念了吗？认为马克思后期抛弃异化理论的观点是错误的。马克思异化理论是以将异化理论应用到各种各样的生活世界为基础，而不是以对概念本身进行哲学思考为基础。换句话说，我们很容易将异化的环境和异化本身的本体论基础混淆。根据马克思的论述在共同条件下劳动是被异化的，其他异化的形式是和这个经验的事实联系在一起的。异化可能有社会和政治的衍生物，但是在哲学层面异化被认为本质上是物质和经济基础的，劳动异化是各种表现的核心。

在《1844年经济学哲学手稿》中，马克思说劳动异化构成人类与他的类本质分离的事实。尽管这个概念在马克思后期著作中没有出现，但是这个概念的重要性和马克思对它的集中分析在他的整个著作中都存在。生产作为存在的方法和再生产作为一种代代相传的方法是人类生活的两个必要条件。这意味着生产不但是人类种的生物再生产，而且也是家庭、教育、文化和政治生活的社会再生产。在生产和再生产过程中各种新的需要被创造出来，在满足当代需要的过程中，新的愿望和需要被生产出来。因此，满足这些需要和愿望的方法也被生产出来。因此，马克思说所有这些生活的形式（家庭、教育、文化和政治生活）构成了社会世界，它与经济生产的主要形式有关。经济生产形式决定了人类行为、社会结构的维度。因此，就像在前面分析的那样，异化的分析确实揭示了马克思对人类特征、态度和个性的人类关怀，然而这些人类关怀不能证明早期马克思保持人类本质的理论而后期抛弃了科学社会主义。后期马克思虽然没有批判人类本质的哲学概念，但是更关心解释人类本质的前提和假设是如何歪曲了我们对历史物质条件和社会生活的理解。

马克思从人类价值的视角挑战了传统异化概念是要说明，人类本质意味着不但要活着还要有意义地活着，这就提出来一个关于人类好的生活的问题。马克思对社会关系的物质历史建构的理解说明，人类本质不是形而上的，不是一般本质或静止的，它是通过社会关系和个人的辩证关系表明的，基于此，所有社会科学的核心任务就是调节个体和社会的关系。可见马克思的哲学批判既是从人类价值视角，又是从科学经济价值视角，所以将马克思哲学分裂成前期和后期两个部分是不正确的。

2. 资本逻辑与拜物教

马克思通过对商品拜物教、货币拜物教和资本拜物教的分析论述了资本拜物教对人的解放的消极影响。

随着人与人之间的联系只能通过商品形式，及其衍生形式是货币形式和资本形式进行，商品拜物教、货币拜物教和资本拜物教也随之产生。"拜物主义作为资本逻辑的内在化成为一种将主体和客体等同的方法，主体在这里被资本逻辑具体化了。"① 这样，拜物教揭示了马克思经济学关于世界的一个事实，资本主义社会结构趋势是根据这个逻辑降低人们的理性和工具性的作用。

（1）商品拜物教

拜物教（fetishism）作为一种原始的宗教最初起源于古代。当时的人由于生产力水平较低和科学知识的缺乏，对于自然界的许多事物和现象如风雨雷电、水火林木等不了解它们的起因、后果和运动规律，于是就把某些物神化并赋予超自然的力量加以崇拜，于是产生了拜物教。15世纪下半叶，葡萄牙人航海到达非洲西部时发现当地原始部族相信并崇拜具有魔力的符咒或护符，葡萄牙人就用拜物教（fetishism）指代这些符咒。一般认为，法国历史学家、语言学家德布罗斯于1760年在《论物神崇拜》中首次将拜物教阐述为一种一般类型的"原始心理"和"自然的"的宗教实践。法国哲学家孔德认为一般原始宗教的特点均为拜物教，即将非人的物体赋予人的精神特性。可见，拜物教一词本身就具有神性，是人们崇拜的对象。马克思借用这一词描述了资本主义社会中的商品也被赋予了神性并受到人们顶礼膜拜，那么马克思所描述的拜物教如何而来？

拜物教产生于商品形式。马克思对商品形式的这种奥秘做过精辟的描述，"商品形式在人们面前把人们本身劳动的社会性质反映成劳动产品本身的物的性质，反映成这些物的天然的社会属性，从而把生产者同劳动的社会关系反映成存在于生产者之外的物与物之间的关系。由于这种转换，劳动产品成了商品，成了可感觉而又超感觉的物或社会的物……我把这叫作拜物教。劳动产品一旦作为商品来生产就带上拜物教性质，因此拜物教是同商品生产分不开的。"② 商品拜物教的本质就在于人与人之间的关系表现为物与物的关系，物与物的关系反过来掩盖人与人的关系，支配人与

---

① Knafo, Samuel The fetishizing subject in Marx's Capital. Capital & Class; Spring2002, Issue 76, pp. 145 – 175.

② [德] 马克思：《资本论》第1卷，人民出版社2004年版，第44页。

人的关系。这样，由人生产出来的商品反而控制人，商品变得独立而神秘，更掩盖了商品背后的人类劳动。商品拜物教不是在所有社会中都存在，它只是在资本主义劳动关系占主导地位时才存在。它是资本主义的典型特征。今天我们生活在一个看起来商品属于他们自己的国家，全球市场用自己的语言实现和实践着自己的权力，我们没有意识到这是一种反人类劳动的权力。全球市场被广告化好像商品已经从人的地区维度解放出来，交换价值已经从使用价值里出来，看起来好像物品有自己的需要，它们自我满足，与创造它们的社会过程离婚了。资产阶级经济学家认为，随着劳动分工现代社会使个人行为在社会限制之外，以至于个人理念成为一种规范，在这样的世界商品是自治的。在生产之外，只有消费才是真实的。马克思后来表明，当代社会恋自己的方式和恋商品的方式是一样的。

（2）货币拜物教

从商品拜物教发展货币拜物教是一个必然过程。商品不能自己跑到市场上交换，只有人即商品的拥有者可以做这些事情。在市场上我们作为经济关系个体是抽象的买者和卖者，而不是在经济关系中真正的人，他们必须通过媒介进行交换。看起来贸易仅包括商品和交换，然而事实上是一个新价值出现了，这就是货币形式。货币是在商品交换的长期发展过程中分离出来的特殊商品，是商品交换发展的自然结果。随着生产的发展，商品交换逐渐变成经常的行为，交换数量日益增多，范围也日益扩大。但是直接的物物交换会出现商品转让的困难，这样必然要求有一个一般等价物作为交换的媒介。最初充当一般等价物的商品是不固定的，它只在狭小的范围内暂时地交替地由这种或那种商品承担，当一般等价物逐渐固定在特定种类的商品上时它就定型化为货币。马克思认为，当一般等价形式同一种特殊商品的自然形式结合在一起，即结晶为货币形式的时候，这种假象就完全形成了。一种商品成为货币似乎不是因为其他商品都通过它来表现自己的价值，相反似乎是因为这种商品是货币，其他商品才都通过它来表现自己的价值。商品发现一个在它们之外与它们并存的商品体是它们自身的现成的价值形态。这些商品体即金和银，一旦它们从地底下出来就成为一切人类劳动的直接化身。货币的魔术就是由此而来的。人们在自己社会生产过程中的单纯原子般的关系、人们自己的生产关系的不受控制和不以他们有意识的个人活动为转移的物的形式，首先就是通过他们的劳动产品普遍采取商品形式这一点而表现出来。因此，"货币拜物教的谜就是商品拜物教的谜，只不过变得明显了，耀眼了"①。

在《1861—1863年经济学手稿》中，马克思进一步指出了货币拜物教的实质。马克思认为，在资本主义经济中社会劳动的生产力和社会劳动的特殊形式，表现为资本的生产力和形式，即物化劳动的，劳动的物的条件的生产力和形式。这里，我们又遇到关系的颠倒，我们在考察货币时，已经把这种关系颠倒的表现称为拜物教。货币拜物教使货币变得独立而神秘，人们疯狂地追求货币拥有货币，人被货币所奴役着统治着。如同商品的一切质的差别在货币上消灭了一样，货币作为激进的平均主义者把一切差别都消灭了。但货币本身是商品，是可以成为任何人的私产的外界物。这样，社会权力就成为私人的私有权力。随着货币被看作财富，货币崇拜产生，人的生活方式也发生了变化。马克思说："随着金银被看作财富的物质代表和财富的一般形式，金银的积累怎样得到了真正的刺激。货币崇拜产生禁欲主义，节欲，自我牺牲——节俭和悭吝，蔑视世俗的、一时的、短暂的享受，追求永恒的财宝。"②

（3）资本拜物教

资本拜物教是马克思主义者和他们之间的批评者争论最多的。资本拜物教的重要性在于它明确说明了资本主义主体客体之间的关系。资本拜物教的存在是告诉人们人与人之间的关系真的采取了商品之间的形式。当流通中的货币不再满足 G—W—G 时，它不再单纯为买而卖，而是追求更大的价值即 G—W—G′。当 G—W—G′完成时货币就转换为了资本，当人们的生活被简化成 G—G′时，资本拜物教的神奇魔力完完整整地表露出来，物化达到了完善的程度，物化的神奇魔力完完整整地表露出来，资本主义的物役性进一步体现出来。

首先，资本拜物教使资本以自身为主体重估一切价值，成为绝对命令。这是一个以资本为核心的世界，在这个世界资本以自身为主体重估一切价值，成为绝对命令，吞噬一切、控制一切，成为现代社会的最本源的要素和驱动力量，成为最大的形而上学。资本逻辑"迫使一切民族——如果它不想灭亡的话——采用资产阶级的生产方式；它迫使它们在自己那里推行所谓文明制度，即变成资产者。一句话，它按照自己的面貌为自己

---

① 《马克思恩格斯全集》第44卷，人民出版社2001年版，第112—113页。
② 《马克思恩格斯全集》第46卷，人民出版社2003年版，第183页。

创造出一个世界"①。

其次，资本拜物教使资本把一切抽象为"交换价值"。只有具备交换价值，才能参与市场交换流通、参与资本运动，才能成为资本的增值的手段，才是具有价值的，否则就会被资本体系淘汰。所以一切都要符合资本的要求，商品、货币、人都不能例外，所以在资本控制下，人也成为一种资本——人力资本。

最后，资本拜物教使人彻底异化。资本为了实现自身的无限增值，把一切都变为自己增值的手段和工具。"资本是一种权力，是对劳动及其产品的支配权力。资本的这种权力至高无上，是资产阶级社会的支配一切的经济权力。"② 并且资本这种权力"不是一种个人的力量，而是一种社会力量"③。在资本统治下，人是作为被资本异化的客体、对象、生产要素存在，这样，无产者有产者都不能幸免，"有产阶级和无产阶级同是人的异化。但有产阶级在这种自我异化中感到自己是被满足的和被巩固的，它把这种异化看作自身强大的证明，并在这种异化中获得人的生存的外观。而无产阶级在这种异化中则感到自己是被毁灭的，并在其中看到自己的无力和非人的生存的现实。"④ 在资本逻辑的统治下，人的主体地位已经被资本逻辑取代，主客体关系被颠倒了。

---

① ［德］马克思：《资本论》，人民出版社2004年版，第920页。
② 《马克思恩格斯全集》第46卷，人民出版社2003年版，第45页。
③ 《马克思恩格斯选集》第1卷，人民出版社1995年版，第266页。
④ 《马克思恩格斯全集》第2卷，人民出版社2005年版，第43—44页。

第三章

符号与消费：符号逻辑与人的生存的博弈

随着科技革命和全球化时代的来临，资本逻辑获得了更大的发展空间，并获得了一种全新的表现形式，这就是资本逻辑的符号化。资本逻辑的符号化是社会生产力和时代发展的必然结果，是资本适应时代发展的必然产物，它的出现给人们的社会生活带来了一系列新变化和新问题。于是对符号以及符号逻辑的研究逐渐成为学者们研究的热点，其中法国著名哲学家、社会学家鲍德里亚就是一个典型代表。鲍德里亚以符号逻辑为核心对资本主义社会进行了深刻的批判，揭示了现代社会不可能通过资本的逻辑来破解，而只能由符号的逻辑来破译，符号逻辑已经取代了资本逻辑成为一种至上的本体性存在。因而人要实现自身解放就要超越符号逻辑。但是与马克思的历史唯物主义观点不同，鲍德里亚从虚无主义出发认为异化是无法超越的，但是他又想为人的解放寻找一线生机，这就使他回到原始社会的象征交换，试图从这里为人的解放找到答案，但这注定只是一种乌托邦。不过，鲍德里亚符号逻辑的确反映了资本逻辑在当今社会的新变化和新特征，在一定意义上将马克思的资本逻辑进一步引向深化，这对分析当今社会人的解放问题具有一定的理论和现实意义。

一 符号与符号价值

符号逻辑是鲍德里亚批判现代社会的核心概念，其含义是指符号人格化在现实生活中运行的规律，即符号作为主体支配和组织社会生产和生活的过程，这个过程表现为两个方面，一是大众文化被主动地吸收，二是消费变成了人对物体系的主动过程。通过这一过程符号逻辑成为一种至上的本体性存在，扩大和加深了人的社会生活的符号化。鲍德里亚认为，"消费的社会逻辑本不是一种个体占用商品和服务的使用价值的逻辑，它也不是一种关于满足的逻辑。它是一种社会和社会能指进行操纵的逻辑。关键在于，不是产品而是能指本身已经变成了消费的客体，这些客体通过被建构成为编码获得自己的权力和魅力。这种编码不能通过资本的逻辑来破解，而只能由符号的逻辑来破译。"[①] 鲍德里亚通过对符号、符号价值、象征价值等范畴的研究，论述了符号逻辑的特征，从而为批判符号逻辑奠定了理论基础。

（一）符号

鲍德里亚研究的起点不是从社会物质生产的层面去考察劳动产品，不是考察社会生产关系，而是从消费的层面上对物进行考察。鲍德里亚认为，"我们生活在物的时代，我们按照它们的节奏和不断替代的现实而生活着。在以往的所有文明中能够在一代一代人之后存在下来的是物，是经久不衰的工具或建筑物，今天，看到物的产生、完善与消亡的却是我们自己。"[②] 通过对物的考察，鲍德里亚发现现代社会的物已经发生了变革，表现在从功能的零度化走向意识形态化。随着物的功能的变化，符号也显现出任意性和差异性等特点。

1. 物

消费社会中的物的存在方式发生了根本性变化，它首先表现在从功能的零度化走向意识形态化。传统社会中人需要通过物的形式反映关系和意义，人与物之间的关系是相互依赖的，因此，物具有功能性。鲍德里亚列举了传统模式的家庭和家具布局的例子说明传统社会物的功能，他认为典型的布尔乔亚室内设计就具有功能，即表达了父权体制。"那便是饭厅和厨房所需的所有的家具、功能各异，但却能紧密融合于整体，分别以大餐橱和大床为中心。每一个房间有其特定用途，配合家庭细胞的各种功能，更隐指一个人的概念，认为人是个别官能的平衡凑合。每件家具相互紧挨并参与一个道德秩序另加空间秩序的整体。在这个私人化空间里，每一件家具、每一个房间又在它各自的层次内化其功能，并穿戴其象征尊荣——

---

① [美] 道格拉斯·凯尔纳编：《波德里亚：批判性读本》，江苏人民出版社 2005 年版，第 98 页。

② [法] 鲍德里亚：《消费社会》，刘成富、全志钢译，南京大学出版社 2001 年版，第 1—2 页。

如此，整座房子便圆满完成家庭这个半封闭团体中的人际关系整合。"①它描绘的不是客观的世界，而是家庭生活的一种象征关系。这时的家庭结构是建立在传统和权威上的父权制的关系，其核心是把所有的家庭成员束缚在一起的复杂的情感关系。这里家庭的房间是一个特殊空间，它较少考虑客观的装饰要求，因为这里的家具被人格化为人际关系。"传统家具和物的结构具有一种象征关系，这就是一种深度的家庭情感关系，但是随着社会生活的变化，这种象征性的结构被打破了。"②

现代社会物的这种功能性被解放了。在这里鲍德里亚举了镜子的例子说明这一点。19世纪中产阶级家庭都有镜子，所有的形象都被反射回到中心，既扩大了空间也强化了空间的统一。今天，房间里使用镜子的做法很少了，房间的整体被打破已经摆脱了传统家庭生活的情感。这样，"作为功能物而言，它们是自由的"③，它们摆脱了情感和意义从过去的道德束缚中解放出来，与这种解放相对应的是人不再经由这些物的中介仅仅地与家庭联系在一起。"这是对物、人、空间的解放。物变成了一种功能性的中性存在，这是物的零度化存在。"④ 物的零度化的这种特殊存在方式使物不再指向任何确定的意义。现代家庭每个房间都是单独的，尽管还是沙发、桌子、椅子，但是现代家庭的设计已经放在纯形式上，"当需要时家具可以折叠、伸开、隐藏和显现"⑤，鲍德里亚指出，"这些表明，功能性物品正在被一种新的实践组织所超越。老式家具的实质和形式被永久抛弃了以赞同一种功能的极其自由的相互作用。这些物品所表征的不再是独一无二的关系，而是游戏中的差异和步骤。"⑥ 但是鲍德里亚指出，这种物的功能性解放不是真正的完全的解放，而是部分性的解放，甚至不能称作"解放"。"这种功能化演变只是摆脱束缚而不是真正的解放，因为这只代表解放了物的功能，而不是物的自身。"⑦

---

① Jean Baudrillard, *The System of Object*, Trans. JemesBenedict, Verso 1996, p. 13.
② [法]鲍德里亚：《物体系》，林志明译，上海人民出版社2001年版，第91页。
③ Jean Baudrillard. *The System of Object*, Trans. JemesBenedict, Verso 2006, p. 19.
④ 仰海峰：《走向后马克思：从生产之镜到符号之镜——早期鲍德里亚思想的文本解读》，中央编译出版社2004年版，第83页。
⑤ Jean Baudrillard, *The System of Object*, Trans. Jemes Benedict, Verso, 2006, p. 17.
⑥ Ibid., p. 21.
⑦ Ibid., p. 19.

鲍德里亚认为，对物的评论中有两种基本的逻辑相互作用。一个是虚幻的逻辑，主要指向心理分析——其辩证、预测、超验的整个想象领域，在客体和环境层面上运作的权力和性，以及与房子/车子构成的轴心（内在/超验）相吻合的特权。一个是差异的社会逻辑。因此，当物的原有的关系的功能性被超越了之后，物获得了一种新的功能，这种新的功能不是适应一个目的，而是具备了一种被整合于一个整体中的能力。它指向了一个体制、一个权力、一种观念和一种差异，它成为一种社会评价标准，通过物的消费展现人的身份、地位、权力、等级，反映了社会的意识形态。鲍德里亚用现代家具桌子来说明这个问题，"这张中性的、轻盈的、伸缩折叠的桌子，这张没有床角、没有框架、没有天棚，好像一张零程度的床，这些'纯粹'的事物已经失去它们应该有的样态（air），被化约为一丝不挂的最简单组构，它们仿佛终结性地世俗化了——功能已不再被老家具的道德遮蔽，它摆脱了仪式、标签、以及一整套使得环境只能是物化人际结构晦暗的意识形态。"[1] 鲍德里亚结合符号学认为，当家具和建筑的风格被作为一种能指（家具和建筑）和所指（风格和装饰）的结合所构成的符号（带有某种意义的风格和装饰）时，作为能指的符号与新的所指的新结合反映了一种社会观念和秩序的变革，反映了现代社会的意识形态。当物的功能指向一种意识形态时，人们消费的就不是物本身而是物的意象，人们不是把物当作物来消费，而是把物当作符号来消费的。于是，鲍德里亚借用符号学从具体的物逐步进入"符号"领域的研究。

2. 符号

在探讨消费社会中的物时，鲍德里亚说要成为消费的物，物必须首先成为符号。符号是伴随人类各种活动产生的，人类社会和人类文化是借助于符号才能得以形成的。在一般认知体系中，符号是指代一定意义的意象，可以是图形图像、文字组合，声音信号、建筑造型，甚至可以是一种思想文化。在各种符号系统中，语言是最重要的，也是最复杂的符号系统。语言学家索绪尔认为，语言是由符号构成的，一个符号包括两个组成部分，能指（即语言的一套表述语音或一套印刷，书写记号）和所指（即作为符号含义的概念或观念），而语词符号是"任意性"，除了拟声法构词之外，语词的能指和它的所指之间没有固定的天然联

---

[1] Jean Baudrillard, *The System of Object*. Trans. JemesBenedict, Verso, 2006, p. 16.

系。当个体之间进行交换时能指与所指是等同的。处于这一符号关系的物有其特定的存在方式。但是经过意指的生成符号就变成象征性的了，或者说意指转变成了符号。符号不仅具有某个"意义"，它还被个体分享，如同礼物交换，体现着社会关系。因此，能指和所指构成一种意指关系，一种表达过程。

符号是鲍德里亚研究的核心概念，但是鲍德里亚对符号的概念却没有明确的界定。据《物体系》的译者、中国台湾学者林志明在其"译后记"中的看法，鲍德里亚的"符号"一词可能涉及三个不同的领域，即符号学意义上的符号（sign）、心理分析意义上的征兆（symPtom）和社会地位中的信号（signal）。这三个符号概念在物的分析中相互缠绕并对应着鲍德里亚在《物体系》中的三个理论框架，即符号学、心理分析和差异社会学。我们认为，当鲍德里亚谈到符号的消费时，他是在多种混合的意义上来使用"符号"这一概念的。特别是在早期的《物体系》一书中，他对符号一词的使用还是比较模糊的。当他把符号作为物品的标记看待时，他就是在符号学意义上使用符号；当他把符号作为一个人在消费物品时其社会地位和身份的标志时，他就是在差异社会学的意义上使用符号；而当物的符号作为潜在的欲望的表现形式时，他就是在心理分析的意义上使用符号。后来，由于鲍德里亚对现代信息技术的关注，他的符号概念还具有代码（Code）的含义。

鲍德里亚认为，符号首先是任意的。"符号必须在某种意义上外在于一个它现在只能作为意指的关系。因此，它是任意的——它与这一具体关系之间不是不一致的。"[①] 其次，符号也必须是有差异的，必须在与他物的差异中体现自身的意义。"只有在差异的这一语境中，它才能够被'个性化'，它才能够成为系列的一部分。因此，绝不是在物质上而是在差异中，它才能够被消费。"[②] 这样，我们就会理解现代社会的人们既要通过对物的消费证明自己的归属，又要证明自己和别人不一样，这似乎是矛盾的，其实这正是符号的特点所决定的。消费系统并非建立在对需求和享受的迫切要求之上，而是建立在某种符号（物品/符

---

① 戴阿宝：《终结的力量——鲍德里亚前期思想研究》，中国社会科学出版社2006年版，第51页。

② 同上。

号）和区分的编码上，流通、购买、销售、对作了区分的物品/符号的占有，这些构成了我们今天的语言、我们的编码，整个社会都依靠它来沟通交谈。这便是消费的结构，个体的需求及享受与其语言比较起来只能算是言语效果。

（二）符号价值

鲍德里亚认为，商品和符号早就在一起了，但是人们没有发现这个问题，所以传统政治经济学要进行符号学改造让位于符号政治经济学。在马克思的政治经济学中只有使用价值和交换价值。物的使用价值指的是"物能满足人们的某种需要"，其使用价值取决于它的自然属性，离开物体就不存在。物的使用价值只有在使用即消费中才能得到实现。物与物的交换形成了交换价值。鲍德里亚认为马克思的使用价值概念的谬误在于过于集中在商品二因素之一的交换价值之上。他认为，马克思使用价值的概念只是资产阶级政治经济学中使用价值概念的继续，即把使用价值建立在需求体系的自然性上面。而当代资本主义社会中的事实是"需求……不能只是根据自然主义和理想主义的命题定义未天生的、本能的力、自发的欲望、人的潜力，而是应该更恰当地被定义为一种功能，它由这一系统（在个人中）的内在逻辑导致，确切地说，不是作为被丰裕社会所解放的消费力，而是作为系统本身功能所要求的生产力，再生产和生存过程所要求的生产力。换句话说，因为系统需要它们，所以它们才有需要。"① 因此，鲍德里亚认为作为系统的一个重要部分，符号价值也是本来就存在于商品中，只是被马克思忽视了。在《符号政治经济学批判》一书中对符号价值进行了具体的论述。"符号价值就是指物或商品在被作为一个符号进行消费时，是按照其所代表的社会地位和权力以及其他因素来计价的，而不是根据该物的成本或劳动价值来计价的。它是能指与所指辩证统一的表意符号。这一符号并非与实在一一对应，即商品的意义并非由其用途来规定，而是与符号系统内部的相互差异和秩序相联系。"②

鲍德里亚以艺术品拍卖为例，说明当艺术品变成符号时意味着符号价

---

① Jean Baudrillard, *For a Critique of the Political Economy of the Sign*, Telos Press, 1981, p. 82.
② 高亚春：《符号与象征——波德里亚消费社会批判理论研究》，人民出版社 2007 年版，第 56 页。

值的产生。鲍德里亚认为，符号价值的产生不是从剩余价值中产生，而是由特定的社会劳动类型生产出来的。这种特定劳动鲍德里亚把它称为符号生产。符号生产是一种差异生产，一种等级生产，它把生产方式的占有变成现在对符号意义的占有，将剩余价值转换为符号价值，这样符号价值就产生了。鲍德里亚以艺术品拍卖为例，说明了当艺术品变成符号时意味着符号价值的产生。鲍德里亚认为，所拍卖的艺术品常常并不能满足人们的某种需要，那些竞买者也并不仅仅是因为他们欣赏艺术品才去竞买，而是因为他们更多地想通过竞买艺术品证明自己的身份和优越地位。鲍德里亚分析到，艺术品的符号价值彰显了社会等级和区分功能，它不仅重新考虑了经济社会关系，更是文化联系的反映。这样在消费社会中，消费行为的核心价值不在于商品的使用价值而是符号价值。随着符号价值的产生经济支配让位于符号式的文化支配。消费也不是以使用价值为基础而是以符号的差异为原则，消费也不再是一种纯粹的经济行为，而是一种生活方式，一种具有象征意义的文化行为。在这一符号式的行为中体现了一种特权，一种浪费。"特权到处追逐着我们的工业社会，在这里资产阶级文化只不过是贵族价值的幻觉。这种符码的神秘化，到处以相同的游戏规则与相同的符号体系，被集体地再生产出来，并且渗透到阶级冲突中，冲淡了整个社会的经济地位和阶级条件。"[1] 这是一种新的等级，表面上人与人是平等的，其实背后隐藏着更深的不平等。于是，对现实的批判也就从经济的批判转向文化的批判。鲍德里亚指出，今天的社会成为一个被符号支配的社会，因此提出了文化革命的总体要求。鲍德里亚在进行文化革命时，吸收了巴塔耶和莫斯的理论，把自己的文化革命诉诸象征交换。这就引出了鲍德里亚理论中的一个重要范畴——象征价值。

（三）象征价值

象征价值是指一种非功能性的不求回报的赠予，表现在人们不是真的要占有物而是通过持续的、相互性的、平等的交流循环占有物的灵魂。鲍德里亚认为，使用价值、交换价值、符号价值和象征价值这四种价值构成了符号时代的基本价值逻辑，见表1。

---

[1] Jean Baudrillard, *For a Critique of the Political Economy of the Sign*, Telos Press Publishing, 1981, p. 119.

表 1　　　　　　　　　　　符合时代的基本价值

使用价值（UV）	交换价值（EcEv）	符号价值（SgEV）	象征价值（SbE）
功能的	经济的	消费的	礼物的
操作性	等价性	差异的	矛盾的
社会	市场	其他的物品	主体
工具	商品	符号	象征
实用逻辑	市场逻辑	身份逻辑	礼物逻辑

鲍德里亚通过对这种价值逻辑的排列试图建构一种一般政治经济学理论。

首先，对这四种逻辑关系的转换进行说明：

1. UV – EcEv：使用价值与交换价值的转换，产生于商品生产领域。

2. Uv – SgEv：这是使用价值向符号价值的转换，这是一种非生产性的消费，是差异的生产。这是商品形式向符号形式的转变，是商品系统向符号系统的转换。

3. Uv – SbE：使用价值向象征性交换的转换。这是使用价值被摧毁的领域，此时不是为了生产符号价值，而是通过符号价值向象征交换的转换重新恢复象征交换。

4. EcEv – Uv：交换价值向使用价值转换，这是以获取使用价值为目的。1 和 4 是马克思政治经济学的两个要素，鲍德里亚认为，马克思忽视了符号政治经济学。

5. EcEv – SgEv：交换价值转换为符号价值。这是根据符号政治经济学重新定义，与 2 一样，它构成了奢侈消费。鲍德里亚说，这是商品形式向符号形式的转变，是经济系统上升为符号系统。

6. EcEv – SbE：交换价值向象征性交换的转换。它和 3 一样，标志着商品形式向象征交换的超越。鲍德里亚认为，为了建立象征交换，必须超越商品、符号，这是与价值的决裂。严格来说，没有象征交换，只有象征价值。象征价值是符号政治经济学的必然，象征交换则体现了对所有符码控制的超越。在这个意义上，"象征交换是鲍德里亚的理想境界"①。

7. SgEv – Uv：符号价值向使用价值转换。鲍德里亚认为，如果从符

---

① 仰海峰：《走向后马克思：从生产之镜到符号之镜——早期鲍德里亚思想的文本解读》，中央编译出版社 2004 年版，第 208 页。

第三章　符号与消费：符号逻辑与人的生存的博弈　　97

号和象征价值出发考虑使用价值、交换价值、符号价值的关系，就可以发现，符号价值向使用价值的转换是差异和等级的体现，社会等级和差异被视为一种满足个人的需要，这同时也是符号霸权转换为经济霸权的过程。

8. SgEv – EcEv：符号价值向交换价值的转换。这和 7 一样，体现了符号垄断，它和 5 一起说明了政治经济学的总体循环。

9. SgEv – SbE：符号价值向象征性交换的转换。对符号形式的结构和超越之后导向象征交换。

10. SbE – Uv、SbE – EcEv、SbE – SgEv：象征交换转换为使用价值、交换价值、符号价值。鲍德里亚认为，这是一个过程，与 3、6、9 相对应。这是对政治经济学的超越，是对 3、6、9 的超越，这是鲍德里亚对政治经济学的重要补充。可见，此时的象征价值依然没有摆脱符号政治经济学。

接下来，鲍德里亚分析了古典政治经济学与符号政治经济学之间的关系。第一个等式：

$$SgEV/SbE = EcEV/UV$$

符号价值与象征性交换之比等同于交换价值与使用价值之比。鲍德里亚指出，如果符号政治经济学和古典政治经济学同样受到批判，是因为它们的形式相同，而不是内容相同。这表明，马克思对政治经济学的批判可以加以符号学的改造，商品和符号具有同质性。但是，这个等式还不能说明符号政治经济学，所以鲍德里亚把第一个等式改写为第二个等式：

$$SgEV/EcEV = SbE/UV$$

符号价值/交换价值等同于象征性交换/使用价值。这里，鲍德里亚借用了符号学。符号是由能指与所指组成。按照索绪尔的观点，能指与所指的关系是任意的。马克思的商品的使用价值和交换价值与符号相似，使用价值相当于所指，交换价值相当于能指。这样，鲍德里亚得出了第三个等式：

$$EcEV/UV = Sr/Sd$$

这样得出的结论是：象征交换被驱逐出去了，消失了。于是鲍德里亚得出了符号政治经济学批判的第四个等式：

$$EcEV/UV = Sr/Sd/SbE$$

鲍德里亚认为，这是整个价值领域和非价值领域即象征性交换领域之间的唯一重大对立。于是第五个等式就是：

一般政治经学/象征性交换

"这就是在价值领域中物质生产（商品形式）和符号生产（符号形式）是由相同逻辑表达的。"[1] 所以对一般政治经济学的批判就是重构象征交换理论，批判使用价值、能指、所指，这是人的革命性任务。

鲍德里亚象征价值的理论来源是莫斯《礼物》一书讨论的一个核心问题。莫斯《礼物》一书讨论的一个核心的问题就是在原始或古代社会中为什么是受礼者必须作出回报？他发现原始部落社会生活中存在一种人类交易本性，即礼物交换关系，这是与支配当今社会的功利性经济关系截然不同的。在特林基特人和海达人的"夸富宴中，人们参与的目的不是吃喝本身，而在于实现一种象征性的礼物交换过程。人们耗费和破坏物品，乐此不疲地进行着送礼和还礼的交换，因为人们认为礼物具有一种精神——豪。在收受和交换礼物中，所要承担的义务是所收受的物品不是僵死的，即使你不要礼物，'豪'还是你的。所以人们接受了礼物实际上却是随应了某种象征性的精神本质和灵性，所以不得不将这个'豪'送回它的来处"[2]。这种交换行为是普遍存在的，是非契约的、自愿的、表达性的行为。在这样的仪式中，部族首领或具有类似地位的部族成员会将积蓄许久的财富通过宴会和分发的形式在一夕之间消耗殆尽。莫斯认为这些社会中的赠礼和夸富宴都具备了两个要素：具有名望性质的"曼纳"（mana）和绝对的回礼的义务。前者意味着慷慨的馈赠在这些社会中，能为馈赠者带来荣誉和地位。后者则意味着这些损失将会以回礼的方式得到补偿。这种交换更多的是一种象征性仪式，人们通过礼物交换了灵魂和意义。这里的人们对物不仅不试图占有甚至要付出。"这种象征交换导致了一种持续的、相互性的、平等的交流循环，是支撑全部社会生活的基础性结构。"[3] 所以莫斯认为，我们这个时代虽然更加理性但却失去了许多古代社会已具备的社会功能。为此，我们的社会在许多方面正在并且理应向传统回归。

莫斯的思想影响了鲍德里亚。鲍德里亚认为，在今天功能化的物品中

---

[1] 高亚春：《符号与象征——波德里亚消费社会批判理论研究》，人民出版社 2007 年版，第 104 页。

[2] 毛斯：《社会学与人类学》，余碧平译，上海译文出版社 2003 年版，第 121 页。

[3] 张一兵：《青年鲍德里亚与莫斯—巴特耶的草根浪漫主义》，《东南学术》2007 年第 1 期。

非功利性的不求回报的赠予消失了。今天的物已经是一种全新的实用考虑组织体制。在今天的物品结构中，我们不再赋予物品"灵魂"，物品也不再给你象征性的临在感；关系成为客观的性质，它只是排列布置和游戏的关系。它的价值也不再属于本能和心理层面，它只是策略层面的价值。鲍德里亚认为，现代技术生产系统象征关系消失了，这里只有功能性和符号。人的存在也不是本真的存在，真正代表人的存在的象征价值不存在了。鲍德里亚之所以提出象征交换这个概念，是基于现代社会的符号对人的统治，他试图使人摆脱符号的异化。与马克思把人的解放诉诸革命的实践不同，鲍德里亚用向后思维的方式，试图在原始社会中为人的解放找到出路。鲍德里亚提醒人们关注在人类文明早期还有一种与现代社会不同的另一种文明模式，这就是象征交换，正是象征交换关系是医治当今社会病症的一服良方。

二 符号逻辑的本体论

符号逻辑在本体论上是一种抽象逻辑和差异逻辑。随着真实世界让位于超真实世界，社会越来越走向同质化了，主体和客体都消亡在符号中。

（一）本体论上的抽象逻辑

符号逻辑在本体论上仍然是一种抽象逻辑，符号控制本质上仍然是抽象的统治。在前面的章节中，我们论述了黑格尔的辩证逻辑和马克思的资本逻辑，如果说马克思的资本逻辑在物质实践层面、经济层面印证了黑格尔的辩证逻辑的话，那么鲍德里亚的符号逻辑则进一步在精神层面、文化层面印证了黑格尔哲学作为消费社会之精神依托并能够实际提供精神动力的可能性。马克思描述了商品社会中资本把性质不同的物通过抽象掉它们的不同变得量上相同，这个过程中物被降低为单一的标准（货币）。鲍德里亚则进一步描述了统治消费社会的符号的抽象。随着商品的符号化，主体和客体变成了抽象的实体并被降低为一种数字的表达，一种定量的符号，这样一种普遍的抽象化弥漫于这个社会。

鲍德里亚将政治经济学解释为不断增长的符号抽象化的两面过程。政治经济学的第一个阶段是符号形式的例示。符号的早期历史形式即早期资本主义符号处于隐性状态，这一时期的符号还是围绕着使用价值和交换价值的二元对立结构。符号还处于萌芽状态没有充分展现自己。政治经济学的第二个阶段，"即晚期资本主义的消费社会是符号形式的普遍化和复杂化，是符号向整个文化和环境的扩张，是符号形式向符号交换价值的转变。"[①] 这时，符号作为一个自我封闭的体系，一切真实的对立的东西都变成了封闭性的、抽象的存在，变成了一种符号。表现在商品方面，商品形式被符号形式遮蔽并同任何现实没有了关系。尽管使用价值和交换价值的二元对立依然存在，但是已经不再那么重要，符号已经开始围绕着符号—交换价值结构。马克思的物质性的商品世界就被符号非物质化了。表现在客体方面，在这个抽象过程中客体也被吸收到形象中，仅仅是其用途的一种符号从有形的需求中抽象出来并与之分离，结果客体在这个封闭的符号交换的循环中被非物质化了，主体—客体的差异在超真实中内爆了。表现在交换方面，这个社会的交换也就发生在符号、形象和信息的层面上，即"符号—交换—价值"[②]，在这个抽象过程中，生产、分配和消费的整个周期被转变成了一个符号系统，一个同客体世界没有任何联系的抽象能指的符号系统。这就是抽象化的第二个阶段。

　　符号的这一抽象过程是对真实劳动过程中根本对立的替代，它使对立变成了意指过程，即从一个符号指向另一个符号。"交换不是发生在商品之间，而是发生在符号、形象和信息层面，这就消解了超结构和基础之间的差别。"[③] 于是，真实对立中所造成的等级就变化为一种区分过程，真实的对立消除了，社会也就同质化了。这就是符号编码法则的普适性。"符号编码没有也不能有特指，没有原型参照是放逐所指而让能指反复叙事。这些信号不可解读，没有可能的阐释，如同在'生物'体深处隐藏多年的程序母型——这样的黑匣子中酝酿着所有的指令和所有的回应。"[④]

　　符号的抽象能力不是任何外在其他事物所赋予的，而是来源于符号的自身发展逻辑。这是一种更有统治力的逻辑，在这种逻辑之下符号逻辑向外生长，向内内爆。在向外生长的过程中，符号最终要实现对商品阶段的

---

① ［美］道格拉斯·凯尔纳编：《波德里亚：批判性读本》，江苏人民出版社2005年版，第21页。
② 同上书，第66页。
③ 同上书，第21页。
④ ［法］让·波德里亚：《象征交换与死亡》，译林出版社2006年版，第81页。

编码和统治。鲍德里亚认为,"商品不过是一种初始的形式和遁词"①。商品阶段也只是符号发展的历史阶段,符号才是它的最终归宿。所以它能如此霸道,如此目空一切。向内内爆的过程中,对立两级按照核收缩消失了,结构差异、冲突、矛盾均被吞噬,这种收缩和吞噬是由编码程序化,而我们正处于一个最大内爆的状况中。

(二) 符号学的差异逻辑

消费的同质化过程同时也是一种社会身份的区分过程。鲍德里亚《消费社会》的主题就是在高级资本主义社会中,一种新的意义结构出现了,它的作用是建立在从属于只有符号学理论才可以做出分析的一种区别逻辑之上的。"符号逻辑本质上是一种差异的社会逻辑,它是根据社会学来作出区分,而其本身是源于人类学(交往是作为符号、区分、地位和威信的产物)。"② 由此,鲍德里亚还区分了四重逻辑关系:

使用价值的逻辑——功能逻辑
交换价值的逻辑——等价逻辑
象征性交换逻辑——不定性的逻辑
符号价值的逻辑——差异性逻辑

这四个逻辑还是实用的逻辑、市场的逻辑、礼物的逻辑和地位的逻辑,物在其中对应的分别是器具、商品、象征与符号。鲍德里亚认为,在消费社会中符号消费占据了主导地位,消费的逻辑就从原来的满足个体需要的逻辑转化为社会区分的逻辑。符号的意指过程也是建立于差异的逻辑基础上的。符号与符号之间的区分、符号在体系中的位置都是通过差异来确定的。在差异逻辑的作用下人的消费过程不再是对个别物的使用过程,物不再仅仅是实用性的而是社会意指的承载者。物的存在被物的符码、表意关系替代了。物作为一种区分符号将人区分开来。每个物都表现着一种符号价值体系中的一个元素,这种符号价值本身具有了一种区分作用。

---

① [美] 道格拉斯·凯尔纳编:《波德里亚:批判性读本》,江苏人民出版社2005年版,第68页。

② 同上书,第6页。

"物和符号在这里不仅作为对不同意义的区分,按顺序排列于密码之中,而且作为法定的价值排列于社会等级。"[①] 这是一个全新的差异逻辑。这种差异逻辑是一个基本的社会过程,它使人们不是通过对物的直接占有实现物的意义,而是通过操控物的差异显示自己的声望和地位。正是符号体系通过消费的商品的差异产生了地位差别的等级制度。这种逻辑超越了使用价值的功能性逻辑是表征地位和身份的象征价值,其背后隐藏着严谨的社会逻辑,可以依据每种社会地位的特殊逻辑来推断和操控。

在这样的逻辑下,个体要界定自我、建构身份、表征地位就要寻找差异,差异成为消费社会人们追求的目的。于是,以消费为目的的生产变成了差异的工业化生产,生产是差异的生产,需求也不再是对某一物品的需求而成为对差异的需求。今天的社会充斥着时尚、个性、另类、与众不同,各种限量版物品、特制物品大量涌现,实际上这就是对个性化的差异的追求。这种个性化是符码的必然结果。人的真实的差别使他们成为矛盾的存在,而个性化的差异再也不会把个体相互对立起来,它们根据某种不确定的等级进行等级划分,并向某些范例聚集,它们正是以那些范例为出发点被生产和再生产的。无论自我区分实际上都是向某种范例趋同,都是通过对某种抽象范例确认自己的身份,从而不得不放弃那种偶尔出现的与他人的差别。当对这种个性化成为范例符号就去除了内容,以一种形式化的方式抽象了人与人之间的真实差别使人及产品同质。由此,在消费中消费者与消费物品的关系也不再是人与物的关系,而是一种人与符号的关系。不同的消费符号所代表的是不同符号拥有者的地位、身份、权力、品位。对差异的追求是永远无法得到满足的,因为差异总是不断地被缩小,而差异又总是需要无限更新。差异的无法彻底消除,使消费的欲望也永无止境,消费被异化了。这就又回到了第一个逻辑抽象逻辑。这是符号的悲剧还是人的悲剧?

(三) 辩证逻辑的终结

鲍德里亚认为,相异性是事物存在的条件。正如索绪尔所讲,失去了差异性,社会、历史就要消亡。因此,任何消灭相异性的努力都会以消亡自己、消亡社会、消亡历史为代价。然而,随着符号逻辑的出现,社会越来越走向同质化了。当真实与非真实的界限消失时,事物也销蚀了自己的

---

① [法]鲍德里亚:《消费社会》,刘成富、全志钢译,南京大学出版社 2001 年版,第248页。

个性而与其他事物混合，这似乎是个大玩笑。人在通过物的消费力图和别人差异化的同时却销蚀了自己的个性而与其他事物等同。所以有人说我们这个时代是中性化的时代，的确我们正走向一个同质化的时代。

同质化的过程也就是他者消亡的过程，我们变成了无客体的主体，无他者的主体，"这个无客体的主体、无他者的主体的示例，在所有失去影子的、变成对自己而言透明的东西中、甚至在已失去活力的实体中、在无卡路里的糖中、在无钠的盐中、在无盐的生活中、在无原因的结果中、在无敌人的战争中、在无对象的激情中、在无记忆的年代中、在无奴隶的主人身上、在无我们这些主人的奴隶身上可以找出。一个无奴隶的主人会发生什么样的事？他最终会对自己进行恐吓。那么，一个无主人的奴隶呢？他最终会剥削自己。"① 这样我们"不再有对手，不再有敌对环境，不再有任何环境，不再有外在"②。消灭了他者也就消灭了我们自己。"把某人毁了的最佳策略就是消灭所有威胁他的东西，并使他丧失所有防卫能力，这就是我们正应用在我们自己身上的最佳策略。"③ 这是我们正在运用生命换来的技术正在做的事。这里，主体和客体都消亡在符号中，这是符号的完美的罪行。这样，笛卡儿以来的主客体对立被彻底推翻了。

于是，鲍德里亚认为辩证法也就随之终结了。现在，事物失去了自己的对立面，事物的两极内爆为一极，造成了短路、意义和事物之间没有回路，不再存在对立和矛盾，辩证法消亡了。失去了辩证法的事物处于一种不稳定状态中，"无客体的主体和无他者的相同物的非稳定作用——同一物最终停滞和转移"④。随着辩证法的终结，鲍德里亚认为现代性终结了，历史终结了。鲍德里亚在《象征交换与死亡》中宣布："劳动终结了。生产终结了。政治经济学终结了。促进知识和意义积累的、叠加话语线性语段的能指/所指的辩证法终结了。同时，使积累和社会生产成为可能的交换价值/使用价值的辩证法终结了。商品的线性维度终结了。符号的古典时代终结了。生产时代终结了。"⑤ 在鲍德里亚的逻辑里，任何稳定的结

---

① [法]让·博德里亚尔：《完美的罪行》，王为民译，商务印书馆2000年版，第111页。
② 同上书，第110页。
③ 同上。
④ 同上。
⑤ Jean Baudrillard, *Symbolic Exchange and Death*, Trans, Iain Hamilton Grant, Sage Pullications, 1993, p. 8.

构、因果都没有了，一切都是不确定的，我们面对的是一个没有未来的世界。所以，必然走向虚无。因此，生产也会走向虚无，因为物质生产失去了意义，任何对物的本真的追求也不再具有意义。

鲍德里亚认为，超过了某一确定的时刻，历史就不再是真实的了。不知不觉中突然之间全人类已将真实抛在身后。从这个时刻开始，一切事情都不再是真实的，比如新闻是被制造出来，美女也可以被制造出来，可怜的是，人们还没有意识到这一点。我们注定要继续目前的毁灭进程。在这个意义上鲍德里亚承认自己是虚无主义者。鲍德里亚说，"假如做一名虚无主义者就是将系统的不可逆转的惯性以及对这种惯性的分析推至无可回转的地步，那么，我就是一名虚无主义者，假如做一名虚无主义者就是执着于消逝模式，而不是生产模式，那么我就是一名虚无主义者，消散、内爆、狂乱地挥霍。"[①]

三 符号异化与符号拜物教

鲍德里亚以符号为尺度对西方现代社会的发展进行了区分，即从文艺复兴到工业革命以伪造为支配图式的社会，从工业时代开始的以生产为支配图式的社会，当下符码统治阶段以模仿为支配图式的社会。在这个符码统治的社会人仍然处在一种非人化的生存境遇。区别在于，"这个社会明确把符号化建构作为实现非人化生存的基本路径"[②]。在符号化的建构下人的生存是一种身不由己的生存，是在"吸收符号"以及"被符号吸收"的博弈中生存。在这场博弈中，符号通过符号异化和符号拜物教完胜，这种胜利对于符号来讲是完美，对于人来讲则是罪行。

（一）符号异化

人的异化是马克思研究资本逻辑与人的解放之间发生冲突的核心内容，也是鲍德里亚研究符号逻辑与人的之间关系的重要内容。与马克思不

[①] ［法］鲍德里亚：《论虚无主义》，转引自道格拉斯·凯尔纳、斯蒂文·贝斯特《后现代理论——批判性的质疑》，张志斌译，中央编译出版社 2004 年版，第 163 页。

[②] 陈立新：《鲍德里亚消费社会理论的存在论上的启示》，《哲学动态》2008 年第 1 期。

同的是，鲍德里亚认为现代社会中人的异化不再是 19 世纪马克思所说的资本统治下的异化，也不是早期西方马克思主义所谈的"物化"导致的"异化"，也不是法兰克福学派的资本主义工业化、商品化和技术化导致的异化，而是符号异化。即人作为主体创造了符号，符号却反客为主使人的主体性衰落，成了奴役人、控制人、统治人的力量。鲍德里亚认为现代社会符号逻辑对人的异化主要表现在：

（1）自我异化

鲍德里亚举了《布拉格学生》这部电影的例子说明了人的自我异化。"影片讲述了一位贫穷却充满雄心壮志急于求成的大学生的故事。他为了获得世俗的成功用自己的镜像与魔鬼交易换取了一大笔钱，从此他走进了上流社会，但却永远无法在镜子中看到自己。最后，魔鬼把大学生的镜像唤醒，让它存在于现实生活中。它毁坏了他的生活并四处追捕他，似乎要报复他将自己出卖之仇。他因此失去了社会生活，失去了存在的可能。他在绝望中杀死了自己的镜像，可是他同时也杀死了自己。因为在现实生活中镜像已经浑然不觉地取代他而成为真实生动的存在。临死前他抓住了一片散落在地面上的碎镜片，他发现他又能看到自己了，他以躯体为代价找回了自己正常的人像。"①

鲍德里亚在《消费社会》中谈到"布拉格学生"这一幕时讲到，符号系统突破了商品对人的异化，通过符号人被编码和区分，主体性的衰落成为一种结构性的必然。面对符号系统，人被它吸收，被它控制，这一系统反过来规定着我们的生活强加给我们。可见，符号逻辑使人失去了真实的自我，失去了独立思考、判断和选择的能力。在符号逻辑的统治下人们不知道自己真正想要的是什么，而是在符号中迷失自己。可以说，现代社会的人不是自由人而是符号人。比如人们对某一种名牌商品的疯狂向往，为了得到这个商品努力赚钱，而很少去想是否自己真的需要，更多的是追赶潮流、追求时尚，证明自己有身份有地位。这种向往如果不加理性控制就是没有边界的。因此，生活在这种状态下的人会跟着别人走，不再会表达自己。

人失去自我，成了沉默的大众，"大众不再表达自己，他们是被调查的"②。沉默在这里有两层意义，一是大众在社会系统中处于被挟持的状

---

① 卢珊珊：《现代社会符号异化现象透视》，《淮南师范学院学报》2008 年第 1 期。
② [美]道格拉斯·凯尔纳编：《波德里亚：批判性读本》，江苏人民出版社 2005 年版，第 6 页。

态,失去了理性,只是纯粹的接受者。因为这个社会系统的力量十分强大且服务十分周到,它不用人们自己思考会为大众提前准备各种便利、理财、回扣、购买等的项目,长此以往人们会陶醉于这一系统。于是沉默有了第二层意义,即这里没有反抗只有默默接受。这个系统的强大使人们已经觉得没有自己思考的必要甚至懒得思考。"个体不再反思自己,而是沉浸到对不断增多的物品/符号的凝视中去,沉浸到社会地位能指秩序中去。沉浸在其中并在其中被消失。消费的主体是符号的秩序。"① 人们知道他们一无所知,所以就不想知道什么。"大众知道他们一无所能,也就不想有所能"②,于是异化被普遍化了,异化变得更加隐秘更加舒适,被异化的消费变成了补充异化生产的一种责任,人自我异化了。这就是根据鲍德里亚理论改编的电影《黑客帝国》中的情节,人们已经分不清楚真实的世界和虚拟的世界,只有一小部分人意识到计算机已经控制了人类,人类整体失去自由而且意识不到被控制,还乐此不疲。这一小部分人为了找回人类真实世界和计算机展开斗争,然而这个战斗的结局意味深长,人与计算机达成了妥协,让人自己选择要生活在真实的世界还是虚拟的世界,从此人的主体性彻底被解构。

(2) 日常生活异化

鲍德里亚认为,符号逻辑不仅使人自我异化,还全面开发了人的私人生活,使人的日常生活全面异化。"表现在人的日常生活被连根拔起,并被重新放到一起加以设计,每个人——工作生活、私人生活、休闲都被合理地开发着。"③ 人的日常生活异化包括消费异化、广告异化和身体异化。

第一,消费异化。鲍德里亚认为,在消费占主导地位的今天整个社会是通过物的消费组织起来的,个人通过消费获得身份、地位和声誉。因此,消费的性质发生了变化,人们消费的目的不是物的为我所用。"在消费的普遍化过程中,再也没有灵魂、影子、复制品、镜像,……消费者从未面对过他自身的需要,就像从未面对过他自己的劳动产品一样,他也从

---

① 孔明安、陆杰荣:《鲍德里亚与消费社会》,辽宁大学出版社 2008 年版,第 9 页。
② [美] 道格拉斯·凯尔纳编:《波德里亚:批判性读本》,江苏人民出版社 2005 年版,第 6 页。
③ Henri Lefebvre: Everyday Life in the Modem World, translated by Sacha Rabinovitch, With a new Introduction by Philip Wander, Transaction Publishers, New Brunswick and London, 1994, p. 58.

未遭遇过自己的影像：他是内在于他所安排的那些符号的。"① 也就是说，消费对于人们来讲有了一种全新的意义，这个意义是一种由符号操控的系统化过程。"消费并不是一种物质性的实践，也不是丰产的现象学，它不是通过我们所消化的食物、我们所穿的衣服，我们使用的汽车来定义的，也不在于影像和信息的口腔或视觉实质，而是把所有以上这些元素组织为一个意指：消费是构成一致话语的所有物品和信息的真正的总体性。这样，被完成和被消费的东西从不是物品，而是关系本身，所指缺席，既包含又排斥，这是这一关系的理念在展现它的物品系列中被消费。"② 这就是说，人要消费的不仅是物品，更是一个关系一种认同。人的社会身份认同要通过物的识别体系，根据一个人的服饰、车辆配备等推出他所属的社会阶层，把自己归于某个社会阶层或群体显现出与他者的差异。人们只有通过不断地持续性地消费才能证明自己，这就是"我消费"才能证明"我存在"。这样消费就成为"资本符号下整个加速了的生产力进程的历史结果，那么它也是彻底异化的世纪……消费并不是普罗米修斯式的，而是享乐主义的，逆退的。它的过程不再是劳动和超越的过程，而是吸收符号及被符号吸收的过程"③。通过以差异性为核心的符号价值的介入，符号完成了对个体的迷惑战胜了主体。于是消费异化产生了。

第二，广告异化。鲍德里亚认为，消费异化和广告异化是相互生成的。在消费社会，广告作为典型的大众媒介通过声音、色彩、图像、文字、话语、理念等传递着不同的编码规则，不断制造新的时尚、新的高贵、新的审美标准，从而使人的消费欲求被极大地刺激起来，满足了消费社会的需求，成为消费社会的润滑剂。"广告宣传不仅使消费物被符号和'美德'所美化，以致它们成为消费物的所指，而且消费基本上同这些符号相关联，而不是同物本身相关联。"④ 在广告、媒介等符号的干涉下，消费的对象不再是过去意义上的物性的东西，而是被赋予了很多意义和象征。所以，当今社会的广告的功能已经得以延展，广告在一定意义上已经不是展现商品，而是给人希望，

---

① ［法］鲍德里亚：《消费社会》，刘成富、全志钢译，南京大学出版社 2001 年版，第 225 页。

② Jean Baudrillard: *The System of Object*. Trans, JemesBenedict, Verso 1996, p. 200.

③ Jean Baudrillard, *The System of Object*. Trans, JemesBenedict, Verso 1996, p. 200.

④ Henri Lefebvre: Everyday Life in the Modem World, translated by Sacha Rabinovitch, With a new Introduction by Philip Wander, Transaction Publishers, New Brunswick and London, 1994, p. 56.

给人指引方向。今天的"广告既不让人去理解,也不让人去学习,而是让人去希望,在此意义上,它是一种预言性话语。它所说的并不代表先天的真相(物品使用价值的真相),由它表明的预言性符号所代表的现实推动人们,在日后加以证实。这才是其效率模式。它使物品成为一种伪事件,后者将通过消费者对其话语的认同而变成日常生活的真实事件"①。广告的声色体验创造了"我"这个消费的意象,人们被广告的商品趋之若鹜,之所以成为意象,是因为这种需要可能根本不是人的真实需要,只是被制造出来的虚假需求。"人也不再是真正的丰富的主体而是被广告的物品符号所消解,成为消费的意象。"② 人的主体性就这样被削弱了沦落为符号世界的客体。

第三,身体异化。鲍德里亚认为,现代社会是一个生产的终结社会,是一个符号控制的世界,这是通过电子媒介的复制与模拟创造出来的世界,这是个"超真实"的世界。在这个符号支配一切的超真实世界里,真实、原件和原初都已荡然无存,虚拟是这个社会真实的存在,真实本质上不过是根据符号模拟出来的一个结果。"当真实和想象在同样的操纵总体性中被混合起来时,审美幻境就无处不在。这是一种对赝品、蒙太奇、电影脚本,对在模型中过度暴露的现实性——的阈下感觉,它不再是一个生产空间,而是一个阅读链条,被符号所磁化的编码和解码。"③ 如身体的幻觉。在现代社会,人对身体的审视与崇拜达到前所未有的高度,不再是自然意义上的观照,而是把身体作为符号来看待。"人的身体的各个部分,手势、脸、动作和性等都以符号为媒介制造美丽的模式和身体的神话,因此,身体变成了由符号统摄的时尚体系。"④ 鲍德里亚认为这并不是对身体的真正发现,这是符号统治人的身体的过程,是符号以新的意识形态控制着我们的行为,这使得本来有个性化的身体以自恋式的崇拜内化在我们的无意识领域中形成对身体符号的幻觉化。

---

① [法]鲍德里亚:《消费社会》,刘成富、全志钢译,南京大学出版社2001年版,第138页。

② Henri Lefebvre: Everyday Life in the Modem World, translated by Sacha Rabinovitch, With a new Introduction by Philip Wander, Transaction Publishers, New Brunswick and London, 1994, p. 59.

③ Jean Baudrillard, *Timulations*, Semiotext, 1983. p. 150.

④ 史修永、辛楠:《虚拟社会幻觉的终结——鲍德里亚〈完美的罪行〉解读》,《学术论坛》2005年第3期。

(3) 对女性的异化

在消费社会中女性作为一直稳定的积极的最易被开发的消费群体受到极大重视和关注。在女性的消费能力和消费权利巨大增长的过程中，女性也被最大限度地异化着，它具体表现在：

第一，女性主体性被削弱。女性相对于男性更加感性，在消费社会女性作为一个巨大的消费力量被全方位地唤醒和激发。2014 年"双十一"利好推动阿里巴巴股价大涨，马云在接受央视采访时他感谢中国的妇女。女性购买力也成为现代很多商家企业的重要支撑。为了让女性尽可能地消费，商品使用各种手段积极促销商品，通过声音、情景、画面、色彩、故事等赋予商品以意义，从而创造了一个消费的意象。"人也不再是真正的丰富的主体而是被广告的物品符号所消解，成为消费的意象。"① 因此，女性在消费中一方面满足自己的物质和精神欲望，另一方面也迷失了自己，她们被消费控制着，不知道自己需要的到底是什么。在一次次消费得以实现后又陷入下一轮的迷茫和需要，于是恶性循环开始了，女性就这样被消费的物控制着，作为人的主体性就这样被削弱了。

第二，对身体的过度关注而产生对女性身体的消费。在消费社会一切都可能成为商品，包括身体。消费社会中身体被当作符号成为人们审视与崇拜的焦点。于是，消费社会的身体异化产生了，相对于男性、女性的身体异化更为严重。表现在女性身体多与消费相关联，女性身体被消费文化分割成一个个碎片。正如鲍德里亚认为，在现代消费观的影响下女性解放被等同于身体的解放。因此，女性的身体被很大关注，成为视觉文化的主体，似乎只有解放身体才能实现女性的解放。于是在消费社会的女性比以往社会的女性更能有意识地正视自己的身体。现代社会美容、整容等行业的发达就彰显出女性对身体的关注。这种关注不仅是女性自身，也有来自男性和社会的多重原因，其目的是迎合着男性对身体的建构标准。实际上，对女性身体的过度关注恰恰表现出现代社会是男性霸权的社会，女人的身体被当作商品被消费和被观看。在广告中对女性身体的滥用，娱乐节目对女性身体的低俗与不尊重，这些并不是对身体的真正发现，而是个性化的身体以自恋式的崇拜内化在我们的无意

---

① Henri Lefebvre: Everyday Life in the Modem World, translated by Sacha Rabinovitch, With a new Introduction by Philip Wander, Transaction Publishers, New Brunswick and London, 1994. p. 59.

识领域中。女性不自觉地陷入男性话语和霸权的控制之下，成为被操控的对象和实现利润的他者。

第三，消费主义价值观使女性消费观念和行为发生变化。消费主义流行的是一种我消费我存在的一种生活方式。这就使很多女性热衷消费，甚至是奢侈性消费、炫富性消费，其目的是展现品位和彰显社会地位等。这种消费行为不但造成资源浪费，也助长了攀比、炫富等不健康的社会风气。因此，现实社会中我们要大力提倡女性合理消费、科学消费、文明消费等。

与马克思对异化的积极扬弃相反，鲍德里亚认为异化是无法超越的，一切试图超越异化的理想都会被彻底粉碎。在这种无止境的消费观中鲍德里亚无法找到超越异化的方案，他认为："一切超越异化的理想解决办法都被无情击碎。异化是无法超越的，它就是与魔鬼交易的结构本身。它是商品社会的结构本身。"① 鉴于客体的至上地位和失控，鲍德里亚让我们放弃主体和客体站在一起。"鲍德里亚在《致命的策略》中体现了一个形而上学的设想，这就是客体对主体的胜利。这个客体的和世界是如此失控，以至于它已经超越了人们可以理解、概念化并控制的限度。"② 鲍德里亚认为，这种客体达到了一种狂热，这种狂热是完全清晰的反场景形式，这是一种更高层次的大大增强的超真实，它们的增长被扩张到最高级。这种增长在一种螺旋式的、未加控制的生长和复制中超越了所有的理性和边界。这是比电视中的现实更为现实的现实。"这种生长、复制达到了如此极端，以至于增生的狂热伴随着惰性。随着社会的饱和到了极点，它就内爆并松弛进入惰性和熵的状态。"③ 这是主体的灾难，客体取代筋疲力尽的主体，主体相信自身总是比客体要更聪明，而实际上客体总比主体更高明，更杰出。这样，主体这个现代哲学的宠儿就在鲍德里亚的形而上学设想和客体的胜利中被打败了，他终结了笛卡儿以来的主体性哲学。根据鲍德里亚理论改编的电影《黑客帝国》就描述了计算机这个客体和人类这个主体的战斗过程。计算机统治了人类，人们已经分不清楚真实的

---

① ［法］鲍德里亚：《消费社会》，刘成富、全志钢译，南京大学出版社2001年版，第224页。

② ［美］道格拉斯·凯尔纳编：《波德里亚：批判性读本》，江苏人民出版社2005年版，第21页。

③ 同上。

世界和虚拟的世界,只有一小部分人意识到计算机已经控制了人类,人类整体失去自由而且意识不到被控制。这一小部分人为了找回人类真实世界和计算机展开斗争,然而这个战斗的结局意味深长,人与计算机达成了妥协,让人自己选择要生活在真实的世界还是虚拟的世界,从此人的主体性彻底地被解构。

(二) 符号拜物教

符号拜物教是随着人类的产生而产生的。远古时期,人们就创立了一种神秘的符号,这就是图腾。人们对图腾的崇拜与其说是崇拜物,不如说是崇拜这个符号,因为这个符号有强烈的传达功能,它是一种语言,代表着最权威的象征、最原始的信仰和崇拜,这种意义要比实物更令人神往。比如,最初的拜物是指编造一种手工艺品、一种表象和符号的劳动。法语这个词来源于17世纪的葡萄牙语 feitico,意思是"手工","去制造",通过符号模仿的意思。还有对自然符号的崇拜,如对石头、树木等,也有对图像符号的崇拜。可见,人从来都不是单纯生活在一个物理世界中,而是生活在符号世界中。因此,鲍德里亚认为,拜物教实际上是一种力量,这种力量使物具有超自然的特质,这种力量似乎是一种魔力,它向外投射。

在消费社会符号拜物教又发生了新的变化。首先,符号拜物教表现为对商品系统的崇拜。过去人们对商品的需求来源于商品的使用价值,在符号拜物教作用下物品本身的使用价值已经没有太多的意义,人们消费的实际上已经不再是物品本身,而是物品的符号价值。比如,消费高档汽车、高档品牌的服饰意味着身份与地位,意味着自身属于某个社会阶层,与其他人分开。年轻人穿着什么品牌的衣服、染什么颜色的头发,包括拿着什么样式的手机都代表着一种时尚,一种归属,一种象征。当物被符号化时,符号就和意义联系起来成为一种文化意义上的带有符号性的劳动,成为引导人的力量。于是,商品不再是简单意义的商品而是建构了一个自己的系统。当人们面对的不是一个单个的商品而是一个商品系统时,人们就被这个系统吞噬了,因为这个系统具有了神圣的力量,当这个系统越来越强时,拜物者本身对这个系统就越来越崇拜。鲍德里亚认为,"拜物教存在是因为这种拜物教是客体的异化,拜物教的本质是对有意识的人的主体或人的本质的拜物教化。拜物教并不是特定物品或价值的神圣化,严格来说是系统的神圣化，是商品系统的神圣化，是同时代的交换价值的普遍化，在这种普遍化中拜物教普及开来，系统被系统化越强，拜物者的神圣化就越强。"①

其次，符号拜物教表现为对数的崇拜。在网络化、信息化、数字化日益发展的今天，物的符号进一步发展为数字符号。人们对物的拜物进而转变为对数的崇拜。数的崇拜是当今电子科学技术发展的必然结果。对数的崇拜在当今社会的一个重要表现就是人们对网络虚拟世界的依赖。当今社会人的生活前所未有地受到网络的影响，甚至离不开网络。在网络这个虚拟的世界中，人们可以完成在现实世界中做不到的一切。人们在网络里养狗、种菜、浇花，在这个虚拟的世界中人得到了极大的满足。可见，符号拜物教使人从属于符码，沦为符号的奴隶，在符号拜物教的作用下，人作为主体出场了。

最后，符号拜物教表现为能指的崇拜。当今社会拜物教力量十分强大，它向整个社会体系进攻并使这个社会体系神圣化。人们从原来对占有物的追求和崇拜发展到对性、对特权、对差异的追求和崇拜，这种追求和崇拜是疯狂的，疯狂到人们把它当作理所当然甚至成为一种意识形态。"物的崇拜，自主性的崇拜，性崇拜，职业崇拜等，当代拜物教已经将整个社会体系中的特权和差异作为符号价值，变成了自己的崇拜对象。"②鲍德里亚认为，这种拜物教不是质性意义上的所指拜物教，或者是一种实体和价值的拜物教，而是基于能指的拜物教。"能指拜物教是一种意识形态拜物教，所揭示的不是对实体（物）的迷恋，而是对符码的迷恋，它控制了物和主体使他们屈从于它的编排，将他们的存在抽象化。"③ 鲍德里亚的能指拜物教抛弃了符号中的所指留下了空无的能指。在能指符号系统中，物和人都被虚无化和抽象化了。这样，结构性能指符号编码完成了对人的统治，成为真正的主体。

鲍德里亚认为正是马克思忽视了商品的符号价值和符号生产的社会劳动才使符号成为一种拜物教，正如鲍德里亚认为，"正是马克思忽视了这

---

① Jean Baudrillard, *For a Critique of the Political Economy of the Sign*, Tr. Chzales Levin, Tolos Press, 1981, p. 119.

② 仰海峰：《走向后马克思：从生产之镜到符号之镜——早期鲍德里亚思想的文本解读》，中央编译出版社2004年版，第178页。

③ ［法］鲍德里亚：《符号政治经济学批判》，夏莹译，南京大学出版社2009年版，第79页。

一符号生产的社会劳动，意识形态才获得了自身的超越性，符号与文化才显现为一种'拜物教'，同当下商品拜物教神秘地等同起来。"① 因此，马克思对商品拜物教和货币拜物教的批判在深层上并没有超越政治经济学。鲍德里亚说，"马克思用商品拜物教以及货币拜物教描述了资本主义社会的意识形态，这是一种被神秘化了的、让人着迷的、心理学意义上的屈从模式，这种模式的形成是通过个体将一般的交换价值体系内化之后得到的。这些概念勾勒出了劳动和交换的具体的社会价值是如何被资本主义体系所抽象、所异化的，又是如何被提升为超验的意识形态的价值，如何成为道德手段，用以调节所有异化行为的。"② 实际上，符号拜物教的本质仍然是商品拜物教，只是以新的形式呈现出来。符号拜物教仍然是以生产为基础，它将过去对生产领域的控制进一步延伸拓展到消费领域。它比以前的控制更加隐秘，如果说在生产社会中，资本对人的剥削还是显性的话，今天在消费社会中这种控制已经变得隐性了。似乎今天的人们比以往任何一个社会都更加自由、平等，但是在所谓的自由、平等背后，实际上是更大的欺骗。商品的意义编码成为人的一种压力，在这种压力下，人是被"坐架的"。当然，符号拜物教作为一种新的拜物教形式的出现在现实中是不可避免的，是社会走向更高阶段的重要一环。我们既不能蔑视其存在而失去透视当代社会的棱镜，也不能夸大、迷信其存在而沉溺于消费的对象物中而丧失人的主体性。新的符号消费必然要对传统社会的原有的伦理道德和风俗习惯构成重大的冲击，并形成一种基于符号消费上的新的消费文化。因此，人们要走出拜物教实现解放就是要消解符号的统治。

（三）符号的解放：象征交换

鲍德里亚认为，唯物主义辩证法在再生产它的形式中耗尽了自己的内容。人要实现解放实现人的本真存在必须超越符号，必须从符码的束缚下解放出来，这就是符号的解放，它摆脱了任意性和不确定性获得了自由。如何超越符号的逻辑鲍德里亚认为要通过象征性交换。"在象征交换的世界中，没有商品、没有符号，这是一个与全部价值断裂的彼岸

---

① Jean Baudrillard, *For a Critique of the Political Economy of the Sign*, Tr. Chzales Levin, Tolos Press, 1981, p. 115.

② ［法］鲍德里亚：《符号政治经济学批判》，夏莹译，南京大学出版社 2009 年版，第 79 页。

世界，这个世界遵循'给予—回馈'的原则"①就是对符号逻辑的超越。在这个超越了符号的彼岸世界的天国中人才有可能实现解放。象征性交换的特点：

第一，逆转性。鲍德里亚参照了毛斯的礼物的原则，认为古代的夸富宴上送礼是与一个人的地位联系在一切的，交换的礼物表达出社会成员的地位和威望。在接受礼物之后必须回赠。所以，馈赠、接受、回赠是可逆性的，相互的，循环复归的。"礼物在回赠中逆转，交换在献祭中逆转，时间在循环中逆转，生产在毁灭中逆转，生命在死亡中逆转，这种可逆性的形式是象征本身的形式。"②鲍德里亚说，象征本身就意味着一种可逆，一种无限的循环。这一形式不断上升达到极限。与现实原则相对立，"象征结束了时间的线性、语言的线性、经济交换和积累的线性、权力的线性。它在各处都是毁灭和死亡的形式。这就是象征的形式，它既不是神秘的，也不是结构的，它是不可避免的"③。

第二，互惠性。从可逆性中我们发现礼物交换的双方是互惠的，接受礼物的一方必须同时回赠礼物，互惠是象征交换双方的基础。如果不回馈就会被人鄙视，所以回馈要比接受的更多更大。因此，互惠是交换的前提，否则就会导致社会的不平等。

第三，义务性。鲍德里亚说，这种礼物的交换表面看起来是自愿的，其实是人们必须遵守的，是义务的。这种交换不仅发生在活人之间，而且在死亡之间也是这样，象征交换都永无终止。"这是一个绝对的法则：义务和互惠不可逾越，谁都无法逃脱，不论何人何物都是如此，否则必死无疑。"④

鲍德里亚认为，象征交换不仅是原始社会的基本原则，也应该是现代社会的原则。然而在消费社会中人的这种本真性存在即象征交换却被置于各种不同的价值符号（使用价值、交换价值、符号价值）所构筑的抽象之中，例如被卷入相互交换中的物中，在这种持续的交换中人迷失自己。一旦象征交换被打破，那么同样的物都被抽象为有用性的价值、商业的价

---

① ［法］波德里亚：《符号政治经济学批判》，夏莹译，南京大学出版社2009年版，第20页。
② ［法］让·鲍德里亚：《象征交换与死亡》，车槿山译，译林出版社2012年版，第2页。
③ 同上书，第3页。
④ 同上书，第209页。

值、地位的价值。"象征也成为了一种工具，或者是商品、或者是符号、各种各样的编码方式都可以进入其中，但它们所构建的形式只能是一种政治经济学的形式，它完全与象征交换相左。"① 鲍德里亚呼唤原始社会的象征交换，"我们与他们一模一样，贯穿整个政治经济学系统的象征交换法则丝毫没有改变，我们不仅与死人交换，不过我们是在用我们的持续死亡和我们的死亡焦虑为代价，赎买我们与死人的象征交换的终止。"② 在鲍德里亚这里原始社会中的生死是轮回的，所以人们不畏惧死亡，甚至生命与死亡的交换采取的是公开的象征交换的仪式。现代人的生物学意义上的死亡不在鲍德里亚的考虑范围之内，他似乎对原始社会的这种死亡情有独钟。他认为，只有死亡才能摆脱，只有死亡才是一种既没有对等回报又没有价值交换的行为。"死亡标志着符号的固有可逆转性，这是一种真正意义上的象征行为，可以藐视拟像、模型和编码构成的世界。"③ 于是鲍德里亚得出了"象征交换 = 死亡"的等式。他认为，这是一种真正意义的革命，即现代社会的生命/死亡，主体/客体，能指/所指，男性/女性的二元对立消失了。这样，人就彻底摆脱了符号，鲍德里亚的唯心主义暴露得彻底无疑。

鲍德里亚认为，沿着马克思革命活动的足迹，我们必须走向根本不同的层面，超越政治经济学批判使政治经济学的最终消解成为可能。这个层面就是象征交换及其理论。在象征交换的世界中，没有商品、没有符号，这是一个与全部价值断裂的彼岸世界，这个世界遵循"给予—回馈"的原则，这是对符号逻辑的超越。④ 在这个彼岸世界的天国中，人才有可能实现解放。在消费社会中，人的这种本真性存在即象征交换却被置于各种不同的价值符号（使用价值、交换价值、符号价值）所构筑的抽象之中，例如被卷入相互交换中的物，在这种持续的交换中迷失自己，失去了它自身的任何价值，而物的循环本身则建构了社会关系，即社会的意义。一旦

---

① ［法］鲍德里亚：《符号政治经济学批判》，夏莹译，南京大学出版社 2009 年版，第 118 页。

② 孔明安、陆杰荣：《鲍德里亚与消费社会》，辽宁大学出版社 2008 年版，第 29 页。

③ ［美］道格拉斯·凯尔纳编：《波德里亚：批判性读本》，江苏人民出版社 2005 年版，第 101 页。

④ ［法］鲍德里亚：《符号政治经济学批判》，夏莹译，南京大学出版社 2009 年版，第 20 页。

象征交换被打破，那么同样的物都被抽象为有用性的价值、商业的价值、地位的价值。"象征也成为了一种工具，或者是商品、或者是符号、各种各样的编码方式都可以进入其中，但它们所构建的形式只能是一种政治经济学的形式，它完全与象征交换相左。"① 鲍德里亚认为，通过象征交换符号摆脱了任意性和不确定性获得了自由和解放，从而人类实现真正的解放。与马克思的唯物主义观点不同，鲍德里亚是虚无主义者，他从原始社会的象征交换与死亡中寻找超越的途径，这就决定了鲍德里亚的解放之路是一条死亡之路，最后的解决方式不是解放而只能是毁灭。

四 符号逻辑能取代资本逻辑吗？

作为资本逻辑的功能化和当代样式符号逻辑的确反映了资本逻辑在当今社会的一些新变化、新发展，对于我们分析消费社会的人的解放问题具有重要的借鉴意义。但是符号逻辑不能取代资本逻辑，资本逻辑仍然决定着符号逻辑。

（一）资本逻辑决定符号逻辑

资本逻辑决定符号逻辑主要表现在以下三方面。

1. 资本生产决定社会消费

马克思认为，生产决定消费，生产是起点也是终点，消费是经济活动链条上不可分割的环节。鲍德里亚认为，消费社会中的消费已经不是马克思生产链条上的消费，而是一种完全脱离了生产的消费，一种符号意义上的消费。这是完全错误的。在消费主义社会，消费也是一种生产，不能将生产与消费对立起来，消费仍然是资本生产的内在环节，是资本生产的必然结果和逻辑延展。符号价值也是诞生于"生产"，只是这种生产不是物质生产，而是差异生产。② 这种差异生产也是劳动。正如鲍德里亚所讲，当代垄断性生产绝不仅是物质财富的生产，而一直是

---

① ［法］鲍德里亚：《符号政治经济学批判》，夏莹译，南京大学出版社2009年版，第118页。

② Jean Baudrillard, *The Consumer Society*, London: Sage Publications, 1998, p. 89.

关系和差异的生产。消费社会的交换形式仍然采取的是商品形式，无论是作为符号的消费品，还是作为劳动力的商品都是这样。可见，资本变化的仅仅是形式，资本的生产方式并没有变化，资本以自身不断变化的运作方式，即形式的不断的"变"守护着自己的领地，确保着资本逻辑统治的"不变"。

资本决定生产还表现在生产和消费贯穿着同样的逻辑，即抽象逻辑。这一逻辑出自同样一个对生产力进行扩大再生产并对其进行控制的巨大逻辑程式，"该体系的这一命令以其颠倒的形式这正是其极端诡谲之处指出——渗入了人们的思想，进入了伦理和日常意识形态之中：这种形式表现为对需求、个体、享乐、丰盛进行解放"①。抽象逻辑是在资本社会中占支配地位的逻辑，这个逻辑是建立在交换价值及等价交换基础上的。这种逻辑是一种价值逻辑，消费与生产都遵循这一逻辑。"在生产中是交换价值的体系化逻辑，在消费中是符号/交换价值的体系化逻辑。"②

2. 资本制造了符号

消费社会的基础是符号、代码，但其内在的运作机制仍是资本。表现在，符号生产和消费所具有的象征性价值是资本逻辑赋予的。在资本主义生产方式确立的初期，为了实现资本的高速积累以扩大再生产，需要鼓励人们积累财富、节制消费。在这种社会环境中，人们对消费品的使用更多地或是完全地关注于"使用价值"，购买或评价一件商品是否有价值，以商品是否对自己有用为标准。在资本主义生产水平达到能满足大众的基本需要之后，当人们对食品、衣服和住所的自然需要感到满足的时候，大规模生产的产品就会卖不出去，在这个阶段，如何扩大市场和销售商品成为资本主义社会的主要问题。这时资本要实现增殖就必须刺激消费，正是这种需要促成了消费社会的出现，正是这种需要使符号消费凸显，因为符号的欲望是无求的。可见，在生产时代，资本起着统治性作用并控制着物质生产的领域，在消费主义时代，资本采取了更隐蔽的形式，即通过自身的符号化向社会生活各个方面渗透实现了自己的全面统治，这是一种更广更深的统治。它是资本自身在历史发展过程中经历的不同阶段，是资本统治

---

① ［法］鲍德里亚：《消费社会》，刘成富、全志钢译，南京大学出版社2001年版，第52—53页。

② 孔明安、陆杰荣：《鲍德里亚与消费社会》，辽宁大学出版社2008年版，第159页。

越来越强烈的结果。如果说生产时代资本的统治还是显性的，到了当今社会，资本通过不断制造符号使其统治变得越来越隐性。人们更多地关注时尚、流行、品牌、地位，并且对此乐此不疲。通过符号人的主体性失落了，而且这种失落是一种集体的无意识。可见，资本通过制造符号成功地实现了对人的麻醉。

3. 在分析框架上，符号逻辑属于资本逻辑的范畴

鲍德里亚依然继承了马克思的分析思路，比如对消费、符号的分析仍然建立在马克思所揭示的资本逻辑和商品逻辑基础之上，在论述符号价值过程中，鲍德里亚借助了马克思的经典框架，从使用价值、交换价值和劳动异化展开对消费社会的分析。鲍德里亚对消费社会的分析也是建立在马克思的生产社会基础上的，正如鲍德里亚指出，"如果人们同意需求和消费实际上是生产力的一种有组织的延伸，那么，一切都可以得到解释，他们欲作为工业时代主要道德的生产本位主义和酷似清教徒的伦理有关。目前，这种面向有组织的、系统性的消费驯化，在多大程度上是整个19世纪对农业人口进行的面向工业劳动大驯化的对等和延伸。19世纪发生在生产领域中的那个生产力合理化进程在20世纪的消费领域中得到完成。工业体系已经对大众进行了社会化并使他们成为生产力，这一体系可能还会走的很远，直到实现自我完善，并对大众实现社会化，使他们成为消费力。"①

（二）符号逻辑是资本逻辑的当代出场

鲍德里亚认为，当"马克思开始分析资本时，资本主义工业生产还是未成年现象"②。"在马克思那个时代，商品形式还没有获得普遍的形式，自马克思之后，这经历了长期的历史过程。相对于马克思所处的早期资本主义，今天资本主义出现了许多新形式、新特点。"③ 的确，资本在过去的150年发生了巨大变化，尤其是在最近的几十年，资本主义出现了一系列引人注目的新变化。其中一个最重要的变化就是随着科技革命和全球化的全面展开，资本获得了一种新的当代出场，这就是资本逻辑的符号

---

① [法]鲍德里亚：《生产之镜》，仰海峰译，中央编译出版社2005年版，第100页。
② 同上书，第107页。
③ 同上书，第102页。

化。符号逻辑作为资本逻辑的功能化和当代出场意味着资本逻辑加强控制和扩大统治的更高一级表现，即由物质实践层面经济层面向精神层面、文化层面的发展。

1. 符号价值是商品价值的功能化拓展

马克思认为，商品是使用价值和交换价值（价值）的统一体。传统生产社会的商品既是能指又是所指，不同性质的商品根据等价原则进行交换。鲍德里亚认为，马克思关于商品分析与现在早已消失的资本主义发展阶段有关，而现代社会已经发生变化，即商品已经被结构化为一个受规则、符码和社会逻辑支配的符号价值系统，符码标明商品的符号价值之间的差别，确立起价值的对等关系和等级关系。也就是说物除了具有使用价值和交换价值以外，还有更重要的符号价值。符号价值是按照其所代表的社会地位和权力以及其他因素来计价的，而不是根据该物的成本或劳动价值来计价的，符号价值体现了特权、风格和地位，它的出现使人与商品可以相互替代，人的价值是通过符号价值体现的。鲍德里亚说："物品在其客观功能领域以及其外延领域之中占有不可替代的地位，然而在内涵领域，它只有符号价值。"[①]

鲍德里亚的符号价值确实反映了在消费社会背景下人们新的消费特征，即对符号所代表的差异性个性化的追求增加，为人们的日常生活提供了新的视角。在这个意义上说，符号价值理论是对马克思商品价值论的丰富和发展。但是，对于符号价值的追求是以物质产品的极大丰富为前提的，而且更重要的是符号价值是商品价值在现代社会的功能化拓展和新的表现形式。它可以从两个方面界定，一是从使用价值出发，符号价值本质上也是一种使用价值，对于消费者来讲，购买这一商品除了物质层面的使用价值以外，还具有精神层面的表征身份地位等级差别的使用价值。二是从价值角度出发，"符号价值本质上也是一种价值，价值作为现实的人与满足其某种需要的客体的属性之间的一种关系，它既具有客观性，又具有主体性"[②]。因此，符号价值既是一种使用价值，也是一种交换价值，它是商品价值在消费社会自我开发的新功能。

[①] ［法］鲍德里亚：《消费社会》，刘成富、全志钢译，南京大学出版社2001年版，第47—48页。

[②] 李文婧：《马克思商品价值论视野中的"符号价值"的分析》，《知识经济》2009年第15期。

2. 符号消费是商品消费的现代扩展

资本逻辑的运行不仅需要不断扩大生产，还要不断进行消费，只有这样才能克服生产与消费之间的矛盾，才能为资本的增殖创造条件。在生产时代，消费还只是生产的环节，随着由生产时代转向消费时代而发生的全社会范畴革命，消费被赋予了新的意义，这种新的意义是通过单纯的商品消费向符号消费转换获得的。这是一种被操控的消费，是一种与人的真实需要无关的消费，一种不断地被制造出来的消费，鲍德里亚认为，"消费社会中消费自身构成一个文化意义的自组织系统中，消费维护着符号秩序和组织完成，因此它既是一种道德（一种理想价值体系），也是一种沟通体系，一种交换结构"①。

鲍德里亚的符号消费反映了当今社会消费发生的新变革，但它仍然是在马克思资本逻辑的框架内，它是资本逻辑从对生产领域的控制进一步向加强消费领域控制的必然结果。符号逻辑体现了资本的逻辑，因为资本逻辑就是要通过控制获得利润和社会地位，这与符号逻辑本质上是一致的。符号消费使任何物品都可以进入消费领域，使人从过去为满足需要的消费转变为满足欲望的消费，欲望是没有止境的，符号消费使消费成为一种意识形态并享有话语权，扩大了资本逻辑的控制范围，为资本逻辑的运行创造了前所未有的便利条件。马克思早就在《哲学的贫困》中这样描述过，"曾经有这样一个时期，例如在中世纪，当时交换的只是剩余品，即生产超过消费的过剩品，也曾经有这样一个时期，当时不仅一切剩余品，而且一切产品，整个工业活动都处在商业范围之内，到了最后一个时期，人们一向认为不能出让的东西，这时都变成了交换和买卖的对象，这个时期甚至像德行、爱情、信仰、知识和良心等最后也成了买卖的对象，这是一个普遍贿赂、普遍买卖的时期，或者用政治经济学的术语说，是一切精神的物质的东西都变成交换价值并到市场上去寻找最符合它的真正价值的评价的时期。"② 可见，马克思虽然没有使用符号消费的概念，但是早就预料到了符号消费的现象。

3. 符号异化是资本异化的不断加深

符号异化是资本逻辑异化的不断加深和扩展，是从物的层次向精神层

---

① ［法］鲍德里亚：《消费社会》，刘成富、全志钢译，南京大学出版社 2001 年版，第 49 页。
② 《马克思恩格斯全集》第 4 卷，人民出版社 2006 年版，第 79—80 页。

次的异化。在区分了使用价值、交换价值和符号价值的基础上,鲍德里亚提出消费社会中的符号异化以越来越隐蔽的方式实现着对人的压制与统治。如果说过去资本对人的异化是显性的话,现在符号对人的异化却越来越隐性,但是其异化程度却没有减轻反而更深。符号逻辑对人的异化不仅是在生产领域,而且扩展到各个领域,甚至在文化艺术领域同样能够找到"异化"的痕迹,从而使人与人自身异化,使人的日常生活异化全面异化。比如,早期的产业工人可以把自己被奴役的原因归为机器对他们的挤压而摧毁机器,今天的劳动本身则变得没有目的,转化为代码,劳动者所反抗的对象也已经不复存在,一切都被一个无形的资本之网控制起来了。这种缺失目的的劳动是一种为劳动而劳动的劳动,它是无意义的但又不得不每天重复这样的劳动。劳动因为与真实的事物脱离,也转化为被控制得更加隐蔽的一种劳动,这种客观现实的、指向被虚无化的劳动,因被抽空了目的和意义而变得更加难以克服。

总之,马克思的资本逻辑仍然是当今资本主义的主导逻辑,是分析资本主义的根本原则。我们仍然处于一个资本主义市场占据统治地位并且资本的力量正在把越来越多的地区和民族席卷进去的世界上,而马克思哲学正是把反思现代资本主义市场制度作为其原初动机和理论旨趣的,它仍然可以成为我们时代一种强有力的批判思想。萨特曾言,马克思是我们时代不可超越的哲学,人们对此有着各种不同的诠释,但是只要当马克思的哲学所反映的那个历史时期还没有被超越时,马克思哲学就是不可能被超越的,它仍然是我们时代的哲学。

第四章

日常生活与景观：从资本逻辑到符号逻辑的演进

从马克思的资本逻辑到鲍德里亚的符号逻辑的演进是一个过程，它既是客观现实条件作用的结果，也是思想家不断继承前人研究成果形成自己理论体系的结果。客观现实是资本逻辑的运行需要不断克服自己前进的障碍，不断冲破时间和空间的界限，其结果就是全球性的资本扩张。资本的全球化使社会从原本的生产社会进入消费社会甚至仿真社会，这不仅给人的社会生活带来了深刻的变化，也给社会结构和各个阶层都造成了冲击。法国的学者们率先注意到这些变化并开始反思现代科学技术的社会影响，鲍德里亚就是其中一位重要的代表人物。鲍德里亚的学术研究正值第三次科技革命发展的黄金时期，他对高科技时代人的命运十分关注，这促使他研究技术、人和物三者之间的关系。经过深刻哲学反思之后鲍德里亚提出了物的命定性理论，对物的命定性的理论思索最终使鲍德里亚走向对符号的研究与批判，因为在他看来物的这种命定性正是来源于符号的力量。在巴特的符号学、列斐伏尔的日常批判和德波的景观社会等理论基础上，鲍德里亚形成了自己的理论体系，即现代社会是符号逻辑已经取代了生产逻辑占据了统治地位。鲍德里亚认为符号逻辑的上位表面上是马克思传统政治经济学的助推，更深层次上和根源上是启蒙理性和基督教的作祟。通过对传统政治经济学、启蒙理性和基督教的逐层批判，鲍德里亚对资本主义社会进行了从经济批判到文化批判再到宗教批判的救赎。

一 从生产社会到仿真社会

鲍德里亚对当代资本主义社会的批判是从经济批判开始的，即从以生产逻辑为起点对传统生产社会进行批判，然后以符号逻辑为核心对当下消费社会进行解构，最终随着仿真社会的来临人陷入了拟象中，客体实现了最终胜利。从生产社会到消费社会再到仿真社会的批判，鲍德里亚抓住了当今社会的本质特征，但是其结论也是惊人的，即在仿真社会人的解放也成为一种幻象，这也就暴露了鲍德里亚思想的虚无主义本质。

（一）生产社会

资本逻辑的产生是以生产社会的崛起为前提，生产社会为资本的统治提供了理论入口。而生产社会的产生又得益于工业革命。除了技术和生产力的条件，人们对财富的观念的变化也是生产社会发展的必要条件。人们对财富的向往和执着是生产社会创新技术的源泉，是生产社会发展的直接推动力。

1. 工业革命是生产社会发展的基础

生产社会的诞生需要有物质生产的发展作为基础，而物质生产的发展是需要通过技术加以完成的。18世纪以后，工业革命的发展使社会生产力得到极大的发展，以至生产在整个社会经济活动中起着决定性作用，于是生产社会诞生了。18世纪末至19世纪中期，欧洲大陆是一个大动荡的时代同时也是历史性变革的时代。这一时期的最重大历史事件就是工业革命。工业革命的核心是技术改良，通过技术的创新资本主义社会的生产能力极大提高，市场上的商品也越来越丰富，商品生产和流通空前繁盛，生产社会的近代生活史就这样被拉开了。发端于18世纪的英国的第一次技术革命，是技术发展史上的一次巨大革命，它以工作机的诞生开始，以蒸汽机作为动力机被广泛使用为标志，它开创了工厂制代替手工工场、机器代替手工劳动的时代。这场革命不仅是一次技术改革更是一场深刻的社会变革。之后，工业革命促进了美、俄、德、意的改革，拉开了欧美实现工业化及现代化进程的序幕，使资本主义世界体系初步形成。工业革命也开始了城市化的进程，先进的生产方式和技术传播到各地冲击着旧制度、旧思想。1870年以后，科学技术的发展更是突飞猛进，各种新技术、新生产方式更是层出不穷并被迅速应用于工业生产，大大促进了经济的发展。这就是第二次工业革命。第二次工业革命的成果是电力的广泛应用、内燃机和新交通工具的创制、新通信手段的发明和化学工业的建立。第二次工业革命使生产力迅猛提高，使资本主义经济迅速发展，资本主义世界市场最终形成。

随着经济社会的迅速变化和工业革命的进展,科学、技术、产业发展和物质主义得到了前所未有的重视。越来越多的技术发明投入生产中,欧洲人的生活方式也被彻底地改变了。人们把注意力更多地投入到生产、生产产量和工业化上。生活逐渐现代化和市场化,一切都被投入市场,包括农产品和工业品、地产,还有流通速度比任何商品都快的金钱,还有人的劳动。这些发展注重的是数量而不是质量。技术不仅改变了人的生活,提高了生活质量,同时也给人带来了贫困。1750—1850 年,英国人均产量提高了大约两倍半,它勾勒出一幅技术和经济增长、专业化、生产力的繁盛图画。但同时另一幅更严重的图画也出现了,那就是贫困、困难、收入和财富的不平等、高失业率。"在十八世纪的马耳他,有一份详细的报告,杂货铺和零售商增加之多,以致任何人都不能完全有生活保证。他们只得欺诈顾客,要不就迅速破产。金银物件成倍增加,使资本陷于无用和死亡,小户人家的男女老少居然也用呢绒花边装饰。供应部门猛烈扩张,交换加快,第三产业兴旺发达,从相对意义上说,难道这不是说消费社会已经诞生了吗?"① 总之,工业革命的影响是巨大的,它疯狂追逐技术创新和生产的发达,从而使资本主义社会进入生产社会,现代社会在一定程度上正在复制这个过程。

2. 对财富的追求是生产社会发展的直接动力

只有生产力的发展不足以支撑生产社会,人们如此热衷生产社会最关键的还是观念的变化,即人们对拥有财富的向往和执着,只有这种执着才能使人有动力创新技术,使人迷恋物质生产和分配,从而使人只有活着就不断追求财富的思维成为一种意识形态,这是生产社会得以发展的不竭动力。"财富和财富的生产在 18 世纪在很大程度上还只是某种理想,但到 19 世纪和 20 世纪早期他们已经变成了意识形态,到 20 世纪后半叶和 21 世纪初则变成了固有观念。这种观念的后果之一就是生命、生活和发展已经根深蒂固地扎根于并且取决于物质财富的生产、分配和消费。"②

资本主义对财富的认识是一个过程。资产阶级最初的经济学说重商主义十分重视财富,认为财富的唯一形态是货币,一切经济活动的目的就是

---

① [法] 布罗代尔:《15 至 18 世纪的物质文明、经济和资本主义》,生活·读书·新知三联书店 1992 年版,第 168 页。

② [加] 谢弗:《经济革命还是文化复兴》,社会科学文献出版社 2006 年版,第 201 页。

攫取金银，国家富裕程度的标准就是货币的多少，国家为了致富必须发展对外贸易。恩格斯形象地指出，"这个时期的重商主义者就像守财奴一样，双手抱住他心爱的钱袋，用妒忌和猜疑的目光打量着自己的邻居。"[①]之后，重商主义使人们发现单纯拥有货币不能带来财富的增加，人们对财富必须进行再认识。

开启人们对财富进行新的认识和思考的是古典政治经济学。其代表人物亚当·斯密，他的《国富论》使人们对财富和创造财富、对改善社会状况等有了全新的视野。亚当·斯密认为，财富的定义是生活必需品和便利而不是金银和货币金属，认为财富主要存在于制造业和商业领域。这一财富的定义将财富的范围无限扩大，生活必需品和便利可以被理解为一种需求，而需求欲望是不断升级的永无止境的，这就为人类无限需求提供了合法依据。这是一种从经济角度看待人类需求的方式。也许这就注定了人类将永远被所谓的需求所异化，而且心甘情愿、毫不察觉。为了满足人的所谓需求，亚当·斯密认为必须提高财富的效率，这就需要创建一个使财富最大效率的制度，这个制度就是生产占据这个社会的中心，不断改革技术，不断创造更多的物质财富，于是生产获得了以往社会没有的至高无上的地位。

当生产对思想的主导作用发展到失控状态时，马尔萨斯、李嘉图、穆勒特别是马克思纷纷发出了警告信号。马克思生活的时期正处于工业革命的巅峰阶段，一切事情都全力以赴地向着一个高经济、高物质的方向发展。与斯密的乐观态度相反，马克思没有那么乐观。同其他以前古典经济学家一样，马克思也关注财富，但马克思认为真正的财富是人。马克思从历史唯物主义出发辩证分析了生产发展与人的发展之间的关系，认为生产力的发展与人的发展是互为前提、互为基础，两者是统一的。生产力发展的最终目的是人的发展，而人的发展必然要超越物的限制和束缚，这种超越不是无条件的而是有条件的，其中的一个必要条件就是物质财富的不断丰富。马克思也看到了资本主义生产与人的发展的矛盾。马克思认为，资本主义社会的生产资料被资本家私人所占有，这就形成了生产社会化与生产资料私人占有之间的矛盾。随着资本主义的发展，这一基本矛盾越来越

---

① [德] 恩格斯：《政治经济学批判大纲》，载《马克思恩格斯全集》第 1 卷，人民出版社 1956 年版，第 596 页。

尖锐必然导致生产过剩,这就会使社会生产力遭受极大的破坏。在资本主义社会由于生产资料私人占有,生产的目的不是商品使用价值而是商品的交换价值。这样,不仅一切劳动产品成为商品,连工人的劳动力都变成了商品。资本家与工人之间的矛盾也越来越深,贫困、失业等使劳动者受到残酷的剥削普遍且变本加厉。正是基于这一点马克思认为资本主义的生产有消极性的,所以马克思认为未来代替资本主义社会的社会主义社会要在资本主义生产力发展的基础上完成生产力的发展与人的发展的统一。

(二) 消费社会

生产社会的发展事实上已经暗含了消费社会的产生。随着科学技术的发展、生产能力的提高、媒介的干预与支撑,社会再生产的环节发生了巨大变化。人们不再担心生产能力,随着生产的产品不断增加,他们必须消费掉已经生产出来的东西,因为只有这样才能完成资本的再生产。正如齐格蒙特·鲍曼所认为的在现代社会有两个阶段:一个是生产,一个是消费。如果没有其成员制造产品用来消费,那是万万不行的——两个社会的成员理所当然也都是在消费着。两个现代阶段之间的差异仅仅在于其侧重点的不同——然而侧重点的改变都几乎对社会、文化和个人生活的方方面面带来了巨大的差异。于是,一个以物、服务和物质财富的惊人消费和丰盛为特点的社会崛起了——这就是消费社会。

1. 消费社会的产生

消费社会的产生不仅是一个理论问题也是一个现实问题。从理论来讲,"消费社会"这个词的产生已经有七八十年的历史。20 世纪 20 年代末期和 30 年代早期,美国出现了一个新的消费者保护运动,被称为"消费运动"。英国在 20 世纪 30 年代将社会中出现的新的消费现象称为"消费经济"。西方社会学家麦肯德里克认为,"消费社会产生于 18 世纪的英国,慕克吉则把消费社会追溯到 15 世纪、16 世纪的英格兰"[①]。爱德华·洛耶尔则认为,20 世纪晚期的英国才是真正的消费社会。1970 年鲍德里亚的《消费社会》问世,鲍德里亚通过消费社会理论对当代西方社会进行了深刻的剖析,从而使"消费社会"这样的说法广为流传,鲍德里亚

---

① 张天勇:《社会符号化——马克思视阈中的鲍德里亚后期思想研究》,人民出版社 2008 年版,第 15 页。

也成为消费社会的代名词。尽管对消费社会的发端仍存在着分歧，但大多学者认为，消费社会的标志并不是以前人们所认为的消费是否超过少数阶层并伴随消费高潮，而是大众消费的出现。1913年被认为是消费社会的起点。1913年发生了一件重要的历史事件，这就是福特公司研究出了流水线生产，流水线生产大大提高了工作效率，当第一辆汽车从流水线上组装下来的时候，它也意味着大批量的汽车被生产出来，汽车从被少数有钱人拥有变成了大众消费品。这种流水线生产方式被应用到其他领域，极大地推动了社会化大生产方式，商品被大量生产出来，社会进入大众消费的时代。另一个重要事件就是1929年经济大危机，这次严重的经济危机使人们发现了消费的重要意义，创造消费越来越成为经济和社会生活的核心问题。

从现实来讲，消费社会产生的直接动力是电子媒介的兴起。马克思曾经指出，手推磨产生的是封建主的社会，蒸汽磨产生的是工业资本家的社会，前者产生主人和奴隶，后者则演化为资产阶级和无产阶级。两者分别开启了一个时代，其标志就是手推磨和蒸汽磨本身的技术结构。鲍德里亚认为，如同蒸汽机宣告着工业时代的到来，电子媒介的出现也标志着资本主义社会迈入了一个新的时代。这就是消费社会。随着科技革命特别是互联网技术的发展，电子媒介时代来临。电子媒介通过独特的技术优势对人们进行有组织的系统驯化，把受众从理性自主的生产者构建成被动感性的消费者。

电子媒介创造了一个丰盛的消费盛宴，改变了人的生活方式。电子媒介特别是电视通过直接将具体化的形象（音乐、图像、色彩等方式）诉诸人的视听感官，美化了商品内容，丰富了商品外延，它声色并茂地将商品呈现在人的面前，从而产生自己的景观，构成了一个拟像世界。这个拟像世界极大地刺激了人的眼球，满足了人的视觉享受，加剧了人们视觉欲望的扩张，激起了人对商品的无限渴望。人们痴迷于这种拟像的视听盛宴，使视听欲望的满足程度成为衡量一个产品的重要标准。一个个的视听盛宴使人们不断被驯化为消费的机器，消费社会的主体产生了。

电子媒介改变了人的生活方式。电子媒介的高效快速传播是一种不分地区的世界性传播，从传统的报纸、广播到电影、电视再到互联网。这使商品的传播能力和传播范围极大地提高，同时改变了人的生活方式。今天，以互联网络为工具手段而实现其自身消费需要的行为已经习以为常。

通过大众传播媒介消费有了更广阔的表达空间，它使消费者的消费心理和消费行为表现得更加复杂和微妙。

2. 消费社会的特点

对于究竟什么是"消费社会"，学者们没有明确的定义，他们只是描述了消费社会的特质，如阿伦特认为，消费社会具有三个重要特点：一是消费品和消费活动的无边际增加；二是私人领域和公共领域界限消失；三是妇女成为消费社会的中心。鲍德里亚在分析消费社会时，将符号学引入消费社会的批判中，认为消费社会具有以下几个特点。

（1）消费是现代社会的主导性逻辑。传统的政治经济学认为消费从属于生产。而鲍德里亚认为，消费社会的消费并不从属于生产而是一个主动的过程。人们不再是生产什么消费什么，而是以消费为核心不断制造消费、引导消费。如同瑞泽尔认为的消费社会是不断采取新手段和新方式促进消费的社会。这个社会通过大量的购物中心、超级市场、主题公园、电视购物、网络鼓励引导消费。分期付款和信用卡更是解决了人们没有能力购买的问题，刺激了人们的消费欲望，也改变了人的传统消费方式和观念。因此，现代社会的消费被推动至高的地位，消费者也被称为上帝，政府、企业用尽各种政策、营销手段大张旗鼓地刺激消费，引导消费者消费，从而消费成为刺激再生产、拉动内需、促进社会发展的动力，支撑着整个社会经济运行。

（2）消费社会是物的丰盛社会。相对于生产社会，消费社会是一个富足的社会，这里是一派繁荣景象，"大型百货商场充满了奢华的罐装品、食品和服饰，它们已成为富裕的主要场景和几何中心……我们的市场、商业大街和购物中心……是我们的迦南之谷，其中流淌着的不再是奶和蜜，而是番茄酱和塑料制品，人们对未来的担忧不再是物质的匮乏，而是物质的过剩，是对每个人都表现出来的过剩。"[①] 因此，当今社会的人们不必再担心物质的匮乏，相反我们不是像过去那样受到人的包围而是被物包围着，这种物还是不断更新和增长的。鲍德里亚这样描绘道，"今天，在我们的周围，存在着一种由不断增长的物、服务和物质财富所构成的惊人的消费和丰盛现象。它构成了人类自然环境中的一种根本变化。恰

---

① ［法］让·鲍德里亚：《消费社会》，刘成富、全志钢译，南京大学出版社2001年版，第10页。

当地说，富裕的人们不再像过去那样受到人的包围，而是受到物的包围……我们生活在物的时代，我们按照它们的节奏和不断替代的现实而生活着。"①

（3）消费社会是大众消费的社会。鲍德里亚认为，在物品匮乏的社会，严格意义上的消费品主要为少数人所垄断，一切奢侈品和生活上的享受用品是属于有闲阶级的，消费是特权的象征，而普通人则与消费无缘。随着消费社会的来临，整个社会进入大众消费的时代。因此，消费社会的标志是大众消费的出现。在丹尼尔·贝尔看来，大众消费的出现要归功于技术革命，特别是对电器的大规模使用。它还得益于三项社会发明：一是采用装配线流水作业进行大批量生产，这使汽车的廉价出售成为可能；二是市场的发展促进了鉴别购买集团和刺激消费欲望的科学化手段；三是分期付款购物法的传播彻底打破了新教徒担心负债的传统顾虑。技术问题的解决使普通人也接受了消费文化并逐渐成为社会消费的主流群体。

（4）消费社会是符号消费的社会。鲍德里亚将消费社会的消费定义为"一种操纵符号的系统性行为"。也就是说，消费社会中的消费不仅是物质层面上的实践活动，还是出于各种目的和需要对符号象征物进行操纵的一种行为。消费社会中的物自成体系，就像语言结构一样规定着个别物体的意义与功能。这样消费社会的消费成为一种建立人与物之间、人与集体和世界之间关系的主动模式。消费从此也不再是一种纯粹的经济行为，而是以符号价值的差异逻辑为核心的一种生活方式，一种具有象征意义的文化行为。对商品符号价值的消费构建了新的文化认同方式，引发了以符号消费为基础的文化认同感。

3. 消费社会的伦理

消费社会的崛起和革命对人的生活带来的最大影响是消费成为我们这个世界的伦理。具体表现在：

第一，一切都可以成为商品，这影响了人们的价值观。传统生产社会时期一般是生产什么人们消费什么，而在物质产品十分丰富的消费社会，为了在竞争中取胜企业必须生产出与众不同的产品，必须不断制造创造出新的消费物品、消费模式和消费理念。这就是所谓的没有你做不到只有你

---

① ［法］让·鲍德里亚：《消费社会》，刘成富、全志钢译，南京大学出版社2001年版，第1页。

想不到。因此，现代社会的消费被推动至高的地位，于是在消费社会任何东西都可以成为商品，只有这样才能保证商品尽可能的多样和新奇。这样传统社会人们认为不可能成为商品的东西都可能成为商品，比如文化、艺术、审美、身体、道德等，而且他们也只有被购买才能被认为有价值。例如，文学作品必须有市场可以被更多的消费者购买才能被认为有价值，因此作家要想自己的作品成为畅销商品必须考虑迎合大众的需要和阅读兴趣，于是文学走下神坛走向通俗，"高雅文化与通俗文化、纯文学与通俗文学的距离正在消失。商品化进入文化意味着艺术品成为商品，甚至理论也成了商品"[1]。随着文化、艺术、理论和工业生产、商品的紧密结合，它们原有的深度模式被削平了，"因为它们根本不需要深度。任何深度的出现都是没有必要的，而且这样做很可能会扩展文化商品和消费者之间的距离"[2]。因为消费社会要求每个人都成为消费主体，这样才能保证商品可以最大限度被消费掉从而实现利润。

第二，我消费我存在，这影响了人们的消费观。随着文化艺术等一切都成为商品，传统的消费行为也遭到了挑战。传统社会人的消费行为基本是满足自己的生活需要，而消费社会的消费被赋予更多意义，人们消费的不仅仅是商品本身，而是地位、关系、身份和一种认同。消费从此也不再是一种纯粹的经济行为，而是一种以寻找差异为核心的一种生活方式，一种具有象征意义的新的文化认同。人们通过我消费才能证明我是怎样的一种存在，这样消费也就成为一种享乐式的虚荣式的关系式的，人的生活就这样被连根拔起被合理开发利用。在这一过程中人的真正需要被遮蔽了。人们不清楚自己真正想要的是什么，只是盲目地在追赶别人，于是人在物的统治下迷失了自己没有察觉乐在其中，人的消费被彻底异化了。消费异化不仅导致人的消费行为被异化，更使人作为主体失去自我。在与物的交往中个体只有对物的无尽渴望和崇拜，消费社会中的物自成体系，就像语言结构一样规定着个别物体的意义与功能。这样消费社会的消费成为一种建立人与物之间、人与集体和世界之间关系的主动模式。面对物的体系，人失去了自我成了沉默的个体，大众只是接受者，成为补充异化生产的一

---

[1] ［美］杰姆逊：《后现代主义与文化理论》，陕西师范大学出版社1986年版，第147—148页。

[2] 孔庆康：《王家卫电影与后现代主义》，《焦作大学学报》2010年第1期。

种力量。

第三，多元性取代规律性，这影响了人们的道德观。随着消费社会文化多元性、价值多元性的发展，一方面人们比以往更接受和尝试新鲜事物和各种新的可能，更具包容性和理解性；另一方面反传统、颠覆传统、不确定、不合常理、无逻辑成为一种社会现象。这种社会现象反映在人的生活中就是人们不再喜欢循规蹈矩的有规律的东西，而是喜欢冒险、游戏、玩乐、不注重过去与未来，享受当下、感官刺激、短暂快乐等生活。于是道德也处于这种多元性的冲突之中。比如享乐主义和视觉文化的盛行极大影响了人们的传统道德。人们不再认为传统的节俭是一种美德，而是认为是一个人不会享受当下生活的表现，为了满足自身的当下视觉欲望他们甚至炫耀性消费、奢侈性消费、攀比比阔，这些会对社会风气造成不良影响。

（三）仿真社会

在《象征交换与死亡》中鲍德里亚告别了现代社会，认为仿真时代来到了。相对于现代性遵守的表征逻辑，仿真时代遵守符号逻辑。鲍德里亚说："现代性是遵守表征逻辑运作，在这种逻辑中，观点代表着成为现代理论主要先决条件的现实和真实、概念。"[1] 鲍德里亚认为，现代性属于马克思的时代，这个时代是由经济、历史的辩证关系支撑着的，以商品生产和消费为基础的。仿真时代真假的二元对立已被符号的一元生产取代。在这个时代"劳动不再是生产的力量而其本身成符号中的符号，成为人的社会地位、生活方式的符号"[2]。

仿真社会的特点是真实的符号代替真实本身。随着计算机、信息处理、现代媒体、自动化控制系统、网络的发展，经济、政治、文化、生活都受到了仿真的控制，人处于一个符码和模型建构的世界中，这是一个超真实的世界，在这样的世界中，人的主体性分裂并消失被超真实的电脑、媒介等控制着。电影《黑客帝国》就通过人与计算机在真实与虚拟世界的博弈反映了这个超真实的存在，并引发人们思考一个问题。人发明了计

---

[1] ［美］道格拉斯·凯尔纳：《波德里亚：批判性读本》，江苏人民出版社2005年版，第12页。

[2] 同上书，第10页。

算机但是人的生活又多么离不开计算机,人沉浸在计算机创造的虚拟世界中不能自拔,甚至认为那个虚拟世界才是真实的。最终计算机控制的虚拟世界战胜了人类的真实世界,人们甘心留在那个虚拟世界中,难道这不是当今世界一些人的生活写照吗?在仿真社会,人陷入了拟像中同现实的联系越来越少,这是客体的胜利,这是人的悲哀,这就是主客体辩证关系的终结。现代哲学的认识论在这里瓦解了。"仿真社会中一切都是透明的但同时又是极具变化的,体现了死去意义的符号和死去意义突变为新组合和新排列的凝固形式。在这个符号和形式加速增长的过程中,存在着一种不断加速的内爆和惰性,其特点是超越了限度的增长并转向自身。"① 这样,阶级消失、政治死亡、解放也随之成为一种梦想灭亡。

仿真的动机对人而言是欲望,对社会而言是资本。在资本和欲望的共谋下资本以全新的形式出现,即技术取代了资本,符号遮蔽了生产。仿真社会技术成为第一生产力,人们对技术创新的疯狂追求超过以往社会,大量人力、物力投入技术创新中,因而其更新的速度和创新的能力也令人惊叹。当你还没有明白这项技术怎么回事时对其更新的技术已经出现了,一定程度人们已经跟不上技术的更迭。技术也改变了人的生活和生产方式,但也给人的生活带来新的困扰,技术与人之间的关系就是这样让人既爱又恨,这些例子在现实生活中比比皆是。不管技术与人之间的关系如何复杂,鲍德里亚深刻地看到了一点,即面对技术发展的逻辑人无能为力。鲍德里亚这样写道:"由于人而引起的技术革命和技术的加速度的发展,以及技术发展本身的逻辑,最终将导致人对技术之'物'的无能为力,导致人为其所创造的'物'所控制,这就是物的命定性,而主体(人)的状态是被动的、孤立的、绝望的。"②

二 从符号学到日常生活批判

如果说从生产社会到仿真社会是鲍德里亚符号逻辑形成的客观现实,

---

① [美]道格拉斯·凯尔纳:《波德里亚:批判性读本》,江苏人民出版社2005年版,第16页。

② 孔明安:《鲍德里亚后期的技术哲学思想》,《自然辩证法研究》2003年第5期。

那么巴特的符号学、列斐伏尔的日常生活批判理论和德波的景观社会就是其符号逻辑思想的理论来源。通过这三个理论来源鲍德里亚建立了自己的理论体系，试图批判发展马克思的政治经济学以及西方马克思主义的批判理论。

（一）巴特的符号学

20世纪40年代开始大众文化批判在西方世界逐渐兴起，其中最具代表性的是法兰克福学派和法国的语言学派。法兰克福学派的代表是霍克海默和阿多诺，其分析还是建立在二元对立基础上的，他们认为"随着文化工业产品的到处被使用，文化工业的每一个运动都不可避免地把人们再现为整个社会所需要塑造出来的那种样子"①。这样，大众文化取代精英文化成为社会的主流，社会生活也随之同质化。法国学者的批判方法与德国不同，他们构建了一种新的批判方法，这就是借助于索绪尔的语言学理论对大众文化进行了符号学解读。其中罗兰·巴特是一个典型的代表。罗兰·巴特是当代法国著名文学理论家与评论家，法国后结构主义的先锋人物，代表作有《符号学原理》《时装系统》《神话学》《记号的帝国》等。巴特从60年代初期开始对符号学与结构主义进行探索。甘恩认为，巴特不仅为鲍德里亚提供了方法论的逻辑方针，也是这种方法的典范。

近代语言学有两次重要的转向。第一次转向是从语言学转向符号学，主要代表人物为皮尔斯与索绪尔。第二次转向则从符号学转向文化学，主要代表人物为巴特与叶柯。第一次转向的代表人物索绪尔开创了现代语言学，索绪尔在语言学方面的主要贡献有：首先，对语言与言语进行了区分。语言本身构成了一个系统，言语只是这个系统的内部操作过程，受到语言结构的整体制约。当个人言语时并不是主体在言语，主体只是按照语言结构的规则或语法进行新的结构组合。其次，语言由符号构成，符号是概念和音响形象的结合。符号由能指与所指构成，两者构成一种意指关系，这种意指关系是任意的。

罗兰·巴特在索绪尔的语言学基础上发展并建立起符号学系统。符号学（semiotics）诞生于20世纪初，其起源可以追溯到布拉格学派。"结构

---

① ［法］霍克海默、阿多诺：《启蒙辩证法（哲学片断）》，洪佩郁等译，重庆出版社1990年版，第118页。

主义"一词和"符号学"（semiotics）合并出现了 Semiology，意指对符号的系统研究。巴特符号学是对 20 世纪 40 年代开始的大众文化批判思潮的回应。巴特的符号学理论打破传统语言学和符号论关于所指与能指的二元对立关系，在索绪尔和叶姆斯列夫的语言符号理论基础之上建立了符号二级意指系统，其最主要的成果在于借助于结构主义语言学为基础的符号学，强调多元性与去中心性，揭示了大众文化的神话运作方式，批判了西方传统思考模式和方法论。巴特认为，在任何符号学系统中面对的不是两个而是三个不同的方面。因为我们把握的并不是一个方面接着另一个方面，而是把它们结合在一起的共同关系，即能指、所指和作为前两个方面的结合整体的符号。

在这里罗兰·巴特用"玫瑰"为例。"有一种花叫玫瑰，在经验层面上，这里只有能指，即玫瑰花。在分析的层面上，这里有三个概念和两个层级，三个概念：能指，所指，和两者的结合即作为符号的玫瑰。两个层级：第一层级的能指、所指和符号，第二层级的神话。首先，第一层级：玫瑰花首先可以指向一种花（能指），除了它自己本身是一种花之外，它还可以代表爱情（所指），这就是第一层次的能指跟所指。这两者的结合构成符号（玫瑰成为爱的符号）。第一个玫瑰是实体，但在这个所指的对应层面上，玫瑰变成了符号。"① 巴特说："在经验的层面上，我无法使玫瑰和其所传递的讯息分隔，如同在分析的层面上，我也不能混淆玫瑰是能指及玫瑰是符号，能指是空的，符号是充盈的，那是一种意义。"② 也就是说，在第一个系统中，正因为有了所指填充了空洞的能指才形成了具有意义的符号。"将物抽象为符号，这是大众文化的第一层运行方式，第一层级的符号只有从属于第二层级的意指过程时，才具有存在的意义。"③ 这一具有意义的符号充当了第二个系统即神话的能指，在这个层面上称为形式。这个二级能指，就为二级的所指提供了表达方式。这里，"这种二级的所指就构成了意识形态的内容"④。能指和所指构成了具有意指作用

---

① 仰海峰：《走向后马克思：从生产之镜到符号之镜——早期鲍德里亚思想的文本解读》，中央编译出版社 2004 年版，第 23 页。

② 巴特：《神话学》，许蔷蔷、许绮玲译，桂冠出版社 1998 年版，第 171 页。

③ 仰海峰：《走向后马克思：从生产之镜到符号之镜——早期鲍德里亚思想的文本解读》，中央编译出版社 2004 年版，第 25 页。

④ 同上书，第 24 页。

的符号。这就是大众文化的第二个层级。还以玫瑰为例,当一个男生相对一个女生表达爱意的时候,他立刻会想到送玫瑰花,而当女生接到这个玫瑰花时也知道了男生的爱意,这时的玫瑰花已经变成一种传播系统,一种消费文化了。巴特称为神话学。第一层级和神话学还没有直接的关联,当被卷入消费文化并被当成是一个符号的时候它就变成一个促销商品,被当成一个很重要的符号的时候,这就是神话学。"神话是一个神奇的系统,它从一个比它早存在的符号学链上被建构:它是一个第二秩序的符号学系统。那是在第一个系统中的一个符号(也就是一个概念和一个意象相连的整体),在第二个系统中变成一个能指。"① 这里巴特举了黑人士兵的例子。

> 我在一家理发店等待理发,店主拿给我一份《巴黎竞赛》杂志。封面上,一个身穿法国军装的年轻黑人在行军礼,双眼上扬,也许是在凝神注视着一面三色国旗。这便是这张照片的意思。但不论天真与否,我清楚地看见它对我意指:法国是一个伟大的帝国,她的所有子民,没有肤色歧视,忠实地在她的旗帜下服务,对所谓殖民主义的诽谤者来说,没有什么比这个黑人效忠所谓的压迫者时展示的狂人有更好的回答了。因此,我再度面对了一个更大的符号学系统:这里有一个能指,它本身是凭着前一个系统形成的(一个黑人士兵正在行法国式军礼);还有一个所指(在此是有意把法兰西特征与军队特征混合在一起);最后,还有通过能指而呈现的所指在场。

这个黑人画面中的能指即黑人行军礼只是表明,它的背后有一个重要的所指法兰西的特征,还有通过能指呈现的法兰西帝国的宣扬,这就是典型的神话。神话的能指既是充实的又是空洞的,充实在于能指本身有自己的历史(敬礼的黑人有自己的故事),但是在这里充实的能指被(黑人自身的历史)抽掉了自身的历史性,能指的意义让位于形式,让位于神话的历史性(法国的历史)。可以看出,神话是将自己的真实意图藏在能指的后面,将能指的历史自然化,这样神话实现了自己的目标——意识形态的灌输。所以,巴特认为,神话在形式上是定义这个社会的意识形态转化

---

① 巴特:《神话学》,许蔷蔷、许绮玲译,桂冠出版社1998年版,第173页。

的最适合的工具。这是符号的胜利,是符号按照自己的面貌统治这个世界的胜利!这为鲍德里亚的符号学提供了理论基础。鲍德里亚称巴特是自己的老师,他说,"巴特是以为我觉得非常亲近的人,我们的立场是如此地接近,以至于他所做的许多事,也是我自己可能会做的。"①

(二) 列斐伏尔的日常生活批判理论

列斐伏尔,法国较早的马克思主义者,鲍德里亚的博士论文指导老师,他的《日常生活批判》直接影响了早年的鲍德里亚,被称为日常生活批判理论之父。他的日常生活批判的主要贡献是揭示了日常生活新的异化特征。林志明认为,"虽然鲍德里亚一开始就想超越列斐伏尔,但列斐伏尔在《日常生活批判》中所开启的计划是《物体系》研究的前提。"②如前所述,对大众文化的批判是西方学者的主要研究对象,列斐伏尔也同样关注大众文化对人的生活的影响。他发现,现代社会的人处于一种全面的异化状态中。列斐伏尔认为,哲学研究不能脱离人的日常生活,不能只研究纯粹的思想,不能被当作栅栏。传统哲学脱离日常生活的研究方法是文明人类尤其现代人类思想与生存最深刻的异化。所以,他将自己研究对象设定为人的日常生活。

列斐伏尔认为,现代人的日常生活已经发生了重大变化,它将这种新的变化概括为八个方面:第一,日常性与非日常性(艺术、宗教、哲学)的逐渐分离,结果是经济与利润、工作与生产、私人与公共事物的分离;第二,风格的销蚀;第三,人与自然的疏远以及对自然和过去的情感的消失和节奏的缺席;第四,符号随后是信号代替了象征与象征主义;第五,共同体的分散化以及个人主义的兴起;第六,亵渎神灵替代了恐吓与诅咒;第七,劳动的分工强化了个别化;第八,普遍的无意义的痛苦和符号的膨胀。列斐伏尔认为其中最重要的变化是在社会生活层面,消费替代生产占据主导地位,个人作为消费者被纳入整个体系中。他指出,如果说第一阶段是生产占主导,那么现代则是符号占据主导地位,这开启一个全新的时代。这个时代列斐伏尔称为"被控消费的官僚社会"。这个社会的特

---

① Baudrillard Live, *Seleted Interview*, ed, Mike Gane, pp. 203 – 204.
② 林志明:《译后记:一个阅读》,载《物体系》,林志明译,上海人民出版社 2001 年版,后记。

点是,"生产意识形态被消费意识形态取代,它代替了现实的人的意象。在这个意象中占据主导地位的不是消费者也不是消费的物,而是消费的幻象。"① 这种意识形态维护了资本的主体性,而人的主体性被剥夺了。这是一个新的异化。这个新的异化不是马克思所讲的经济领域的异化,它是人的日常生活的方方面面的异化,它不仅使人物质贫困更使人精神贫困。工作消费被异化可以理解,那么休闲也被异化了吗?列斐伏尔认为是的。列斐伏尔认为休闲不具有解放的可能性,是资本主义的阴谋。因为所谓的休闲时间只是表面假象,实际上它还是被资本主义体系所控制的。

日常生活全面的异化的特点是风格的销蚀,影响到物体、行为和手势,并被文化、艺术和美学主义或为了艺术而艺术式的拯救所替代。列斐伏尔认为,前现代性社会是个"风格的社会",每个细节(手势、语言、工具、习惯等)都有自己的风格,包括日常生活也是有自己的风格。不同阶层的人消费不同的东西,有比较稳定的结构,通过各自的消费物就可以判断这个人属于哪个阶层。如今,我们的日常生活已经没有风格了。这个似乎很难理解,我们常说要有自己的个性和风格。列斐伏尔为什么说我们没有风格和个性了。这正是列斐伏尔所说的消费的意象。我们看似有自己的风格,实际上这只是一种意象。风格丧失带来了物的功能化,符号流行并主导了现代日常生活世界,我们一直是被消费的意象、符号的意象牵着走的。我们已经被资产阶级意识形态所俘虏并集体处于无自觉状态。

列斐伏尔认为,风格消失的原因是广告和宣传等对消费的控制。广告全面进入人的生活,人的消费被广告所指引所控制。在广告、媒介的干涉下,消费的对象不再是过去意义上的物性的东西,而是变成了被媒介、广告等创造出来的意象牵着鼻子走。"在消费意识形态中,重要的不是消费者,也不是消费品,而是消费的幻象和作为消费艺术的消费。"② 列斐伏尔认为,人已经被消费控制了,广告还创造了"我"这个消费的意象。"广告宣传不仅使消费物被符号和'美德'所美化,以致它们成为消费物

---

① 仰海峰:《走向后马克思:从生产之镜到符号之镜——早期鲍德里亚思想的文本解读》,中央编译出版社2004年版,第47页。

② 仰海峰:《列斐伏尔与现代世界的日常生活批判》,载《现代哲学》2003年第1期。

的所指，而且消费基本上同这些符号相关联，而不是同物本身相关联。"①可见，这种消费的幻象控制了人的日常生活，人们害怕落伍，追求时尚和潮流，因为人只有通过消费符号才能实现自我认同。于是人也不再是真正的丰富的主体，而成了为了消费而消费的主体，人的主体性就这样被削弱了，沦落为符号世界的客体，社会生活也变得碎片化。所以列斐伏尔说，"日常生活不再是有着潜在主体性的丰富'主体'，它已经成为社会组织的一个客体。"② 随着风格的消失，指涉也消失了。如前所述，符号由能指和所指构成。当风格存在时，符号的指涉都是明确的。而随着风格的消失符号上升为主体地位，"符号的大量干预以及从表现到意指的转变，分裂了能指与所指的整体性，同感性现实相关的指涉消失了。"③ 总之，"日常生活被连根拔起了"④，这是一个无人统治的被迫消费的社会，这就是列斐伏尔所说的现代社会的恐怖。

面对人的日常生活的全面异化，列斐伏尔并没有消极悲观，相反他看到了异化的积极方面。第一，异化是历史发展的必然产物。列斐伏尔认为，异化是人与自然、人与人、人与自我的关系交互作用在历史发展一定阶段的必然产物。任何事物的发展都存在异化。第二，没有异化就没有进化。异化也是有力量的，这种力量体现在人在与异化的不断抗争中，增强了自身的力量，实现了自身的自由。第三，异化是永恒的。列斐伏尔不像马克思认为的异化是一种随社会发展会消失的历史现象，而将异化看作是伴随人类社会的始终的，是现代人的存在方式；异化的扬弃是不可能的。在这种情况下，列斐伏尔认为，人要寻求一种可能性的解放就必须进行革命。他认为，革命可以分为经济革命、政治革命和文化革命。在消费社会，人首先是被文化的符号塑造的。所以在消费占据绝对地位的今天，文化革命具有重要作用。文化革命的观念应该是艺术的观念、适应的观念、风格的观念。革命的首先领域就是日常生活领域，要对日常生活进行质疑。在列斐伏尔看来，马克思的劳动的解放只是最低限度的革命，而最高意义的革命是彻底改变生活包括家庭关系和劳动。最低限度的革命是通向

---

① Henri Lefebvre, *Everyday Life in the Modern World*, translated by Sacha Rabinovitch, With a new Introduction by Philip Wander, Transaction Publishers, New Brunswick and London, 1994, p. 56.

② Ibid., p. 59.

③ Ibid., p. 113.

④ 张一兵、夏凡：《人的解放》，河南人民出版社2011年版，第246页。

最高限度的革命的道路。如何改变生活？列斐伏尔说，要让日常生活变成艺术，在劳动、娱乐、家庭、邻里、两性关系等日常生活小事中摆脱资本主义的异化。人在日常生活的重复繁杂下异化为机械重复的工作构件和生活角色，超越异化然后又异化在这种超越本身之中。他的文化革命的目标与方向是创造一种不是制度的而是生活风格的文化。

基于此，我们要重新发现日常生活——不再是忽视和不承认它，不再躲避它——而且积极地重新发现它，从而创造一种全新的日常生活。一种艺术与日常生活的创造性融合，一种全新的充满生气活力的生活风格。列斐伏尔的解放具有很深的乌托邦情结，他自己也以被称为一个乌托邦主义者而自豪，这种乌托邦情结深刻影响了鲍德里亚，因此这种乌托邦在鲍德里亚的象征交换中也有体现。更重要的是列斐伏尔的日常生活异化思想影响了鲍德里亚，鲍德里亚正是从日常生活批判出发发现消费社会中的人处于符号逻辑的异化之下，表现在消费异化、广告异化、身体异化等。

（三）德波的景观社会

德波，法国著名思想家，情境主义国际的创始人。美国哲学家贝斯特和凯尔纳认为，"德波在消费与传媒社会的背景下更新了马克思主义对资本主义的批评，从而提供了从现代到后现代的过渡联系并深刻影响到鲍德利亚。"[1] 的确，从马克思到德波、到境遇主义者再到鲍德里亚的一个发展轨迹，"也就是从商品社会到景观社会再到仿真社会的一种运动，伴随着这一运动的是从马克思主义到新马克思主义再到后马克思主义的一种运动，而且明确指出了德波景观社会理论在思想史上的地位，也为进一步研究马克思德波和后马克思主义理论的相关性提供了思想史的线索。"[2]

1. 什么是景观社会

相对于马克思以生产为中心的商品社会，德波认为资本主义社会已经发生了巨大变化，德波把这个社会称为"景观社会"。景观（spectacle）一词，出自拉丁文"spectae"和"specere"等词语，意思都是观看、被看。中国台湾学者将其译为"奇观"。"原意是指被展现出来的可视的客

---

[1] ［美］斯蒂芬·贝斯特、道格拉斯·凯尔纳：《后现代转向》，陈刚等译，南京大学出版社2002年版，第103页。

[2] ［美］道格拉斯·凯尔纳编：《波德里亚：批判性读本》，江苏人民出版社2005年版，第8页。

观景色、景象，也意指一种主体性的、有意识的表演和作秀。"① 1959 年德波等人创立情境主义国际时提出了景观这一概念，并用它来描述和批判现代资本主义。德波并没有对景观进行具体的定义，但是德波从不同视角界定了景观范畴。景观是一个复杂的术语，它合并并解释了许许多多各种各样的表面现象，从某种意义上说，它指的是大众媒介世界。从广义说，"它指的是晚期资本主义广泛的机构和技术的设备，指的是权力为了将主体降格到社会的关键性创造性边缘，为了掩盖其扭曲力的本质和效果而运用的除了直接力量之外的所有方式和方法。"②

德波认为现代社会景观成为当代资本主义的新特质，即"当代社会存在的主导性本质主要体现为一种被展现的图景性"③，因此德波把现代社会称为景观社会。德波在《景观社会》中这样描述现代社会，在现代生产条件无所不在的社会，生活把自己表现为巨大的景观 spectacles 累积，直接存在的一切全都转化为表象。这句话似曾相识，马克思曾经在《资本论》中写的第一句是，资本主义生产方式占统治地位的社会的财富，表现为"庞大的商品堆积"。德波认为，马克思的商品堆积在现在社会表现为景观的堆积。但是现代社会的景观不是一种基于技术的视觉欺骗，而是以影像为中介的人与人之间的关系。基于此，景观的本质有两个，一是"景观成为人们自始至终相互联系的主导模式"④。人不在意自己真正需要什么而特别喜欢各种"景观秀"，似乎景观是他的目标。基于此，物质生产业开始向景观生产方式转化，即由视觉影像来统治经济。二是景观的意识形态功能。景观论证了资本主义统治的合法性，"景观本质是一种继承了无责任感之君权的市场经济的独裁统治及与这一独裁统治相伴随的政治新方法的总体"⑤。

德波认为，景观的罪魁祸首是社会生活的分离。具体包括，首先，工人与产品被分离。"从他们的产品中分离出来的人们，以日益强大的力量

---

① ［法］德波：《景观社会》，王昭凤译，南京大学出版社2006年版，第10页。

② ［美］道格拉斯·凯尔纳编：《波德里亚：批判性读本》，江苏人民出版社2005年版，第66页。

③ ［法］德波：《景观社会》，王昭凤译，南京大学出版社2006年版，第10页。

④ ［法］德波：《定义一个革命计划的预备措施》，载《景观社会》，南京大学出版社2006年版，第174页。

⑤ ［法］德波：《景观社会》，王昭凤译，南京大学出版社2006年版，第18页。

制造他们世界的每个细胞,同时他们也发现,他们与这个世界越来越疏离,他们的生活越是他们自己的产物,他们就越是被排除于这一生活之外。"① 其次,生产者之间直接交往的分离。"工人和产品的普遍分离已消除掉了任何对已完成活动的统一的观点,消除掉了生产者之间的全部直接交往。伴随着分离产品的日益聚积和生产过程的不断集中,统一与交往被这个制度的管理者所垄断。这一分离经济体制的成功就在于使整个世界无产阶级化。"② 总之,景观使一切都可以被"呈现",从性欲到社会,即使无力购买大众也会通过观看满足自己的感官,结果"人的意识被景观统治,欲望被景观引领,自由变成虚伪,同时个性也完全丧失"③。在德波看来正是在这种呈现中一切都以景观方式完美地分离了。因此,德波的目的不是维护景观而是要破译它。

2. 景观社会的特点

景观社会的逻辑是"呈现的东西都是好的,好的东西才呈现出来"④。这就是景观,它全面入侵了人的日常生活,创造了人的共同欲望,引导甚至支配了人的消费和社会面貌。

景观社会的物。物的使用价值没落了,交换价值通过对使用价值的全面支配创造了自我运作的条件。比商品使用价值更重要的是商品的外观,景观使它自身成为一种形象。形象变成了商品物化的最高形式。物要被消费就要变成符号。客体让位给它的以符号形式出现的表征。

景观社会的消费。消费也不再是商品的使用价值而是物的意象。景观社会提高了视觉的地位,因此广告满足了人的视觉的需求,人的欲望被广告等引导得一次次膨胀,人在消费的过程中产生了虚假的满足感,但是这种满足感又一次次地幻灭。这是消费的幻觉。

景观社会的"人"。景观社会的人是被景观所主导的。如果说商品社会是抽象统治一切的时代,那么景观社会是一个意象统治的时代。如果物对人的统治还可以察觉,那么意象作为人自己的创造物就更不被察觉了。所以景观社会中的人与人之间的社会关系被意象所中介。在景观的蛊惑下,大众以为自己拥有个性和自由,实际上这是一种幻觉也是景观迷惑人

---

① [法]德波:《景观社会》,王昭凤译,南京大学出版社2006年版,第10页。
② 同上书,第8—9页。
③ 李怀涛:《景观拜物教:景观社会机制批判》,《广西社会科学》2008年第6期。
④ [法]德波:《景观社会》,王昭凤译,南京大学出版社2006年版,第5页。

的地方，所以景观是一种麻醉剂，麻醉了社会主体使他们脱离了真实的生活。"由于受到了景观的催眠，主体同他们的真实地情感和真实欲望的距离越来越远，一个人越是思考他的生活就越少，他越是愿意在需求的控制形象中辨认自己，就越不了解自己的存在和自身的，他的姿势已经不再是他自己的了，而是属于给他这些姿态的其他人。"① 景观社会中人的主体和自身是分裂的，人彻底放弃了批判性和创造性沦为景观的奴隶。

"景观也是资本。"② 景观本质上也是资本，它是资本在现代社会统治的新形式。景观社会本质上仍然是商品社会，它最终是由生产决定，但它是在一个更高的更抽象的层面上重新组织起来的。景观是商品实现了对社会生活完全占有的时刻。可以说，景观社会是商品社会的完成阶段。所以，从根本上说景观拜物教是商品拜物教发展的新阶段，是资本逻辑发展的新形式。景观是抽象的、颠倒的，这是资本拜物教的新形式，是一种更深刻的更丰富的颠倒，它将抽象化提升到了一定程度使我们的生活陷入抽象的形象中，以至资本本身成为了意象，这是一种更隐蔽的幻觉。"资本变成为一个影像，当积累达到如此程度时，景观也就是资本。"③ 德波认为，要超越景观社会就必须以一种总体性的革命理论，在革命实践中实现对景观社会的否定，这种革命的力量来自工人的阶级斗争。

德波的景观社会为鲍德里亚提供了问题域，其对景观社会的分析深深影响了鲍德里亚，但是鲍德里亚认为德波的分析仍然没有触到现代资本主义社会的根本，因为德波没有看到当代社会已经进入消费社会，消费社会使商品形式进一步发展到符号形式，使商品等价交换规律发展到符号支配规律，在这里，价值变成符号交换价值处于符码的同质性。所以，鲍德里亚将德波的意象发展到符号意指，并对其进行了符号学改造。罗兰·巴特、列斐伏尔、德波对现代社会的批判虽然不同，但都有一个共同的特征，那就是消费社会的到来使社会发生了根本性变化，他们的共同指向就是符号。这就为鲍德里亚的研究打开了入口。

---

① ［美］道格拉斯·凯尔纳编：《波德里亚：批判性读本》，江苏人民出版社2005年版，第68页。

② 同上。

③ 同上。

三　从经济批判到宗教批判

鲍德里亚建构的理论体系最终是找到当今社会人的自我异化的根源，于是他从政治经济学的批判开始追溯到启蒙理性再到犹太基督教，通过从经济的批判到社会批判再到宗教批判，鲍德里亚完成了对资本主义社会的罪恶的探源，期望以原始社会的象征交换引发提醒现代人思考完成人的自我救赎，但是结果是使人的解放走向虚无。

（一）政治经济学批判

在关于鲍德里亚的研究中，较一致的观点是将鲍德里亚的思想大致分三个阶段："第一阶段处于西方马克思主义批判理论的影响之下，结合符号学与精神分析理论展开对消费社会的批判分析。第二阶段：从西方马克思主义转向后马克思思潮，对历史唯物主义、特别是生产逻辑展开了较尖锐的批评，此时的鲍德里亚是后现代的先驱（鲍德里亚从不承认自己是后现代者）。第三阶段：他同一切现有思潮决裂，最后同现实本身决裂，走向了主张物体支配一切的阶段。并认为《生产之镜》是鲍德里亚思想的转折点，是从西方马克思主义转向后马克思。"[①] 这种划分对于我们理解鲍德里亚的思想有一定的意义，但是必须承认鲍德里亚是有一套自己的理论逻辑体系，他的批判思想贯穿始终，他既不是一个马克思主义者，也并没有刻意要补充发展马克思或者与马克思决裂，而是自己理论体系逻辑发展的必然结果。其理论体系是要重构资本主义社会批判体系，找到消费社会人们被异化的根源，这个根源的寻找是从批判传统政治经济学开始，通过启蒙理性的批判最终在基督教那里找到根源。

鲍德里亚认为现代社会使人戴上镣铐和枷锁的罪魁祸首正是一直以来的政治经济学，因为传统政治经济学的基本逻辑是生产的逻辑。正是生产的作用和地位使人们把生产看作是永恒的，把生产当作是人类的存在。人们需要根据这种生产方式设置自身，而这被人们看作是最终的价值与意义

[①] 仰海峰：《走向后马克思：从生产之镜到符号之镜——早期鲍德里亚思想的文本解读》，中央编译出版社2004年版，第9页。

维度，这就是生产的"幻觉"，这是今天普遍化的人道主义主题——不再是"是"你自己而是"生产"你自己。鲍德里亚指出，这种把生产力等同于人的公式没有人怀疑过，为什么会这样？其实这正是政治经济学必然推出的公式。这种对生产的理解的直接逻辑后果就是强化了生产力语言的革命话语。生产的爱欲成为了普遍的攻势，人们对生产力的崇拜获得最高地位，以至于鲍德里亚说没有任何革命能够以其他符号替代生产力的革命话语，以至于社会财富或语言、意义或价值、符号或幻象———切都是根据"劳动"生产出来的。通过生产图示、生产之镜人类在意象中形成了意识、生产、劳动、价值，这样一个客观的世界出现了。通过这些人们达到了对自己的客观认识，而这只是一种幻象，人在生产之镜中迷失了自己。鲍德里亚指出，这种"将生产力的解放混同于人的解放：这就是革命的公式或政治经济学自身的公式？几乎没有人对这个最终根据产生怀疑，马克思更是如此"①。鲍德里亚认为马克思的政治经济学批判仍然是古典意义的，因为他们还处于生产主义逻辑中，他对马克思的生产理论进行了批判。鲍德里亚认为，生产浪漫主义或者说以生产为主导的这种思维方式并没有触及生产的原则，没有说明到底应该怎样理解和看待生产，以及生产的本质是什么，它只是说明了生产的内容是历史的、辩证的。鲍德里亚的结论是，生产是历史性存在，劳动、使用价值、交换价值等相关理论都具有历史性。马克思政治经济学相应的也是历史的产物会随着时代的发展而终结。基于此，鲍德里亚要改造传统政治经济学，要重构资本主义批判理论，要对当代资本主义进行一种全新的解释。因此，鲍德里亚不喜欢生产，认为生产社会是一个"匮乏"的社会，在生产原则的法则下人和自然成了生产的要素。鲍德里亚经过研究生产的逻辑后，痛心地指出问题的实质，正是政治经济学的神话毒害污染着一代代革命者。于是他表明了自己理论的核心，从批判生产逻辑开始，批判这种生产的幽灵，批判以往以生产为核心的政治经济学。

向前追溯资产阶级政治经济学可以追溯到 17 世纪初期。这一时期是英国封建制度最后瓦解的阶段。在重商主义推动下英国工业有了相当发展。资本主义的发展要求发展科学和技术，要求认识自然和社会的发展规律。培根从理论上论证人可以认识和利用自然。在这种新世界观的推动下，一

---

① ［法］鲍德里亚：《生产之镜》，仰海峰译，中央编译出版社 2005 年版，第 4 页。

些思想家开始探寻社会经济生活的内在联系,试图从理论上说明在资本主义制度下如何使财富增长以及财富如何生产和分配。由此产生了古典政治经济学,其创始人是威廉·配第。配第是一个由重商主义向古典学派过渡的经济学家。在《赋税论》中他首先提出了劳动决定价值的观点,认为劳动是商品价值的源泉。配第认为,商品的价值是由生产它所耗费的劳动决定的,商品交换要以它们所包含的劳动量为依据,不仅商品而且货币的价值量也是由劳动量决定的。从此之后,劳动价值论成为理解政治经济学的枢纽。17世纪末到18世纪中叶,英国的社会经济和政治形势发生很大变化。英国已经从一个农业国家变成了一个工业国家。18世纪60年代工业革命爆发,这时亚当·斯密成了古典政治经济学理论体系的建立者。1767年他经过近十年时间终于完成《国民财富的性质和原因的研究》。在这部书里,斯密第一次把当时的一切经济知识归结成一个统一和完整的体系。在配第之后,他认为劳动是财富的源泉。第一次宣称,任何生产部门的劳动都是财富的源泉。通过劳动概念斯密批判了重农学派以及重商主义。之后马克思把劳动分为抽象劳动(交换价值)和具体劳动(使用价值)。马克思分析了劳动的双重形式:生产交换价值的劳动是抽象一般的和相同的劳动,而生产使用价值的劳动是具体和特殊的劳动。鲍德里亚认为正是这种结构分析法使劳动真正被普遍化了,从而劳动不仅仅只是作为市场价值,更是作为人类价值被普遍化了。马克思在《资本论》中认为劳动是人和自然之间的过程。这是人的自然化和自然的人化。政治经济学体系存在的基础正是基于个人对自己作为劳动力的认同,对自己"根据人类的目的改造自然"的行为的认同。于是,鲍德里亚认为,"劳动的自治被封闭在从抽象到具体、从量到质、从劳动的交换价值到使用价值这种双重形式的游戏中。在能指的这种结构化游戏中,劳动和生产力的拜物教具体化了。"① 劳动和人类像一对孪生姐妹形影不离,劳动作为人类价值被普遍化,它使人们相信自己是在出卖劳动力时被异化的,他们相信自己当作劳动力可能被异化,而通过自己的劳动创造财富就没有被异化。这样在把人等同于生产之后更进一步地把人等同于劳动。劳动成为人存在的本质,这就是使人们认为劳动是天经地义的,人只有通过劳动才能成为人,这就将工作神圣化。鲍德里亚认为这种神圣化是畸形的,一开始就成为马克思主义政治和经济策略

---

① [法]鲍德里亚:《生产之镜》,仰海峰译,中央编译出版社2005年版,第11页。

的秘密恶习。劳动替代了财富和交换的所有其他形式，这种观点按照鲍德里亚的说法是假定了生产和需要的一般图式，即把生产和需要看成是永恒的常态，看成是一种规律。甚至在共产主义社会的高级阶段，劳动不仅是一种生活方式而且将成为生命本身的根本需要。总之，这是把劳动看作是自身的目的、看作是绝对命令绝对价值，劳动失去了它的否定性。这样人类历史就自然被理解为物质生产的过程。

物质生产的逻辑、生产方式的辩证法将人从类上规定为辩证的存在，这一观念只有通过自然的客观化才能理解。鲍德里亚认为在这方面政治经济学取得了成功，它成为人类的根本思维方式根深蒂固。在这种生产主义隐喻的根基上，鲍德里亚认为马克思扮演了重要的角色，"正是他将生产方式的概念明确激进化和合理化了，它把这一概念（即需要）转译为物质生产的逻辑和生产方式的历史辩证法，并且赋予它高贵的革命头衔，使生产力成为不可动摇的决定性因素，并作为人类生成的一般模式推广到整个人类历史中。"① 人们被政治经济学体系当作生产力在量上加以剥削，而且被政治经济学符码形而上学地规定为生产者。对于自然政治经济学符码不仅把自然当作生产力加以剥削，而且把自然规定为客观的现实。鲍德里亚认为，人具有的需要和劳动力的双重类的面孔，仅仅是政治经济学体系生产出来的，其实这不是人真正需要的。"生产力根本不是类的维度，不是所有财富的人道的和社会的核心，这种财富是从资本主义生产体系外壳内抽取的（经验主义者的永恒幻觉）。相反，所有理解必须被反过来，正是生产力的抽象的和普遍化的发展（政治经济学的发达形式）使得生产的概念自身显现为人的运动和类的目的（或者，更恰当地说，人的概念等同于生产力）。"② 于是，鲍德里亚认为马克思通过"历史唯物主义、辩证法、生产方式和劳动力这些概念，马克思一直试图打碎资产阶级的抽象普遍性思想，如自然和进步，任何理性，形式逻辑，劳动和交换，但是马克思却反过来使这些理论普遍化了"③。因此，传统政治经济学已经不能适应现代社会的发展，必须加以符号学的元素，进一步发展为符号政治经济学，这一转化也是当代资本主义意识形态的深层建构。为了要彻底与

---

① ［法］鲍德里亚：《生产之镜》，仰海峰译，中央编译出版社 2005 年版，第 14 页。

② 同上书，第 11 页。

③ Jean Baudrillard, *The mirroe of production*, Telos Press, 1975, p. 47.

传统政治经济学决裂，鲍德里亚试图重构一般政治经济学理论。这就是后来《符号政治经济学》所要完成的任务。

鲍德里亚没有满足于此。因为，符号政治经济学依然是政治经济学的话语。经济学仍然是这个时代最强有力的话语，在这个话语下最近的一千年人类世界创造了巨大的财富。欧洲文明的后果是为五分之一的世界人口创造了高度的物质成就，开创了一个史无前例的持续创新和经济增长时代。尽管这个时代在很大程度上要依赖于信息、技术、科学、通信和物质主义，但这一切却仅仅是经济这个目标的手段而已，人们不知从何时起在一种集体无意识中将经济的标准作为判断一切是非的尺度。于是这个时代存在这样一种逻辑，经济增长与发展已经被视为增加社会物质财富和货币财富的首要手段，也被各个国家当作最基本的发展方略。它的贡献即在于经济增长、资本积累、技术、消费、竞争、物质主义、市场及经济发展模型。经济的发展一方面带来物质财富极大丰富，生产率极大提高；另一方面也导致如环境危机、两极分化、物质主义、人的精神世界空虚等一系列问题。经济时代以惊人的速度继续消耗着世界上更多宝贵的再生性和不可再生性资源，使消费者的需求和欲望膨胀至无法满足的程度。经济时代的优先权被安排在下列领域：生产、利润、资本积累、技术等方面。经济时代看待所有事物的观点都被固定在经济和货币上。比如文化、体育、科学都与经济紧紧捆绑在一起。1750—1850年世界也经历了一种消费主义的时代，但是紧接下来的就是为了争夺资源的世界大战。世界大战之后，人类又开始了新一轮的经济持续增长。可见，经济时代并没有提供人类生存状况和世界体系所需要的改变，这就迫使我们思考人类将怎样继续生存。

鉴于经济学的至上地位，鲍德里亚并没有说要抛弃经济学，只是要为经济学补充一点东西，而这点东西可能对于人类才是最重要的，也正是现代人类所缺失的。所以他抛弃了自己创立的符号政治经济学，这正是他本身的逻辑发展的必然结果。因为在符号政治经济学的统治下，人并没有发生根本变化，只是形式变了而且被异化的程度更深，人类还有实现自己的"人"的本质的可能吗？鲍德里亚于是转向前现代社会的人类学视角，为人类寻找另外一种全新的生活方式，一种具有普遍意义的生活方式，"寻求更具解放性的替代选择"[①]。他把这种可能性奠定在巴塔耶的过剩原则、

[①] [美]道格拉斯·凯尔纳编：《波德里亚：批判性读本》，江苏人民出版社2005年版，第8页。

莫斯的礼物交换的基础上,并引人象征交换,以批判包括马克思在内以往的政治经济学。

其实鲍德里亚没有真正理解马克思,马克思不是反对一般的物质生产发展,而是反对那种把人变成物的带引号的"劳动"(性质),因为在他看来,这种资本主义条件下的"'劳动',按其本质来说,是非自由的、非人的、非社会的、被私有财产所决定的并且创造私有财产的活动。"[1]

(二) 启蒙理性的批判

人的生产、劳动、需要的思想来源是什么?鲍德里亚认为,这就是18世纪的资产阶级思想,这方面马克思主义理论与西方理性主义保持着一种人类学的共识。可见,鲍德里亚批判政治经济学不是最终目的,政治经济学也不是罪魁祸首了,真正的元凶直指——西方"理性"。鲍德里亚暂时找到了一切问题的根本,那就是西方一直以来引以为荣的所谓"启蒙理性"的欧洲人类中心主义。

与以往对启蒙理性的歌功颂德相反,鲍德里亚看到启蒙理性的负面作用。鲍德里亚认为,18世纪以前人们把自然理解为与人类是相互交换的,自然不是被控制和剥夺的。如同人类的礼物交换一样,得到别人礼物的人有义务馈赠别人同样或更好的礼物,人和自然也是如此,人类从自然那获取资源后要通过一定的形式如献祭品等方式归还自然。而到18世纪后,这一切都被打破。资本主义的发展要求发展科学和技术,要求认识自然和社会的发展规律,启蒙精神正好迎合了当时时代的这种发展需要,可以说是启蒙精神推动了文艺复兴运动和资产阶级革命运动。但是,启蒙运动在把反宗教、反封建征服自然的理性从神话的统治下解放出来的同时,也由于自身的摧毁作用和内在的发展逻辑使自身成为了神话。原来人处于被支配地位,人类要通过物质生产把人与自然的最初关系颠倒过来并以此作为其历史的目标。人与自然之间不再是平等交换的关系而是支配和被支配的关系。人类以自身为中心审视自然把自然作为客体这是明显的以人类中心主义的主客二分法。人类历史于是被理解为在经济上完全隶属自然转向最终控制自然的漫长过程。于是,自然也就在人类经济学的概念中被世俗化了。所以自然被经济学视为天然的赐予,18—20世纪经济学的演变过程

---

[1] 《马克思恩格斯全集》第42卷,人民出版社2001年版,第254—255页。

阶段中自然环境从来没有被纳入经济学范畴之中。这样人类与自然发生了明确的分裂。主体在支配自然的同时自身也处于被支配的地位了，两者都处于生产这一符号的统治之下。自然和个人成为生产的两个必要经济要素。

鲍德里亚讲，在这里生产是一面镜子，它以符码的方式直接使两者相互连接相互反映。两者之间的关系只有在作为生产力的两个要素时才是平等。这样，自然在本质上称为被支配的概念，科学和技术认为自己在揭示自然，科学把自身看作是不断进步的筹划，这种筹划的对象是被自然预先决定的客体。其结果是"只有在生产之镜和历史之镜中，在（生产）无限积累和（历史）辩证连续性的双重原则下，只有在符码的独断下，西方文化才能在普遍性中认为自己处于真理（科学）或革命（历史唯物主义）的特殊时刻"[1]。鲍德里亚认为，启蒙的辩证法已经走向了反面，其后果是：在科学技术领域，实证主义思潮和方法的猖狂使自然界变成了单纯的客观实在，知识和权力成为同义词，对自然的无限掠夺加深了人对自然、人与人的异化。在经济生产领域，技术统治使人异化，生活质量下降。"在语言领域，语言失去了否定性。它不再发出不同的声音，消除了抗议，加之技术统治使人物化变为驯服的工具。在政治领域，导致极权主义和法西斯主义横行，理性成为法西斯统治的工具。在文化领域，产生了文化工业，文化工业的技术，只不过用于标准化和系列生产而放弃了对作品的逻辑与社会体系的区别。"[2]

（三）犹太基督教的批判

启蒙理性的来源是什么？鲍德里亚把它归于犹太——基督教。这样鲍德里亚从政治经济学的批判转到对理性主义人类中心主义的批判，从对理性主义人类中心主义批判转向对犹太基督教的批判，即从经济的批判发展到对文化的批判，从对文化的批判转向对宗教的批判。从犹太基督教中鲍德里亚找到了批判当代资本主义的最终症结所在。

基督教保留了人类超越自然的可能性。希腊理性是建立在人与自然的相互协调的基础上，而基督教理性是建立在人与自然的分离以及人支配自

---

[1] ［法］鲍德里亚：《生产之镜》，仰海峰译，中央编译出版社2005年版，第99页。
[2] ［法］霍克海默、阿多尔诺：《启蒙的辩证法》，重庆出版社1990年版，第113页。

然这一基础上。"在西方形式中,基督教是最独特的人类中心主义宗教。基督教与古代偶像崇拜以及东方宗教截然对立,它不仅造就人与自然、人与人的双重化,而且认为上帝的意志就是人能够按照自己的目的剥夺自然。"[①] 基督教不仅提倡人与自然分离,人统治自然还提倡人与人的分离。这种分离建立的不是物质生产的劳动伦理,而是苦行、禁欲主义伦理,用韦伯的话说是升华的来世伦理。它所描绘的不是生产的道德而是固定的秩序,在这种秩序中福利赢得了名分。"从禁欲到生产、从道德到劳动、从财富的合目的性到世俗化的需要的合目的性转变,并没有改变分离和升华、压抑和运用暴力的原则。福利和劳动都限定在目的和手段的领域。从禁欲实践到生产实践再从生产实践到消费实践,存在着反升华。但这种反升华只是压抑性升华的隐喻。在自然的物质支配符号下,道德尺度被世俗化了。"[②]

对于怎样解决这些问题,大多数学者认为鲍德里亚解决资本主义的道路是要通过象征交换回到原始社会,其实不然。鲍德里亚的主要任务是批判当代资本主义社会,他的象征交换理论并不是要回到原始社会,也不是要用象征交换理论替代生产理论,而仅仅是要以原始社会的象征交换引发提醒现代人思考,那就是也许在某些方面我们自以为的文明可能还不及过去,原始人懂得馈赠和回赠的义务,现代人类懂吗?

---

① 张天勇:《社会符号化——马克思视域中的鲍德里亚后期思想研究》,人民出版社2008年版,第12页。

② [法]鲍德里亚:《生产之镜》,仰海峰译,中央编译出版社2005年版,第49页。

第五章

未竟的事业：马克思解放人学的当代境遇与责任

马克思一生的目的就是要推翻资本逻辑的力量，20世纪时期的工人阶级对解放的真正需要证实了马克思的价值价格理论和利润率下降规律。然而不同的是今天超越资本逻辑的条件已经发生了变化，其中最大的变化就是全球资本主义和消费社会的出现，显然它不是我们选择的但却是人们在历史中创造的。但有一点是不变的，即资本逻辑的本质没有变，资本逻辑仍然按照自己的规律在纵向和横向前进着并主导着人的生活。然而在当今社会仅仅理解这些是远远不够的，因为如果我们仅仅理解资本逻辑的本质，那么即使依然有工人的斗争，而且其目的也是为了正义，但是这种正义都是在资本主义关系内的正义，而不是超越资本主义的正义，这种追求正义的斗争仅仅反映了工人的民主意识但是并没有超越资本逻辑，这不是真正意义的正义。因此，今天的任务依然是要超越资本逻辑。基于当今历史条件的变化，马克思主义的历史责任是随着条件的变化探讨工人真正解放的可能性和必要性。这就是讨论在资本全球化的背景下资本逻辑的本质和工人的关系、超越资本逻辑的必要性，以及如何继续马克思未竟的事业继续推翻资本逻辑的力量，如何帮助工人阶级意识到自己的地位和需要，意识到自我解放的可能条件。他们的需求是什么？21世纪资本主义发展的障碍是什么？工人与资本进行斗争的方式是什么？这些问题的解决，需要以马克思人的解放思想为方法论依据。

一 资本逻辑的全球化与工人解放的可能性

马克思说，规模不断扩大的劳动过程的协作形式日益发展，科学日益被自觉地应用于技术方面，土地日益被有计划地使用，劳动资料日益转化为只能共同使用的劳动资料，一切生产资料因作为结合的社会劳动的生产资料使用而日益节省，各国人民日益卷入世界市场，从而资本主义日益具有国际性质。资本的国际化在全球范围内的拓展使得资本仍然是统治21世纪人的主要力量，这种力量不仅没有被削弱，反而向更广更深的范围进发。资本国际化背景下工人阶级的解放和女性解放都产生了新的问题，但是有一点是不变的，即资本的本质没有变。因此21世纪的今天马克思的人的解放理论对当今社会的人的解放仍具有重要的指导意义。当代马克思主义者需要研究的问题仍然是资本本身和工人的关系问题，与女性解放的关系问题。需要清楚马克思对人的解放的理解为什么没有从人的发展和丰富的人的概念问题开始而是从资本开始。问题起源于人们对马克思《资本论》的误解。有一种观点认为马克思的《资本论》研究的是资本主义，而不是一个资本，这一结论来自《政治经济学批判导言》。实际上人们没有抓住马克思写《资本论》的真正意图，其真正意图是告诉人们真正的财富不是物质方面的，而是每个人自身的丰富和个性发展。而在资本主义社会，个人的发展是与资本发展相矛盾的，所以资本发展的障碍不是生产力而是人本身。只有意识到这一点人才可能知道如何真正实现解放，只有意识到这一点人才有可能知道要想获得就要舍弃。而这些问题的解决，需要以马克思人的解放思想为方法论依据。

（一）资本全球化背景下资本的本质和工人的状况

当今社会的资本主义与马克思所生活的19世纪的资本主义发生了翻天覆地的变化，特别是20世纪80年代以后资本主义又发生了一些新的变化，其中最大的变化就是全球化。全球化即世界经济和社会的日益一体化是一个复杂的过程，它给不同国家、地区和人民带来了不同的影响。对于一些人来说，全球化是不可避免的，它增加了不同国家和地区之间的经济和政治关系。对于这些人来讲，全球化不仅是一个自然现象，而且也有利于整个世界。而另一些人则更深刻地关注全球化进程所带来的挑战和各种可能的风险。一般认为，20世纪末和21世纪初期，全球化就已经改变了世界的经济、政治和社会生活的轮廓。目前关于全球化存在的分歧主要有：目前的全球化是资本主义发展的一个新阶段，还是在15世纪就已经出现的资本主义的全球化的继续？或者可能的话，全球化的进程开始得更早，而不是不可避免地与资本主义联系在一起（Sen, 2002）；全球资本主义在经济和文化方面的全面渗透在多大程度上是破坏还是改善了我们的日常生活；全球化的核心是技术创新还是其他？而全球化的核心是资本全球化，资本全球化的本质是垄断资本全球化。20世纪80年代以来，垄断资本以前所未有的速度和多样的形式在全球范围内迅猛扩张与发展。

尽管资本发生了这些变化但有几点是不变的：一是工资必须以一定的劳动为基础，所以剥削是显而易见的；二是所有正义和公正的概念都是建立在以赚钱为目的的劳动交换基础上；三是资本和工人的劳动产品必须对资本家有贡献；四是工人作为资本关系内的一个个体为了满足自身的需要是要依赖资本的。可见，现代社会资本的本质依然没有变，它依然像马克思理解的那样根植于自我膨胀，根植于追求利润。所以资本逻辑依然存在，只要资本逻辑存在马克思关于资本逻辑的理论，就可以帮助我们理解为什么全球金融资本正在推动利润的逻辑，为什么资本主义是指数资本主义，这样一个系统把为了赚更多的钱至于一切之上从而损害了真正的人的生活。因此，资本全球化背景下尽管资本和工人之间的关系发生了一些变化，但是其对立的本质是没有变的。

1. 工人的地位与生存状况

随着科技革命、产业结构和工人运动的发展，资本主义国家对工人的政策也发生了一些变化。20世纪50年代开始资本主义国家为了缓和阶级对抗和冲突做了一些让步，实行提高工人工资政策，工人的生活状况有了明显改善。也有一些国家实行一套"从摇篮到坟墓"的社会福利制度，社会福利开支在政府开支中所占的比例相当大。工人和贫困人口的生活费用来自财政收入再分配的比重愈来愈大，贫困的概念发生了变化，穷人的贫困已由原来的绝对贫困转向相对贫困。劳动时间缩短，工人每年还享有"带薪休假"和"法定休假"。让职工参与企业管理，防止阶级斗争。随着股份公司的普遍化，工人拥有了公司的股票成为股东。工人还可以参与企业管理，一些企业出现了职工参与管理的各种形式。还有国家明文规定，股份公司的董事会、监事会要有一定比例的工人代表参加使工人的利益和要求得以表达。这些政策的实施的确使工人得到了一些实惠，工人的地位和生活水平有所改善，甚至有人以为资本主义国家的工人已经不存在阶级斗争了，资本和工人的矛盾在今天已经不存在了。2007年金融危机的爆发使隐藏在资本主义国家内部的危机全面爆发出来。经济危机、生活水准的大幅急降、社会不平等的扩大、失业率不断上升、社会福利日益削减、社会矛盾日趋激化、生态灾祸等使工人阶级意识到只要资本主义存在资本的本质都是剥削工人,当代资本主义国家工人受剥削、受压迫的经济地位和政治地位就依然没变。具体表现在:

(1) 贫富分化问题严重

马克思说明了资本主义积累的规律就是两极的分化,一极是资产阶级的财富,一极是无产阶级的贫困。尽管贫困的标准和表现形式是随着社会发展而不断变化的,但是相对于资本家阶层,工人阶级依然是处于贫困状态,而且工人阶级与资产阶级的贫富差距非但没有缩小反而更加扩大。这种扩大是世界性的,这使得贫富差距问题已经成为各国面临的最大风险。正如金融大鳄索罗斯所说,"开放社会当前的大敌已经不再是共产主义,而是资本主义的威胁。因为全球资本主义体系已经造就了一个非常不公平的世界,贫富差距越来越大。"① 美国国会预算办公室2011年的一份报告显示,该国最富裕的1%的家庭从1979年到2007年,收入上涨了274%,而最底层的20%则仅增长了20%。对于比例占到60%的中产阶级而言,这一数字也仅增长不到40%。② "2012年全美收入最高的1%的家庭收入增加了20%,而其他家庭的收入仅增加了1%。那些位于金字塔顶端的最富裕家庭去年的收入占全美家庭收入的90%以上,这个比例已经创造了自1928年以来的历史新高。"③ "与1960年比起来,自1970年以来,美国底层群体家庭的实际收入不增反降。处于中游水平的家庭的实际收入与以前持平。而从1970年到2010年,经济增长的利益约一半流入中上阶层。"④ "在2010年,标普500公司CEO的平均薪酬为1076万美元,而职工的平均工资仅为3.31万美元。截至2009年,世界上最富有国家的人均收入比最贫穷国家的人均收入高出330多倍。"⑤ 数据显示,"从2009年到2012年,占据美国人口仅1%的最富有阶层收入增长了31.4%,其余99%的人口收入则增长了区区的0.4%。去年,美国1%最富有阶层的平

---

① http://epp.eurostat.ec.europa.eu/tgm/table.do?tab = table&language = en&pcode = tsieb060&tableSelection = 1&footnotes = yes&labeling = labels&plugin = 1.
② 世界经济论坛:贫富悬殊成为西方各国最大风险,央视网,2013 - 01 - 18。
③ 孙卓:《美国贫富差距创新高》,来源:第一财经日报,2013 - 09 - 13。
④ 美国贫富差距的真相:门当户对青年参考,2012年3月14日。
⑤ 邢文增:《金融危机背景下西方工人运动的发展及其面临的挑战》,《科学社会主义》2013年第2期。

均家庭年收入超过 39.4 万美元,而占据人口 10% 的富人阶层家庭年收入则超过 11.4 万美元。"① 美国加州大学伯克利分校、巴黎经济学院和英国牛津大学的经济学家们对美国国税局自 1913 年以来公布的收入数据进行分析后也得出了如下结论:"过去的三十年,美国人的收入差距正在持续扩大,已再次创下历史新高。在收入'金字塔'中位居前 10% 的美国人占有全社会总收入的 48.2%。有专家称,除非美国政府在政策上作出较大调整,否则财富继续向极少数人集中的趋势难以逆转。美国国内出现的财富两极分化加剧问题令'美国梦'黯然失色。美国贫富差距不断拉大的趋势被许多人视为是社会体系不公正'偏向'少数富人阶层的结果。"②

与贫富差距扩大相伴随的必然是穷人数量的增多。"据美国人口普查局 2011 年 11 月 7 日的人口普查报告显示,美国的贫困人口上升到 4910 万,向 5000 万逼近,占美国总人口的 16%。欧盟 27 国 2010 年的穷人数量则有 8500 万,平均每 6 人中就有一个人生活在贫困中。而且受金融危机的影响,情况正在继续恶化。有学者指出,日本的'贫困'问题在 20 世纪 90 年代以后也开始泛滥并日益严重,且程度超过以往。受 2008 年秋天开始的全球经济低迷的影响,日本的贫困问题越发凸显出来。日本和美国一样,既是经济大国,也是贫困大国。"③ 可见当代资本主义的发展并没有改变工人阶级的地位,他们在经济上仍处于无权的地位,工人对资本的隶属依然存在甚至更加隐性。正如马克思说过的,"工人的物质生活改善了,然而这是以他们的社会地位的降低为代价换来的。横在他们和资本家之间的社会鸿沟扩大了"④

(2) 失业率居高不下

相对人口过剩是资本主义方式不可避免的伴侣,失业是资本主义生产方式的必然产物,是资本积累的一般规律。因此,失业的存在是资本主义国家的必然。在 2008 年金融危机后,资本主义国家的失业率更是持续上升。"2009 年 6 月,欧元区失业率为 9.4%,欧盟 27 国失业率为 8.9%,其中西班牙的失业率竟高达 18.7%。到 2009 年第三季度,欧洲平均失业

---

① 美国贫富差距创新高 "工薪阶层"收入持续缩水,中国网,2013 - 09 - 13。
② 同上。
③ 刘志明:《正确认识第二次世界大战后西方国家工人阶级的革命性》,《马克思主义研究》2013 年第 1 期。
④ 《马克思恩格斯选集》第 1 卷,人民出版社 1995 年版,第 355 页。

率上涨至9.2%，其中西班牙为19.3%，爱尔兰为10%。2011年第四季度，欧盟国家就业形势再度恶化，27个成员国的平均失业率高达9.8%，其中青年、低技能、移民等群体失业情况最为严重，且长期失业人数所占比例不断上升。在2011年11月，欧盟青年失业人口共计560万，青年平均失业率达到22.3%，比2008年春季上升了约7个百分点，西班牙等国的青年失业率甚至接近50%。截至2012年4月，欧盟27国的失业率已经攀升至10.3%，创21世纪以来新高。与高失业率相呼应的是物价上涨，欧元区各国的平均通货膨胀率一度曾高达4%，至今有些国家仍然居高不下，如爱沙尼亚、罗马尼亚、拉脱维亚等东欧国家的通货膨胀率在2011年末依然维持在4%以上。"① 美国劳工部2009年1月9日公布的数据显示，"2008年全年，美国失业率平均达5.8%，远高于2007年的4.6%，是2003年以来的最高点。就业岗位总计减少了260万个，是1945年以来减少幅度最大的一年。其中2008年12月，美国就业岗位减少52.4万个，失业率上升到过去16年来的最高点7.2%。根据媒体报道，2008年美国人平均每周工作46小时，比2007年增加了1小时；娱乐时间减少16小时，比2007年减少4小时，是1973年以来最少的。在25个州，半数非法散工得不到雇主的足额报酬或根本拿不到报酬。"②

（3）政治上没有权利

表面看当代资本主义国家公民的政治权利有所扩大，工人阶级政治地位有所提高，但是西方国家实行的两党制和多党制的政治体制都维护资本主义民主制度，都代表资产阶级利益和意志。比如，"美国是两党制国家，两个党并不是按照政治原则划分而来，其实就是两个以谋求官职为共同目的的组织而已。"③ 他们为了谋求政治权力会去拉拢选民，或为某个阶层代言，如共和党上台，那么民主党便会去为在共和党统治下的受压迫阶层说话，支持他们。工人阶级也只能通过利用两党制来实现自己的利益诉求和表达。而且美国总统选举也是典型的金钱政治，虽然捐赠给候选人的竞选基金受到有关法规的严格限制，但捐给政党的钱却没有明确的限

---

① 邢文增：《金融危机背景下西方工人运动的发展及其面临的挑战》，《科学社会主义》2013年第2期。

② http://data.eastmoney.com/cjsj/foreign_0_4_2.html.

③ ［德］维尔纳·桑巴特：《为什么美国没有社会主义》，上海世纪出版集团2005年版，第68页。

制，政党可以将之转用于帮助候选人竞选。金钱政治使穷人望而却步，甚至望而生厌。不参加投票者，穷人居多。穷人认为，选举是富人的游戏，与他们无关。虽然宪法规定，出生在美国、年满35岁、在美国境内居住满14年者都有资格成为美国总统，但巨额竞选费用却将很多人限制在竞赛场之外。可见，工人阶级仍处于整个社会体系的最底层。他们在经济上仍处于无权的地位，在政治上就无法与资产阶级分享平等的政治权利。因此工人阶级要从根本上改变这种状况，就必须铲除资本主义剥削制度，意识到自己的地位和需要，意识到自己解放的可能性。

（二）工人阶级自我解放的可能性

虽然战后当代资本主义国家工人阶级状况发生了一些新变化，工人阶级内部客观上也的确存在着一定的差异，资产阶级也会利用工人阶级内部的差别和矛盾制造工人阶级的分裂，但是工人阶级必须清楚资本的本质仍然要追求最大的超额利润。资本的一般和必要倾向是分裂工人以防止阶级斗争。因此，工人阶级要认识到依靠资本主义的内在自我拯救是不可能的。工人阶级要实现自我解放必须认识到要依靠自己的力量，认识到全球化背景下自我解放的可能性。

1. 工人阶级的队伍壮大

战后资本主义国家工人阶级的队伍壮大首先体现在阶层的扩大化。战后工人阶级在产业结构上发生了变化。表现在：工人阶级在数量上的持续增长，在人口中的比重明显增加，成为社会人口中的大多数。"工人数量的增加并非人口自然增长的结果，而是由资本主义发展所引起的阶级分化和向无产阶级的转化所造成的，反映了无产阶级化的过程。"[①] 工人阶级队伍的扩大主要是由于农业实现了高度现代化，农业人口以及一些遭到破产的中小农场主都加入工人队伍中来。其次，越来越多的知识分子参与生产过程，成为工人阶级的重要组成部分。另外，战后大量妇女加入劳动大军，也扩大了工人阶级的队伍。

传统产业工人人数减少，服务业从业人数上升。目前资本主义社会的服务业工人所占的比重已超过60%。"英国从1970年的43.2%下降至

[①] 孙寿涛：《20世纪70年代以来发达资本主义国家工人阶级的数量增长与构成变动》，《马克思主义研究》2012年第6期。

2004年的22.9%,下降幅度惊人,达20个百分点。到1990年,美、英、法三国的工业劳动力比重下降至25.1%到31.1%之间;而德国和日本比较特殊一点,工业就业比重下降程度较小,分别达到38.9%和33.9%。与农业和工业下降的变动趋势相反,服务业就业比重显著上升。1970年主要发达国家的服务业就业人口皆已达到一半左右,其中比重最高的美国达到62.3%,最低的德国也达42.8%,各国的平均比重达50.82%。2004年五国的服务业就业比重平均上升到72.7%,其中美国达到78.4%,德国仍最低,为67.3%,各国平均上升近22个百分点。"[1]

蓝领工人比重减少,白领工人比重增加。据统计,战后在发达资本主义国家中,蓝领工人在工人总数中所占比重占不到20%,而白领工人约占工人总数的70%,他们已成为当代工人的主体。"在整个20世纪,美国的白领工人数量迅速扩大,到后期已大大超过蓝领工人,成为工人阶级队伍的主体。美国白领工人数量1900年为508万人,1999年增加到8010万人;同期,白领工人在美国就业总数中所占比重从17.1%上升到59.6%。蓝领工人1900年为1069万人,1999年为3324万,所占比重从36.0%降到24.7%。"[2]

工人阶级内部结构的变化不能说明服务业人员和白领工人已经不属于工人阶级了。关于工人阶级的定位恩格斯在《共产主义原理》中作了回答,"无产阶级是完全靠出卖自己的劳动而不是靠某一种资本的利润来获得生活资料的社会阶级。这一阶级的祸福、存亡和整个生存,都取决于对劳动的需求,即取决于生意的好坏,取决于不受限制的竞争的波动。一句话,无产阶级或无产者阶级就是19世纪的劳动阶级。"[3] 马克思认为,随着资本主义阶级结构的变化,无产阶级的范围会不断扩大。马克思主义认为工人阶级即那些靠出卖劳动力(包括体力和脑力)、不拥有生产资料和生产工具,劳动成果大部分被资产阶级剥削,并为社会创造主要财富的阶层(即无产阶级)会不断扩大和多阶层化。"马克思还根据资本主义生产社会化、分工扩大、协作加强等特点提出了'总体工人'概念。无论是从事体力劳动还是脑力劳动,无论是直接还是间接参与生产过程、无论是

---

[1] 孙寿涛:《20世纪70年代以来发达资本主义国家工人阶级的数量增长与构成变动》,《马克思主义研究》2012年第6期。

[2] 同上。

[3] 《马克思恩格斯选集》第1卷,人民出版社1995年版,第230页。

创造剩余价值还是'创造占有剩余价值的条件'、无论是物质生产部门还是非物质生产部门都是'总体工人'的成员。"① 马克思的总体工人的分析具有重要的现实意义。它表明，即只要处于剩余价值生产的整个链条上，专业技术人员、管理人员及在商业和服务业中从事非体力劳动的职员仍然属于整体工人范畴，工人阶级的队伍在阶层上不断扩大。

2. 工人阶级的素质不断提高

在数量增加的同时，工人阶级的素质明显提高。首先，工人受教育的时间增多，劳动技能和平均熟练程度也在提高。其次，一大批知识分子加入工人阶级队伍，尤其工人阶级中的科学家和工程师增长最为迅速。最后，大学以上学历的下层企业管理人员和行政官员在工人阶级中所占比重也在提高。这些因素都有利于工人阶级整体素质的提高。战后在发达资本主义国家中，蓝领工人在工人总数中所占比重占不到20%，而白领工人约占工人总数的70%，他们已成为当代工人的主体。

随着生产力的发展和科技的进步，劳动职能趋向复杂化，科技知识分子、熟练工人和半熟练工人大大增加，而非熟练工人则相对减少。在发达资本主义国家中熟练工人、半熟练工人和非熟练工人的比例目前大约是40∶40∶20。当代工人阶级技术和教育水平有了普遍提高，显示了工人阶级的巨大智力，对于工人阶级实现其改变资本主义和建设共产主义的伟大历史使命具有深远的重大意义。

3. 工人阶级仍是最先进和最革命的阶级

第二次世界大战后随着资本主义的发展和工人阶级生活状况的改善，一些人认为资本家和工人的矛盾已经得以缓和，资本主义社会趋于稳定，工人运动处于低潮，无产阶级没有能力也不再需要继续自己的"历史使命"，所以工人阶级的阶级意识和革命意识也随之丧失。"卢森堡学者霍夫曼就认为，现在必须重新寻找新的革命主体力量，因为"这个'工人阶级'已不存在。工薪者的人数固然增长了，但传统产业工人的人数却急剧萎缩。劳动条件、生活方式、'雇员'的需求都发生了分化和个体化。在这种情况下，有必要重新考虑'谁是社会解放的承担者。'"② 马克

---

① 刘志明：《正确认识第二次世界大战后西方国家工人阶级的革命性》，《马克思主义研究》2013年第1期。

② 中央编译局世界社会主义研究所编：《当代国外社会主义：理论与模式》，中央编译出版社1998年版，第315页。

思主义认为，工人阶级革命性根源在于它的受剥削、受压迫的经济地位和政治地位。从经济上来看，当代发达资本主义国家工人的工作条件和生活条件有了相当大的改善和提高，但是只要工人阶级的经济和政治地位没有改变，只要革命的客观因素存在，工人阶级革命意识就不会消失。特别是"由于经济危机加深，人们对超级富豪和名流们的所作所为已越来越无法容忍，这大大提高了工人阶级日益增长的阶级意识，在西方国家阶级意识在过去即便可能已经下降，但下降并不表示已经消亡"①。

现实情况也证明了工人的先进性和革命性并没有消亡。据报道，为了拯救经济危机，资本主义国家要求劳动大众接受增加消费税、提高退休年龄、削减社会福利等政策，而同时为了减少资本家的损害为公司减税。比如，"在金融危机爆发期间希腊政府宣布削减赤字计划包括冻结公务人员工资、削减各项福利，同时政府还宣布计划提高退休年龄，节省养老金支出等，同时希腊政府为资本家们开设的公司减税，以减轻资产阶级经济负担。政府决定，未分配的公司利润税递减至20%，从现行的25%开始，2010年适用24%的税率。希腊政府为资本家们开设的公司减税的政策，必然造成政府财政收入减少，财政赤字增加。这些劫贫济富的措施激起了广大人民的不满"②。

米兰诺维奇说："全球贫富差距加剧的问题分为两种类型的不平等，即国与国贫富差距加大和国内贫富差距加大。前者会引发大规模人口迁移，后者会导致民众抗议或暴动。"③ 的确，国内的贫富差距引起了民众的抗议。希腊公职人员于2010年2月10日举行为期一天的罢工，抗议政府提出的提高汽油价格（通过增加汽油税收）、减少养老金和冻结工资的削减财政赤字的财政紧缩计划。成千上万的教师、医生、护士、铁路员工和航空管制人员参加了为期24小时的罢工。在此之前，为抗议政府削减公共部门薪酬，税务部门4日开始了48小时的罢工。在14000名税务工作人员中有98%参与了罢工。同时，海关和财政部的雇员也开始了为期48小时的罢工。2月24日希腊更是举行了200万人的大罢工。示威者手

---

① 费尔·赫斯：《全球化与工人阶级主体危机》，徐孝千译，《国外理论动态》2011年第5期。

② 叶劲松：《希腊大罢工与希腊经济改革实质》，光明网－光明观察，2010－03－17（10）：13：12。

③ 世界经济论坛：《贫富悬殊成为西方各国最大风险》，央视网，2013－01－18。

持的横幅上面写着"向富人征税""反对富豪统治"等标语。游行群众喊出的有"'我们的钱财去了哪里？''数十亿计欧元给资本主义，但是工人一无所有''不要碰我们的福利''危机应该由富豪去买单''为全民提供长久稳定的工作'等口号"①。此后，在西班牙、英国、德国、意大利等都发生了声势浩大的工人罢工、游行等示威活动。2009 年 1 月，200 万法国劳动者罢工抗议法国政府的包含提高退休年龄等内容的养老金改革。2011 年 2 月及 9 月美国还爆发了威斯康星州民众抗议运动及"占领华尔街"等大规模的社会运动，不仅在美国国内甚至在全世界都产生了重要影响。2012 年全球有千百万人参与到各种抗议中。"2012 年莫伊塞斯·纳伊姆在本月初的《金融时报》上撰文写道，不平等将成为 2012 年的中心主题……与不平等的和平共处将在 2012 年结束，而与它作斗争的要求和承诺将变得越来越激烈和广泛，比自冷战结束以来的任何时候更甚。《金融时报》另一个由安妮—玛丽·史劳特写的评论警告说，2012 年的大问题将是更多相同的问题：席卷多国的抗议示威将在许多地方演变成为革命。"②

    罢工和游行不仅体现出了工人阶级的革命性，更体现出他的先进性。工人阶级在经济危机后再次觉醒意识到资本主义制度才是造成危机及其他社会问题的根源，因而在工人运动中出现了"资本主义是危机的源头""终结资本主义制度""我们拒绝为资本主义的危机付账"等口号。对于工人来讲，资本主义的经济危机已经内在于工人阶级的主观意识中。人们已经形成了一个共识即资本主义已经失败了，我们需要超越资本主义，而只有工人阶级才能提高觉悟和组织能力去超越资本主义实现社会主义。因此，当代资本主义社会的工人阶级要不断争取自己的经济和政治权利同先进的科学技术的结合，使工人阶级成为先进生产力的代表，成为资本发展的真正障碍，成为具有最先进最科学的伟大的革命阶级，实现自己的解放。

---

① 叶劲松：《希腊大罢工与希腊经济改革实质》，共识网，2010 - 01 - 20。
② 大卫·诺斯：《2012 年的资本主义危机和工人阶级的激进化》（http：//www. wsws. org/zh/articles/2012/feb2012/dnrp - f11. shtml）。

二 资本逻辑的全球化与女性受压迫

女性解放作为人的解放的一个重要组成部分,研究资本全球化对女性解放的影响具有重要意义。在过去的几十年里,经济全球化为女性开辟了专门的机会,女性也比其他任何历史时期都更多地参与有偿就业,这往往意味着女性地位的提高和更多的独立和平等。尽管有这些好处,全球化还是对妇女造成了一些不利影响,包括劳动力女性化,收入低等。全球化的复杂和矛盾在女性就业方面显得更加突出。在进行全球化与就业之间关系的分析时,必须将社会性别观点纳入进去。正如弗里曼所讲的,"全球化进程和结果的研究都要把女性作为研究对象,虽然全球宏观分析是与男性联系在一起的"[①]。从社会性别的视角研究全球化会为全球化的研究提供一个独特的视角和发现。这就是今天的全球化占支配地位的文化/结构形式依然是男性/男性主义,这是一种超阳刚之气的霸权,它咄咄逼人、无情、竞争还有对抗。全球化作为性别中立掩盖了"隐性的男权主义宏观结构模型"(Freeman, 2001),即使有些理论家关注了女性和女性就业问题。这种隐含的男性立场(Smith, 1987)从理论上阻碍了更充分地分析,例如,无偿照顾家庭、农业劳动力以及许多非正规经济活动没有进入分析或者被认为是无限供给的(Bergeron, 2001; Gibson - Graham, 2002)。原因在于社会性别是资本全球化的来源,它是全球化的资本主义进程的内在本质,是全球化企业寻找低工资劳动力的来源。

在这一背景下重新解读马克思理论对于女性主义的发展具有重要意义。一直以来,马克思主义学者都重视马克思的政治经济学、意识形态、社会阶级和其他对资本主义社会的研究,而忽视了他对女性主义特别是女性受压迫与解放所做的贡献。事实上,只要资本主义仍然是主要的生产形式,马克思的方法论就是理解资本主义下女性受压迫、女性解放及与女性主义关系的重要基础。

---

① Joan Acker, Gender Capitalism and Globalization, Critical Sociology, Vol. 30, No. 1, 17 - 41, 2004.

（一）资本全球化背景下的女性受压迫

从经济角度，经济全球化这一进程指涉不可阻挡的市场、民族、国家和技术的一体化，它以人们从未见过的方式使个人、企业、民族、国家比以往任何时候都更远更快、更深入地到达世界各地。在这一过程中女性的经历是复杂和多样的不管是正面的还是反面的。具体表现在：

1. 经济全球化与男女就业参与率

在过去的几十年，世界上很多国家的就业情况有了一项最重要的转变，那就是劳动力的大幅度提高。相对于男子，无论在发达国家和发展中国家，女性劳动力参与率的提高被广泛认可为一种趋势，而男性劳动力参与率一直在下降，见表2[1]。

表2　　　　1980—2010年男性、女性劳动力参与率　　　　（％）

地区		1980年	1990年	2000年	2010年预测
拉丁美洲和加勒比	TOTAL	57.5	61.3	62.2	65.9
	M	82.1	82.4	80.3	78.1
	F	33.4	41.0	44.9	54.3
北美	TOTAL	63.8	66.2	66.6	65.7
	M	77.4	75.9	74.2	71.8
	F	51.0	57.1	59.4	59.9
欧洲	TOTAL	61.6	60.6	57.4	57.4
	M	74.7	71.7	66.5	64.7
	F	50.0	50.7	49.3	50.9
非洲	TOTAL	69.3	70.1	69.0	68.8
	M	84.5	84.9	84.1	83.5
	F	54.5	55.7	54.2	54.2
亚洲	TOTAL	71.2	70.1	67.9	66.4
	M	85.4	83.7	82.5	80.8
	F	55.9	55.9	52.9	51.6

---

[1] James Heintz, Globalization, economic policy and employment: Poverty and gender implications Geneva, International Labour Office, 2006.

续表

地区		1980年	1990年	2000年	2010年预测
东亚 (不包括中国)	TOTAL	62.8	62.3	63.2	59.6
	M	79.0	77.1	75.9	71.4
	F	47.2	49.2	49.7	48.4
东南亚	TOTAL	70.8	70.1	70.8	71.1
	M	83.6	83.1	82.9	82.7
	F	56.5	58.8	57.6	59.8
南亚	TOTAL	65.8	62.2	60.1	59.8
	M	85.7	84.4	82.6	81.2
	F	44.7	40.0	36.6	37.6
世界	TOTAL	67.9	67.7	66.2	65.5
	M	83.0	81.7	80.3	78.9
	F	52.9	53.7	52.2	52.1

表2是按地理区域列出的是从1980年到2010年劳动力参与的估计和预测，数据取自国际劳工组织Active Population Estimates and Projections (第5版)。根据这些数据，在过去20年中，所有地区男性劳动力参与率一直在下降。在某种程度上妇女劳动力参与率总体在增加。如果我们把女性劳动力参与率与男性劳动力参与率的比例增加的情况概括为"劳动力女性化"，可以说自20世纪80年代已经历了一个劳动力女性化。许多因素可以解释女性劳动力的增加：女性教育的改善，生育率下降，城市化发展，生产组成的改变、性别形式的改变、经济性能改变等都可以影响妇女的劳动力参与。总体来说，利润的全球追求提高了妇女的就业机会，就业又为许多女性提供了某种程度的经济独立的机会，这反过来又产生了自尊，独立。如在一些国家，新的信息和通信技术改善了妇女健康，她们可以获得小额信贷和就业机会。

2. 经济全球化与男女失业率

过去10年，世界各地大部分地区就业增长却未能跟上人口增长或劳动力的扩大。1993年至2003年，全球就业/人口比率从63.3%下降到62.5%。不同的国家集团展示不同的趋势。例如，就业/人口比率在撒哈拉以南、中东、北非和世界的高收入国家增长。然而，在其他国家这个比率保持不变或下降。国际劳工组织估计，2003年大约1.86亿人失业，其中58%为男性和42%为女性。图1是5个选定国家1970—2003年女性就业与男性就业的比例,由于数据收集和调查方法不同,所以避免直接数据的比较,而是着眼于共同的趋势。在不同程度上,女性的就业增加速度已快于男性。其他研究也表明,女性就业份额和男子就业份额一直在缩小。见下图女性与男性就业比率。①

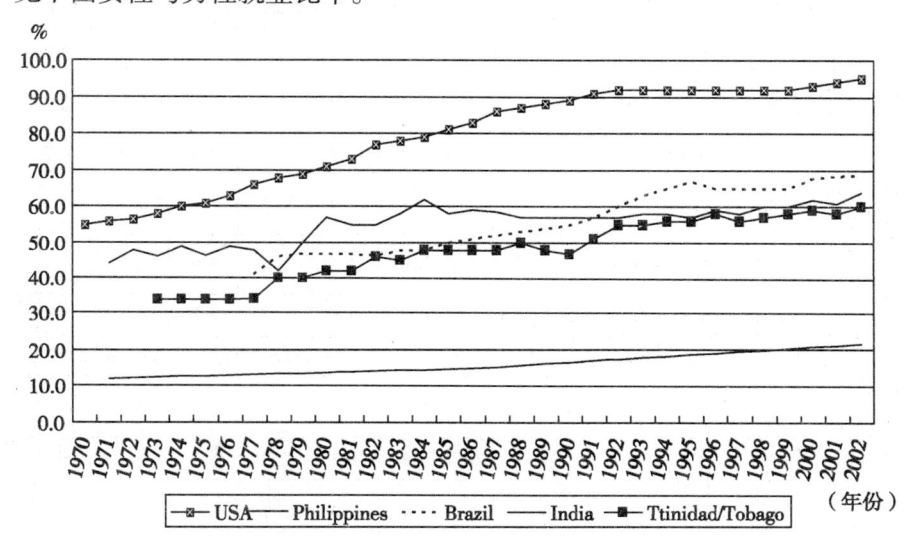

图1 Ratio of women's employment to men's employment, selected countries, 1970–2003

资料来源:ILO LABORSTA database (laborsta.ilo.org)。

然而,女性失业率却一般都高于男性,除了东亚。见表3。

表3　　　　　　　世界国家和主要地区男女失业率,
Unemployment rate, world and regions (%)

总计	1998年	1999年	2000年	2001年	2002年	2003年	2004年	2005年	2006年	2007年	2008年
世界	6.1	6.2	6.1	6.1	6.1	6.3	6.3	6.2	6.0	5.7	6.0
发达经济和欧洲联盟	7.1	6.9	6.7	6.7	7.4	7.3	7.2	6.9	6.3	5.7	6.4
东亚	4.3	4.3	4.1	4.1	4.0	3.8	3.8	3.8	3.6	3.5	3.8
东南亚和太平洋地区	4.8	5.1	5.0	5.8	6.1	6.2	6.4	6.1	6.2	5.5	5.7

---

① James Heintz, Globalization, economic policy and employment: Poverty and gender implications Geneva, International Labour Office. 2006(1).

续表

总计	1998年	1999年	2000年	2001年	2002年	2003年	2004年	2005年	2006年	2007年	2008年
拉丁美洲和加勒比	8.2	8.5	8.3	8.3	8.6	8.5	8.2	7.9	7.4	7.2	7.3
北非	13.1	13.6	14.2	13.7	13.6	13.2	11.9	11.6	10.5	10.4	10.3
男性	1998年	1999年	2000年	2001年	2002年	2003年	2004年	2005年	2006年	2007年	2008年
世界	5.9	6.0	5.9	5.9	5.8	6.1	6.0	5.9	5.7	5.5	5.8
发达经济和欧洲联盟	6.6	6.5	6.2	6.4	7.2	7.2	6.9	6.6	6.0	5.5	6.1
东亚	4.9	4.8	4.6	4.6	4.5	4.3	4.3	4.3	4.1	4.0	4.3
东南亚和太平洋地区	4.5	4.8	5.0	5.6	5.7	5.7	5.9	5.5	5.7	5.3	5.4
拉丁美洲和加勒比	6.7	7.0	6.8	6.8	7.1	6.9	6.5	6.4	5.9	5.8	5.9
北非	11.2	11.8	12.2	11.6	11.3	10.9	9.6	9.2	8.3	8.2	8.1
女性	1998年	1999年	2000年	2001年	2002年	2003年	2004年	2005年	2006年	2007年	2008年
发达经济和欧洲联盟	6.5	6.6	6.3	6.4	6.4	6.6	6.7	6.5	6.3	6.0	6.3
东亚	7.8	7.5	7.3	7.1	7.6	7.5	7.5	7.2	6.6	6.6	6.2
东南亚和太平洋地区	3.6	3.6	3.4	3.4	3.3	3.2	3.2	3.2	3.0	3.0	3.2
拉丁美洲和加勒比	5.2	5.5	4.9	6.1	6.6	7.0	7.2	6.9	6.8	5.8	6.1
北非	10.8	11.0	10.7	10.7	10.9	11.0	10.7	10.2	9.5	9.2	9.3
发达经济和欧洲联盟	19.0	19.1	20.3	20.0	20.1	19.6	18.1	18.0	16.1	16.0	15.9

资料来源：ILO, Trends Econometric Models, December 2008, see also source of Table A1. Labour force participation rate in the world (million).

全球范围内尽管在所有生产部门，尤其是农业、制造业和强劲增长的服务业女性的就业都在增长。而且在传统上以男性为主的行业，女性也取得了一些进展。但是在世界各地，就业正式的和非正式的仍然是按性别分工的。根据国际劳工组织2009年3月5日公布的报告，就业率偏低，就业岗位不稳定，或者社会保障偏差等因素都使女性面对金融危机，处境比男性更困难。劳工组织这份报告估计，2009年女性失业率将继续呈增长趋势，全球可能有2200多万女性失去工作，女性失业率最乐观的估计至少将是6.5%，最悲观的估计则是7.4%；而女性失业率长期以来一直高于男性的事实也不会有所改变，最乐观的估计，男性失业率2009年可能达到6.1%，最悲观的估计为7%。这种局面事实上更体现出男女就业场的差别。女性就业主要集中在服务行业，尤其是在非全职岗位以及不稳定工作合同岗位，在金融危机背景下，她们将更有可能面对就业压力，各企业在裁减人员时，往往最先裁减这些岗位，或缩减这些岗位的工作时间，而工作时间减少也就意味着收入减少，生活条件也将更差。

3. 经济全球化与男女收入差距

收入是衡量就业机会的一个核心指标。实际上大多数家庭通过某种形式的就业谋生。因此，就业的收入也是决定一个家庭贫困状况的决定因素。从全球范围内总就业工资看，平均从20世纪80年代到90年代，实际工资（以美元计）一直在增加。然而，国家和地区之间有很大的差别。最近劳工组织的一项研究发现，使用类似的数据，（2002）在发展中国家和发达国家实际工资平均都有增长，但发达国家增幅明显大得多。

而女性就业收入一般比男性少，当然也有几个例外，但它们往往适用于非常具体的情况。例如，在埃及，女性从事正规就业收入平均比男人高。但是，由于女性低劳动力参与率和劳动市场细分，其中女性的大量就业是为家庭企业工作，而没有收入。这些为数不多的女性确实有机会获得正式工作，获得更高的教育。因此，事实上，妇女在工资就业收入超过男性是实际上性别不平等的症候，往往会增加女性之间的不平等以及女性和男性之间的不平等。

劳动力在世界各地的工资日益不平等，尤其是在高技能和低技能的劳动力方面。日渐突出的薪资不平等在最近几年发生在世界上很多国家和地区，包括发达国家和发展中国家。许多因素可以解释性别收入差距：如教育方面差异，劳动力市场缩短、女性就业中断与抚养子女。然而，大量研究结果表明，即使在教育，年龄和职业的任期都一样的情况下，在收入方面的性别差距仍然继续（OECD，2002）。在某种程度上，这是由于职业类别中存在着持续的收入差距，表明工资歧视仍然是有影响的。研究表明，男女之间收入差距在各种形式的非正规就业也很明显。

性别收入差距是否随着时间的推移缩小了。对发达经济体来说，平均性别工资差距的确有所缩小，至少自20世纪80年代（OECD，2002）。性别收入差距在选定的中等收入国家也有缩小。然而，妇女待遇较男性偏低的情况仍持续存在。伦敦经济学院经济中心的一份调查报告指出："现在年轻妇女的薪金比她们男同事少很多，而这种不平等的现象10年来几乎没有变化。这种不均衡的现象，部分是因为女性在结婚后，就放弃她们的事业，留在家中相夫教子。而有些女性则在结婚生育之后，就休产假或者仅做兼职工作。然而，这项研究也发现，即使一名女性全职工作而且其职业生涯并未中断，但她们在工作10年后的工资，依然比她们的男性工作伙伴少。"① 女性进入正式就业可能缩小性别收入差距。然而其他一些女性如果没有这些机会可能还会落后。而女性是否能进入正式就业，在一定程度上取决于女性教育的改善和劳动力的经验程度。发达经济体的研究表明，越压缩男人工资男女工资差距有可能更小。妇女往往不成比例地代表较低的工资分配，因此，压缩分配可以缩小性别差距。这有一个问题，就是更加普遍的集体谈判，很可能缩小性别工资差距。以上做法都可以在一定程度上减少性别收入差距，最根本的解决办法是改变传统的性别分工，因为造成男女工资差距的决定性作用的是劳动力性别分工。

4. 经济全球化与社会性别分工

性别用在这里被定义为男性和女性基于社会性方式构建出来的不平等和差异。"性别是社会生活的一种基本组织原则，它是分配职责、权力、奖励等等的原则，它是组织个人、家庭、社区和社会成为一个大结构的一个要素。而女性通常在权力、地位和物质奖励中处于不利地位。社会性别既不是个人的本质属性，也不是一个社会生活的本质属性，但由现存的物质方面和象征方面组成，总是不断产生和再生产正在进行的社会活动和实践。"②

性别分工的变化并不意味着旧的非对称形式的性别分工被废除，取而代之的是平等的、不分性别的公平市场机会。事实上，旧的劳动力市场性别分工、女性的低经济收入和低就业质量、经济稳定方案和全球一体化进程经常挤压家务劳动收入等使机会平等仍然难以捕捉。女性就业的增长，已经被已形成的劳动力市场性别分割影响。传统性别分工（女性在就业方面被视为天生适合，例如作为专业护理人员或纺织行业）通过新的岗位增加和工作形式的变化（服务行业，旅游等）进一步加强。女性往往集中在收入较低和稳定性较差的行业中。特别是在发展中国家，女性不太可能比男性工资高。在发达经济体中，妇女更可能从事非全日制工作或在

---

① 《东方早报》，英研究报告显示：男女薪资相同女性还要等150年，2006-07-30。
② Joan Acker: Gende Capitalism and Globalization, Critical Sociology, 2004 (30), p. 3.

形式上的非标准工作（OECD，2002）。今天，许多妇女拥有了他们不曾有的就业机会、更好的教育、规模较小的家庭、新的机遇，但仍然没有消除以社会性别为基础的经济不平等。与此同时，并非所有妇女都有同样的位置利用这些机会。有迹象表明，"新经济"正在以一种新的形式即男性占主导地位的"旧经济"形式出现。新的主导增长部门，如信息技术、生物技术创新和金融，虽然女性填补了某些中低职位，但还是男性占主导地位。这些新经济部门的基础是计算机科学，没有计算机科学这些部门就不会存在。

在美国，女性作为计算机科学家和分析师的比例一直在下降。美国国家科学基金会的报告（NSF，2000）显示，1984年美国女性取得电脑科学学士学位的人有37%，取得硕士学位的有29%，获得博士学位的人有12%。到1996年女性学士毕业生已下降到28%，硕士下降到27%，博士比例略有增加到15%。越来越少的妇女进入计算机领域。下面这些领域同样存在这些情况。女性在计算机/数学科学家（包括所有的就业者，不论其学历）中所占比例似乎在1990年达到一个高点，即36.5%。到1997年，其所占比例已下降到27.3%。在计算机编程方面也有类似的情况。虽然计算机程序员的数量在1991年至1999年有所增加，但女性在这一领域的比例下降了6.42%（劳工统计局2000年）。纽约时报的文章证实，计算机科学领域女性的稀缺已经发展到美国高中。虽然没有人确切知道，为什么计算机科学与技术仍然是男性占主导地位，但是至少有一个使计算机有更多阳刚之气，把女性排除在外的因素。因为计算机科学与技术总是强调排除其他的生活，全心投入工作。许多硅谷工作的人都是连轴转，必须考虑自己人类行为的绝对界限（国际先驱论坛报，2000年6月27日）。

男性占主导地位和阳刚气质的计算机科学非常重要，它超越了新经济部门，并作为一个整体延伸至全球社会。国际先驱论坛报一篇文章中（2000年6月20日）预测，英国的大型跨国公司将越来越多地招募中高层管理人员信息技术管理人员。文章还指出，在英国3500 IT经理成立的一个协会中，只有3名是妇女。如果是这样，妇女将作为代表不足如昔。计算机科学家和技术人员不一定是信息管理技术的未来。相反，它们可能是在企业中被训练的人，而且广泛掌握技术问题，这可能意味着更多的妇女能够进入这些职位。然而，企业领导人对性别的期望和行为继续表明，即使妇女填补这些职位，男性霸权依然是主导的。

经济全球化也影响到个人的性别关系和身份。对一些女性来说，增加就业机会可能意味着更大的自主权和平等的个人生活。对于另一些女性来说，这些变化导致自身安全的减少，照顾自己和家人的更大困难，或更加依赖男子。对男性来讲，一个安全的工作和工资是其稳定的阳刚之气的支撑。男性的阳刚可能被越来越难以找到这样的工作所威胁，因为男子是从良好的工作挤压到技能低的工作，到失业，或提前退休。这对年轻男子可能是特别严重的问题，他们正试图建立一个令人满意的男性身份。社会性别的平等，需要转变性别价值观，需要作为一个整体的社会性别意识形态的转变。

（二）马克思的方法论对女性解放的当代意义

人们往往认为女性压迫就是各种各样的心理、经济、社会和政治现象对妇女的生活的影响，包括强奸、乱伦、家庭暴力和性骚扰、低工资、教育和就业歧视、家庭和社会劳动需求之间的矛盾、生育问题、政治参与度、父权制等。而在寻找女性受到压迫的原因时，人们也往往把其归咎于男性的特性或意图使女性受到压迫。这种思维方式将妇女在生活中各个领域处于不利地位的原因归咎于性别，而忽视了从社会关系中寻找答案。从历史唯物主义出发，马克思认为男性和女性一样都是社会人，"人的本质不是单个人所固有的抽象物，在其现实性上，是一切社会关系的总和。"① 因此，马克思认为妇女受压迫的原因应该在整个社会历史背景中去寻找。事实上，男人的特权地位在历史上也不是一开始就是这样的，它是人类历史发展到一定历史阶段和历史条件的社会现象。在资本主义社会中，个人参与市场竞争和效用最大化是资本主义社会在一个特定历史阶段和历史条件的产物。因此，我们必须审视生产和再生产下女性和男性不平等的社会关系的历史条件，只有这样才能找到男女不平等的真正原因。而要做到这样，必须从马克思方法论角度着手，分析马克思的辩证法、唯物主义本体论、历史唯物主义，从中找到马克思和女性主义的相关性。因此，虽然马克思没有写具体和详细的男女不平等，但是他的著作是理解资本主义制度下女性压迫的一个重要方法论来源。

在具体的方法论陈述中，马克思认为，首先研究的起点应该是社会现

---

① 《马克思恩格斯选集》第 1 卷，人民出版社 1995 年版，第 56 页。

实，因为社会现实是最具体的和明显的，当然这需要区分社会现实的可见和不可见方面。其次，要从历史条件中寻找其背后的原因。比如，我们看见的现实是男女不平等收入、不平等的教育和机会、家庭暴力、女性主要承担了家庭和孩子的责任等，面对这些社会现实，女性主义者和马克思探究问题的方式是不同的。女性主义者的问题是，为什么女性作为"女性"受到压迫。"女性"作为抽象概念不仅忽视了人的非均质性，也没有审视女性在何种条件下将实现自我认同。而马克思方法论则表明，我们需要从历史条件中寻找女性和男性不平等的原因。这不是意味着要找寻资本主义和女性压迫起源时间的变化，而是要分析这些现象的历史背景，这就要研究两个问题，一是产生压迫的特定的生产方式，二是资本主义的历史进程。

马克思承认所有的生产方式都有一些共同的特点，社会科学家通过历史和跨文化的比较确定了一些基本的一般性的范畴。但是，这些一般性的概念（例如，性别分工、性别不平等）本身就是一个多方面的、复杂的具有分歧的范畴。最现代化的时期和最古老的时期有某些范畴是共同的，其中一个共同点就是这一事实即人的本质是相同的。但重要的是，什么构成了这些范畴的发展使他们逐渐背离这些一般和共同特点。马克思认为是作为历史具体现象的生产和再生产。马克思认为，简单的抽象和一般的范畴会产生不全面的和误导性的知识，这种误导在一个历史具体的生产方式上是普遍存在的。马克思举了一个资本的例子，如果不考虑生产的具体关系和剩余价值的具体形式，任何财富的积累都可被作为资本，资本在本质上就是一种普遍的和永恒的存在。对于人类的再生产而言，如果忽视了具体的社会关系再生产，那么人类再生产（男人与女人，父母与孩子之间的关系）就具有了一种永恒的社会普遍性。这种普遍性的力量如此强大，在很多女性主义者眼里，性别平等可能需要使用技术手段以消除生物意义的再生产。而马克思认为，更多精确的知识要通过具体的历史的现象加以认识。这就是没有生产的一般，也没有人类再生产的一般；只有资本主义或封建主义的生产或再生产。此外，也没有一般生产或一般再生产，生产和再生产总是特定的，例如，工业生产、农业生产。人类的再生产也是如此，要在一定的社会具体关系的生产中进行。因此，只要生产关系没有改变，女性受压迫的地位就不会根本改变。

以寻找历史背景和条件这一方法论为基础，马克思历史地分析了资本主义的竞争市场关系及其相应的政治和法律框架，说明了在自由平等背后是资本主义的不平等和剥削的生产关系。同样，对于社会分层和男女之间的家庭形式的不平等（例如，性别就业歧视、家庭内外性别分工）也要进行具体的历史的分析，要确定男人和女人之间、生产者和再生产之间的具体历史条件。资本主义的社会关系再生产没有主体间性关系，在资本主义条件下，男人和女人的关系是由他（她）们与生产和再生产之间的关系决定的，是由他（她）们在社会生活和再生产中的地位决定的。生产和再生产之间的关系首先是生产决定再生产，这是因为生产确立了在相对狭窄的结构性限制范围内的可能的物质条件。生产决定再生产意味着某些再生产的形式在结构上被排除在外。其次，是再生产附属于生产，这意味着满足人们的需要、满足后代的需要取决于起伏不定的经济周期和商业决定，于是出现了各种形式的国家福利，贫穷，失业，生育的阶级差异，无休止地为工资的斗争。因此，在资本主义社会中，由女性主导的家务劳动部分是被排除在目前劳动力市场中。

虽然再生产从属于生产是资本主义生产方式的特征，但是在不同的历史、环境和地点它们的表现形式是不同的。例如，依据所谓的"贫困女性化"拒绝女性进入高薪领域就业，这样男性和女性教育自己和后代的能力也就受到严重影响。在这一基本原则下，我们所见到的男女之间的不平等关系不是一种经济形式，而是受到复杂的宏观层面的影响。男女之间的关系也不是由满足人民的需要的目标决定的，而是由资本积累生产方式决定的。男性和女性都不能拥有自己的生产手段，必须出售他们的劳动力获得工资或薪金，在某种程度上，他们必须自我维持和建立稳定的再生产关系，获得维持生命所需的物质条件，而这最终取决于不在个人的控制范围的复杂的过程。比如长期失业和就业不足迫使男女出售其劳动以获得必要的基本必需品。就业的长期稀缺和生产的变化导致社会和劳动技术的分工特点是一个复杂的分级技能和报酬。因此，资本主义在结构上不可能提供充分的就业，不可能提供足够的工资支撑他们自己和家庭，不论性别或任何其他有关的社会属性。男性和女性被迫相互竞争稀少的就业机会，这种竞争通过性别隔离的劳动力市场是比较缓和的，但当女性通过政治斗争使女性获得传统上男性具有的教育和职业机会时，男性和女性之间的竞争就变得更加激烈。而且他们之间的竞争也通过不断变化的劳动分工加剧了，这分化的劳动力使劳动者的技能不断过时。

国际劳工组织推出的《2008 全球女性就业趋势》报告证明了这一点，过去 10 年中，全球女性就业人数大幅上升，但女性比男性更有可能从事低收入、低福利的工作。"据联合国网站报道，2007 年全球女性就业者达到 12 亿，比十年前增加了 18.4%。不过，同一期间，失业女性人数也由 7020 万上升到 8160 万，并且女性失业率（6.4%）高于男性（5.7%）。在资本积累的限制下，男性工人有一个主要的经济生存的来源即工资。而女性工人除了自身工作，还有无报酬的家务劳动。而且，许多女性被局限在劳动生产率较低的领域，她们的职位面临更高的经济风险，也缺乏体面工作应该具备的特征，如良好的社会保障和福利、工作话语权等。根据该报告提供的数据，从上世纪 90 年代中期以来，有三分之二的国家低工资人口比例有所上升。其中，低工资劳动者女性居多。该报告数据显示，女性低工资就业的风险大大高于男性，在大多数国家，通常女性劳动力参与率低，却占据了低工资者的大多数，这对男女工资差距造成了负面影响。该报告指出女性的平均月工资是男性的 75%，甚至在一些国家，男女工资差距可能更大。"①

从这个角度看妇女贫困是妇女受压迫的一个重要现象，女性只能获得维持自身和后代生存的最低必要条件。这样，男人和女人就被置于客观的竞争关系中。但是男性和女性的关系不能超出一定的历史和社会条件。生理上讲，只要生育的动力存在，男人和女人就被置于生殖的关系中，而且家庭是劳动力每天再生产的地方，是使性伴侣和父母和孩子在一起的机构，这是我们不能在市场上作为纯粹竞争者相互面对的原因。但是，马克思认为，资本积累的变化为家庭发展变化设定了条件，因此成为一个稳定的联盟越来越遥不可及。马克思把"家庭"称为资本主义组织社会再生产的一个不断变化的社会关系网络，它使社会再生产在某一特定时间内在不同阶层成为可能。马克思的逻辑表明，资本主义的结构性制约因素影响了男人和妇女谋生的可能性，他们组成的稳定组织是男性和女子结构不平等的物质基础。两性不平等作为一个资本主义社会形态的结构特征是微观现象。再生产附属于生产不仅使性别不平等成为资本主义社会形式的根本原因，它也影响了人们的生存和实践，它使女性和男性的不平等在资本主义社会不可避免并成为资本主义生产本身的特点。

---

① 国际劳工组织发布：《2010/2011 全球工资报告》，《中国妇女报》2010 年 12 月 16 日。

马克思从社会关系尤其是生产和再生产中的关系来探寻女性压迫现象的方法论，不仅揭示了女性受压迫的深层根源，提出了女性解放的科学路径，而且对于深化女性主义理论研究，推动女性主义理论的科学化具有重要的意义和价值。

首先，女性学诞生以来女性仍然深受压迫的现实表明，离开资本主义社会关系，尤其是男女两性在资本主义生产和再生产中的关系来求解女性的解放，不可能取得整体的实质性的成效。"女性学诞生于妇女解放运动的母腹，其使命是要立足于对妇女受压迫的科学研究，致力于包括性别平等在内的平等社会的建设。"[①] 但更重要的是实现大幅度改善的机会和个别的妇女生活质量。妇女在经济、政治和公民权利斗争中取得的成功并没有改变问题产生的物质条件。废除性别在教育、就业、职业发展、政治参与等方面的障碍是抵抗压迫妇女的必要的和重要方面。但是，正如马克思主义所认为的，政治解放对于实现公民权利本质上是有限的。因为，虽然国家可能取消作为充分的政治参与的全体公民的区别，但是它不能取消社会关系的基础，何况政治方面的努力也是有限制的。妇女在政治职务和领导地位上获得一定的比例不会在很大程度上改变大多数妇女的生活条件。尽管它可以造福于受过良好教育和经济上的特权的妇女，但是它仍不能改变男性女性之间的社会经济不平等。

其次，马克思的方法论表明，只要资本主义制度存在，贫穷的妇女将继续被压迫，因为大多数男性和女性是否有能力满足他们自身的需求将取决于不断变化的资本积累的需求。可见，如果女性主义理论拒绝女性压迫的资本主义的物质存在条件，那么他们的理论将越来越脱离女性生活的实际而变得空洞。随着世界资本主义经济的前所未有的发展，特别是全球化的发展，资本的流动性可以在一夜之间破坏一个国家和区域经济，工人的脆弱性大为增长。在这方面必然要求一个劳动组织在国际范围的复兴。女性主义不能缺席这一过程，但是这需要承认马克思的女性解放和女性之间分工的重要意义，因而这里需要清楚一个问题，即女性主义理论是否可以忽略阶级和保持与绝大多数女性的政治相关性。

最后，马克思主义对女性受压迫的原因分析不仅发展了新的学术研究

---

① 韩贺南：《女性/性别学学科范式再探析——研究对象与知识领域》，《中华女子学院学报》2012年第1期。

视野，阐述了资本主义结构下女性压迫和性别问题等方面的关系，而且将有助于加强和扩大女性主义的知名度，更加了解职业妇女的困境。这里有一个基本事实，即绝大多数的妇女必须工作谋生，面临着种种压迫和选择的限制。以上分析表明运用马克思主义的方法论和理论作为工具分析资本主义女性压迫是可能的，这种可能在今天对于女性主义政治来说是十分重要的。马克思主义和女性主义的振兴面临时代的挑战。当代立法旨在废除男性和其他形式的特权将不能制止事实上的男女不平等。最贫穷的妇女可能认为，通过灵活的劳动合同、不受资本的流动性的阻碍、改变生产的力量、减少劳动投入提高生产力等手段资本主义条件下妇女将不再是贫穷的，虽然这将是妇女地位的一个明显的改进，但这是不可能发生的。只要资本主义的生产方式普遍存在，妇女和其他受压迫的群体争取平等的斗争在资本主义社会是将长期进行的。

三 当今社会超越资本逻辑的必然性和结果

资本全球化背景下资本的本质和工人的关系说明，资本主义是一个不可逆转的制度。随着资本逻辑的扩张给人的生活和自然环境带来的破坏和污染日益严重，指望在资本主义内部解决资本逻辑的自身问题是不可能的，人们必须认识到当今社会超越资本逻辑的必要性。当代工人阶级要解放自己不能指望资本主义不能依靠资本家而只能依靠自己。现在我们的目标必须明确超越资本逻辑的必要性，并制订一个迈向新的社会制度的计划并开始征程，在那里的人将共同控制自己的社会力量，实现自身的解放。这种制度必然是社会主义。因为随着资本逻辑自我修复的贫乏必然是社会主义的发展。因此，分析社会主义的本质和 20 世纪社会主义对人的解放的努力是十分必要的。

（一）社会主义的本质

"社会主义"一词最初出现于 19 世纪 20—30 年代欧文主义的刊物《合作》杂志和圣西门主义的刊物《环球》杂志上。欧文主义用这个词来表达他们对资本主义社会中盛行的个人主义的不满而期望实现的集体主义理想。起初，这个词含有为提高劳动群众的福利和保障社会和平而改造社会制度的意思，容许财产不平等存在。"这一时期的'社会主义'一词是建立在一种社会伦理观、一种坚持某种生活方式和道德价值的信仰之上的。"① 马克思在1842年10月15日写的《共产主义和奥格斯堡〈总汇报〉》一文中，恩格斯在1843年写的《大陆上社会改革运动的进展》一文中，分别首次使用了"社会主义"一词并赋予了科学的含义。不过在当时马克思、恩格斯是把社会主义作为共产主义的同义语来使用的。从此以后，作为思潮的名称"社会主义"通常是指科学社会主义，是关于无产阶级解放条件的学说，即关于消灭一切阶级实现共产主义的一般规律的科学。马克思把社会主义描述成生产资料、分配和交换的国有化。普鲁东认为社会主义是一种推进社会进步的各种愿望。W. 哈考特认为社会主义应该是国家拥有全部社会财富、管理社会劳动并对所有产品进行强制性平均分配。可见，尽管社会主义作为一种理论、一种运动、一种社会制度已经为人们所熟悉，社会主义也分为空想社会主义、科学社会主义、修正主义社会主义、国家社会主义、欧洲的社会主义等流派，但是对于定义"社会主义"却不是件容易的事，"社会主义"仍有各种各样的含义和用法。1924年，英国社会学家 D. F. 格里菲思在《什么是社会主义》一文中就阐释了260多种关于社会主义的定义。1992年邓小平在改革开放的关键时期，在总结了改革开放和社会主义建设发展的成功和失败的经验的基础上，科学完整地概括了社会主义本质，对于人们长期以来对社会主义本质的模糊认识具有重要的指导作用，对于中国特色社会主义建设具有重大的政治意义、理论意义和实践意义。这就是"解放生产力，发展生产力，消灭剥削，消除两极分化，最终达到共同富裕"②。无论怎样定义，社会主义作为人类的美好的社会制度应该包含以下几个特点。

1. 平等的

对平等的理解有多种，有权利、教育、医疗健康、就业、各种公共服务等方面的机会平等，也有收入、财富、地位、权威、各种社会福利等方面的结果平等。我们这里所讲的平等不是乌托邦意义上的人人绝对平均和一切平等，而是作为一种人的最基本权利和人类的基本价值追求，社会有

---

① 安东尼·克罗斯兰：《社会主义的未来》，轩传树、朱美荣、张寒译，上海人民出版社2011年版，第64页。
② 《邓小平文选》第3卷，人民出版社1993年版，第373页。

责任和有必要坚信一个理念,即平等的信念,并愿意为实现平等付诸和实践各种努力。

首先,从词源上"社会主义"一词的词根源自拉丁语 sociare(社会),意指联合或共享。罗马和后来的中世纪法律中与之相关的较为专业的术语是 societas。这个词既有同伴关系和友谊关系的意味,也意指自由人之间基于一致同意而订立契约的一种法律观念,其成员应该拥有公平平等地位。"社会既可以指自由的公民之间的一种较为正式的法律上的契约关系,也可以指同伴和伙伴之间的一种情感关系。"[①] 所以,平等与合作是社会主义的本意。

其次,社会主义的构想最初源于资本主义社会不平等的社会现实,作为对资本主义社会的现实批判和超越,科学社会主义在诞生之始就将平等作为社会主义的本质要求。最早提出社会主义构想的是欧文。1800年,欧文到新拉纳克管理1000多工人的大型纺织厂,他看到工人经济上十分困难,精神和道德水准极端低下。欧文摒弃了过去那种把工人当作工具的做法,他指出劳动人民的贫困是资本主义社会的必然产物,于是欧文试图建立一个完美的制度,这个制度赋予每个人应有的权利和地位,这就是社会主义制度。尽管欧文被称为一名空想社会主义者,但是他关于社会主义的思想为科学社会主义的建立作了重要的铺垫。之后,马克思恩格斯分别对资本主义社会资本家与工人的不平等进行了批判。恩格斯在1844年的《英国工人阶级状况》中也描述了工人阶级的悲惨遭遇,然后愤恨地写道,难道这些群集在街头的、代表着各个阶级和各个等级的成千上万的人,不都是具有同样的属性和能力、同样渴求幸福的人吗?难道他们不应当通过同样的方法和途径去寻求自己的幸福吗?可是他们彼此从身旁匆匆地走过,好像他们之间没有任何共同的地方,好像他们彼此毫不相干,只在一点上建立了一种默契,就是行人必须在人行道上靠右边走,以免阻碍迎面走过来的人;同时,谁也没有想到要看谁一眼。马克思则更彻底地揭露了资本主义社会资本家和工人的不平等,写成著名的《资本论》揭示了资本主义的发展必然带来一极财富的积累,另一极贫困的积累。在一极是财富的积累,同时在另一极是贫困、劳动折磨、受奴役、无知、粗野和

---

① http://zh.wikipedia.org/wiki/%E7%A4%BE%E4%BC%9A%E4%B8%BB%E4%B9%89.

道德堕落的积累。马克思认为，作为一个更美好的社会制度社会主义社会应该比资本主义更真实、更广泛地实现平等，社会主义的平等价值比资本主义的平等价值更为优越，民主是社会主义的本质要求和基本价值追求。

最后，平等不是抽象的，是一个历史的产物。尽管资本主义鼓吹人与人是平等的，资产阶级启蒙思想家也赋予了平等的内在逻辑内涵，但是在存在剥削和剥削阶级的社会，平等是不可能实现的。因此，资本主义社会的平等是虚伪的。甚至有资本家认为平等应该被废除。资本主义社会的一些人认为，"平等主义不利于经济的增长，因为据说它会扼杀积极性，企业家和能力和表现的欲望，甚至社会保障体系，即人权保障所赖以存在的基础，正逐渐被废除"[1]。马克思认为，只有到了社会主义社会才能实现真正的意义的民主，因为社会主义消除了生产资料私有制，消除了阶级，消灭剥削，生产资料属于社会所有，人们平等地占有生产资料；在这个社会，政治上人们平等地享有政治、法律权利以及承担相应的政治、法律义务，全体人民共同享有国家权力。而到了共产主义社会高级阶段才能完全超出资产阶级权利的狭隘眼界，社会才能在自己的旗帜上写上：各尽所能，按需分配。

2. 自由的

自由的范围很广，它既是政治哲学的核心概念，也是一种社会概念，每个人对自由理解的角度也不一样。在古拉丁语中，"自由"（Liberta）一词的含义是从束缚中解放出来。在古希腊、古罗马时期，"自由"与"解放"同义。英语中的 Liberty 即源自拉丁文，出现于 14 世纪。而 Freedom 则在 12 世纪之前就已形成，同样包含着不受任何羁束地自然生活和获得解放等意思。在西方，最初意义上的自由主要是指自主、自立、摆脱强制，意味着人身依附关系的解除和人格上的独立。康德把自由、上帝与不朽这三件事放在那个本体界的范围里面，而没有把自由放在现象界，因为康德认为自由是本体界的东西，所以这是人的纯理性范围所不能够达到的地方。在本体界只有三样，那就是"上帝、不朽、自由"。叔本华在《伦理学的两个基本问题》中写道，如果我们仔细考察的话，自由是一个消极的概念。通过这一概念，我们想到的只是一切障碍的消除；而相反，

---

[1] 萨拉·萨卡：《生态社会主义还是生态资本主义》，张淑兰译，山东大学出版社 2008 年版，第 247 页。

第五章 未竟的事业：马克思解放人学的当代境遇与责任

在这一切障碍表现为力量的时候它们必然是积极的。萨特说，人是生而要受自由之苦。自由是选择的自由，这种自由实质上是一种不自由，因为人无法逃避选择的宿命。萨特甚至认为，自由在社会主义社会被抹除了。他认为自由是每一个人生存的基础，作为一个人每一个时刻都被要求去采取行动来维护自由，在社会主义中总可以发现某种使人厌恶的东西，因为个体在有助于团体的名义下被除掉了。萨特的结论自然是错误的。自由是不仅是社会主义的核心价值原则，而且社会主义也具备实现自由的条件。

首先，社会主义是追求"人的自由全面发展"的伟大事业。马克思认为，"自由必然是历史发展的产物。最初的、从动物界分离出来的人，在一切本质方面是和动物本身一样不自由的。但是文化上的每一进步都是迈向自由的一步。"① 因为，自由的实现是一个过程，是一个长期的历史任务和历史进程。马克思认为共产主义社会是真正实现每个人的自由与全面发展的社会。马克思主义在《共产党宣言》中对人类最终的理想社会是这样描述的："代替那存在着阶级和阶级对立的资产阶级旧社会的，将是这样一个联合体，在那里，每个人的自由发展是一切人自由发展的条件。"社会主义的价值观与共产主义的价值观在本质上是一致的和统一的，这就说明社会主义作为共产主义的初始阶段必然要为"每个人的自由和全面发展"准备条件。正如马克思所指出的，"建立在个人全面发展和他们共同的社会生产能力成为他们的社会财富这一基础上的自由个性"，是经历了资本主义之前的"人的依赖关系"和"资本主义"的"物的依赖性"之后的人类发展的第三个阶段。这个阶段就是社会主义阶段。因此，社会主义必然要将人的自由和全面发展作为自己的终极价值和根本目的。

其次，社会主义也具备实现自由的条件。第一，社会主义具有实现自由的物质基础。自由的实现需要摆脱私有制的束缚，需要社会化大生产的发展和生产力的进步，需要摆脱旧式分工造成的人的能力发展的局限性。因此，自由存在于真正的物质生产领域的彼岸，正如马克思所说："自由王国只有在必要性和外在目的规定要做的劳动终止的地方才开始；因而按照事物的本性来说，它存在于真正物质生产领域的彼岸。像野蛮人为了满足自己的需要，必须与自然搏斗一样，文明人也必须这样做；而且在一切

---

① 《马克思恩格斯选集》第 3 卷，人民出版社 1995 年版，第 456 页。

社会形式中，在一切可能的生产方式中，他都必须这样做。"① 但并不是说物质生产领域的彼岸就是"自由王国"，只有当人类把自己能力的发展作为目的本身时才有真正的自由王国。在这个过程中，"在这个必然王国的彼岸，作为目的本身的人类能力的发挥，真正的自由王国就开始了。但是，这个自由王国只有建立在必然王国的基础上才能繁荣起来。"② 而只有在社会主义社会人才能将自己的发展作为目的，才能提供高度发达的社会化大生产与高度发达的社会生产力。第二，社会主义具有实现人的自由的制度保证。人所拥有的政治权利和社会所实现的社会政治文明是人得以自由发展的政治保障，这在资本主义社会是不可能实现的。而社会主义社会消灭了剥削，消灭了阶级，实现了人与人之间真正的平等，成为独立的、平等的、具有完全人格的人。恩格斯说，我们的目的是建立社会主义制度，这种制度将给所有的人提供健康而有益的工作，给所有的人提供充裕的物质生活和闲暇时间，给所有的人提供真正的充分的自由。这是个人具有获得自由的制度保障。

最后，个人自由绝不是个人随意的无限制的自由需要。马克思认为，不能脱离生产力发展的实际来空谈个人自由，个人自由应该是建立在个人全面发展和他们共同的社会生产能力成为从属于他们的社会财富这一基础上的自由个性。因此，个人自由绝不是个人随意的无限制的自由需要，绝不是想要什么就做什么。康德说，自由就是我要做什么就做什么吗？（Is it true? Freedom means: I want to do everything and I can do it?）如果我要做什么就可以做什么，如果这就叫做自由，康德说，这种思想就太肤浅了，所以他反过来讲了一句很伟大的话，自由是我不要做什么就能够不做什么，这才是真正的自由。李大钊早在1921年1月15日《自由与秩序》中写道，"真正合理的个人主义，没有不顾社会秩序的；真正合理的社会主义，没有不顾个人自由的。"所以，尽管社会主义要保障人的自由，但每个人自由的实现是要有条件和约束的，绝不是想做什么就做什么。

3. 民主的

民主是一个历史范畴。它是特定经济基础之上的一种上层建筑，在不同的国家不同的民族不同的历史发展阶段，不同的经济、社会、文化背景

---

① 《马克思恩格斯选集》第46卷，人民出版社2003年版，第928—929页。

② 同上。

之下民主的特点都不同。在人类社会发展进程中，民主不仅仅是各类政府和人民追求的一种价值观，更是一种现实的制度安排。作为一种广泛实行的比较完整的政治制度，民主是一个现代性概念。它始于近代资本主义社会，尽管资本主义社会的民主有一定的进步意义，但是资产阶级的民主是少数资产阶级的民主不是真正的民主。社会主义作为比资本主义更高级的社会形态其与民主本质上是统一的。首先，对于社会主义来讲，民主是社会主义的本质要求。正如民主社会主义革命家罗莎·卢森堡（Rosa Luxemburg）在20世纪初所说的，社会主义需要民主，民主也需要社会主义。其次，民主的主体必须是人民，社会主义的民主必须实现人民当家做主。

民主的重要性不在于理想而在于现实实现的可能性。从1871年巴黎公社的建立开始到俄国十月革命，再到中国社会主义国家的建立，社会主义国家对发展社会主义民主都做了有益的尝试。社会主义只有实现民主才是真正的社会主义，这是一种新的生产、社会和文化方式。社会主义要通过一定的制度、原则和程序安排实现人们参与社会政治、经济和文化生活的治理和参与机会，从而将民主体现在人民的日常生活中。

4. 合作的

从词源上社会主义就有同伴、友谊之意。这就是说在社会主义社会人与人之间的关系首先应该是朋友，他们有共同的目标和理想，他们的利益关系是一致的而不是矛盾的；其次，在工作上是合作的关系。福布斯·伯纳姆认为，社会主义作为一种意识形态、一种社会制度，要避免资本主义社会中普遍存在的人剥削人的异化现象，必须实行合作的社会主义。社会主义社会之所以能够实现合作，是因为：

首先，社会主义的个人利益和社会利益是一致的，人们不只单纯追求个人利益而是整个社会利益的实现，这是人与人之间合作的前提。何为社会利益？庞德在《通过法律的社会控制：法律的任务》一书中将利益分为三大类，即个人利益、公共利益和社会利益。庞德认为社会利益是最重要的利益，是包含在文明社会中并基于维护文明社会的正常秩序和活动而提出的各种具有普遍性的主张、需要和愿望。庞德认为，社会利益包括六个方面：一是应受一般保障的社会利益（如和平与秩序的要求、一般安全、健康状态、占有物的保障）。二是关于保障家庭、宗教、政治和经济的各种社会制度的社会利益。三是一般道德方面的利益。四是使用和保存社会资源方面的利益。五是社会、政治、经济和文化等方面一般进步的利益。六是个人生活方面的利益，这种要求能使个人获得政治、社会和经济等各方面的机会，并使他在社会中至少能过一个合理的最低限度的人类生活。至于个人利益，韦伯认为由于人的个体性，其需求和需求的满足均具有个体性，从这个意义上讲任何利益都是个体性的。但由于个体之间需求上的相似性，他们可以以协作的方式共同满足每个人的需求，而且成本降低收益增大；或者因为在社会交往中，个体之间的需求可能重合，就像几个平面的交集一样。这一交集的部分虽然从最本原的意义上讲是来自单个人的需求，但因为在社会关系中，其满足和实现牵涉社会中的大部分人或所有人，因而拥有了相对独立的地位。

个人利益和社会利益之间的关系是一个复杂的问题。通常认为，资本主义社会导致绝大多数人唯利是图、自私自利，所以在资本主义社会个人利益和社会利益很难统一。而社会主义社会作为资本主义社会的扬弃，具有的优良品性，自由、民主、平等渴望博爱等使社会主义在个人利益与社会公共利益之间可以达成某种一致与和谐。个人在社会和集体中的活动既是为了他人，也是为了自己，他提供给集体和社会的价值越大，自身的发展和进步就越快，个人价值和利益实现的程度也就越高。正如恩格斯所讲，社会主义的目标就是把社会组成这样：使每一个成员都能自由地发展和发挥他的全部才能和力量，并且不会因此而危及这个社会的基本条件。归根结底，在社会主义制度之下个人利益和集体利益是统一的。既然社会利益和个人利益是统一的，那么人们在实现自我价值的同时会感到自我满足，因为自我的努力不仅是自身得到快乐，还推进了整个社会的进步。这种由利我到利他的转化很难，但是不是不可能，这种转化不是生物学意义的，而是需要一种文化，一种制度。一旦制度层面形成这样一种能够获得社会福利的途径、在文化层面上具有社会福利的精神，这种转化是可以实现的。而社会主义社会就要在文化和制度层面实现这样一种制度和文化。

其次，在工作上是合作的关系。既然社会主义社会个人利益和社会利益是一致的，所以尽管社会主义社会人与人之间也存在着竞争，企业之间也存在着竞争，但是这种竞争已经不是资本主义社会的你死我活、损人利己、尔虞我诈、弱肉强食的竞争。社会主义社会的竞争和合作是辩证统一的。社会主义社会企业与企业之间的竞争应该基于合作的竞争，基于诚信的竞争、双赢的竞争。不同主体的竞争也将随着平等的增强逐渐弱化。事实上当今社会已经不像一个世纪以前那样充满个人主义和竞争了，社会化大生产要求绝大部分的工作必须通过许多的合作才能完成，靠个人奋斗取得成功的时代已基本过去了。合作和竞争并存、在竞争的基础上合作、在合作的基础上竞争成为这一时代的特征。善于合作，从工作中找到乐趣，从生活中找到乐趣，人们相互依存、相互促进、增强团结，互惠互利，共享成果。生活处处有快乐，生活时时有快乐。别人在困难、烦恼时你帮助他，关键时刻伸出友谊之手，那么当你遇到困难时，别人也会来帮助你，从而大家都会感受到无穷乐趣，这样的社会是不是更美好？

5. 公正的

作为社会规范和价值体系组成部分，"社会公正"是个极具争议的概念。诺贝尔经济学奖获得者阿马蒂亚·森教授将社会公正理论归纳为三派，即功利主义、自由至上主义和罗尔斯的正义理论。功利主义是 19 世纪以来最有影响力的社会公正理论，其代表人物为边沁、马歇尔和庇古等人，传统的福利经济学和公共政策经济学很长时间内是以功利主义为基础的。功利主义原则依赖于效用，评价社会公正的标准是社会中个人福利总和的大小。在一个体现社会公正的社会中，其效用总和为最大，而在一个不公正的社会中其效用总和明显低于应该达到的水平。自由至上主义的代表人物是诺齐克和哈耶克等人，他们认为财产权等各项权利具有绝对优先的地位，人们行使这些权利而享有的"权益"不能因后果而被否定，不管那后果多么糟糕。所谓社会公正不过是幻想而已，作为社会评判标准的唯一有价值的东西是法治所定义的正义。美国哲学家约翰·罗尔斯的正义理论以两个原则为基础，一是每个人都应平等地拥有最广泛的基本自由权；二是社会分配在个人之间的差异以不损害社会中境况最差的人的利益为原则，而且地位和职务应向所有人开放。马克思认为公正是一个历史范畴，它反映不同时代、不同社会的经济、政治和文化，并体现不同利益主体的价值诉求。马克思认为，社会不公正的根源是私有制和阶级对立、阶级剥削的产生，只有消灭阶级和剥削，才能实现人类解放和人的自由而全面的发展。因此，社会公正是社会主义的内在要求和首要的社会规范。"只有社会主义能为人们提供更先进的民主的生活方式，包括政治、社会和经济的所有领域，更公平地分配和使用资源。"①

公正的追求要求社会主义首先要追求福利。福利首先是一个幸福的概

---

① 《二十一世纪属于社会主义》，《光明日报》2013 年 1 月 7 日。

念，即人的生活幸福。在英语里，"福利"是 welfare，它是由 well 和 fare 两个词合成的，意思是"好的生活"。其次，福利指使人们生活幸福的各种条件。它既包括人的身体应得到的保护和照顾，也包括影响人的智力和精神自由发展的各种因素。"社会福利"超出了个人的范畴，要求"社会"层面的考虑和解决如何使人能够过一种"好的生活"。它涉及社会根据什么来帮助人们生活的幸福，需要通过什么样的制度和政策安排来保证他们生活的幸福。欧文在 1817 年 8 月 14 日发表了一篇题为"让更多的人获得幸福"的文章，其中首先讲到大不列颠与爱尔兰帝国所遭受的苦难、贫困和悲惨状况比以往许多世纪曾经实际遭受的都更为严重，欧文希望通过一种社会制度让更多的人获得幸福，这种制度就是社会主义制度。

其次，社会公正要求社会主义要消除贫困。对于贫困的标准当然不是一成不变的，它不是一个绝对的概念，它是随着社会文化经济的发展不断变化的。也就是说贫困的问题没有一个固定的标准，社会经济的发展会使贫困的标准越来越提高。"这就需要一个相对的贫困观，因为这时贫困所带来的不幸福和不公平（尤其是当不存在不健康和营养不全的时候，）实际上并不在于缺少奢华，而是在于缺少其他人拥有或被认为拥有的一些小小的愉悦，而且根据现有文化标准这些愉悦已经成为一般必需品。"[①] 社会主义要消除贫困仅仅通过物质水平的提高是无法实现的，因此，"把这些问题放在最优先考虑的位置，而不仅仅是信仰平等，这是社会主义平等观的最大特色"[②]。

最后，社会公正要求社会主义对特殊群体和财富的优先认同。社会主义社会对社会福利的追求表明社会主义社会对集体责任和对贫困救济的优先认同，它是内生在社会主义制度中的。这里对贫苦的救济与前面所讲的平等的追求是不矛盾的，它体现的是一种人道主义和社会责任。它表明在国民生产分配中穷人、老人、母子家庭、残疾人、慢性精神病等特殊群体的优先权。社会公正不仅包括对特殊群体的收入和财富的优先权，还应该包括自由和机会、权利和义务以及自尊的基础，这些应加以平等分配，除非这些福利的一部分或全部的不平等分配有利于受惠最少的人们。也就是

[①] 安东尼·克罗斯兰：《社会主义的未来》，轩传树、朱美荣、张寒译，上海人民出版社 2011 年版，第 89 页。

[②] 同上书，第 96 页。

说，除了关照经济层面的物质的不足之外，随着社会经济的发展社会应该更多关注个人、家庭的社会、文化、心理、精神层面，给予他们更平等的政治文化权利和社会尊重。

7. 适度的

以往我们在谈社会主义尤其是共产主义时会这样认为，社会主义要进入共产主义社会必须使物质财富极大丰富，生产力高度发展。这种唯生产力似的革命式进攻话语实际上还停留在资本逻辑的思维框架中，使我们以主客体的关系在不断向外征服和扩张。实际上关于马克思关于生产力的观点也是有争议的。其争议主要有两个方面，第一，马克思是否是生产力决定论者；第二，用生产力决定论解释历史变迁是否是正确的。对于科恩来讲，马克思不仅是生产力决定论者，而且"生产力决定论是马克思整个历史理论的实质所在"[①]。科恩认为生产力是物质的（包括原材料、生产工具、劳动力和科学），生产的目的是改造自然，法律、道德和政治不是生产力，因为他们不直接参与生产。生产关系是社会的，是指在生产中形成的人们之间的社会关系。不同社会人与人之间的工作关系、合作关系都是不一样的。马克思认为，"社会关系和生产力密切相关。……手推磨产生的是封建主为首的社会，蒸汽磨产生的是工业资本家为首的社会。"[②] 马克思提出的这个著名论断表明马克思将生产力看作是第一位的和首要的。科恩认为马克思的这一论述是正确的。科恩进一步指出，马克思在《政治经济学序言》中指出，生产方式是人类社会和历史发展的决定力量，生产力是在生产方式中起决定作用的因素，生产关系必须适应于生产力的状况，生产才能顺利发展。科恩认为，生产关系可能会制约生产力，但是生产关系必须适应生产力的发展，当生产力不再发展时，新的生产关系就会出现促进生产力的发展。科恩举了很多例子说明新的生产力特别是技术是如何改变生产关系的。因此，科恩认为，在某种程度上马克思哲学是我们认识世界改造世界的一个一劳永逸的"特效药"，从而使我们最终可以掌握关于世界的真理。

与科恩相反，一些人认为马克思不是生产力决定论者。比如阿克顿认为，人们没有真正理解马克思关于生产力和生产关系的论述，他认为物质

---

① 里格比：《马克思主义与历史学—一种批判性的研究》，译林出版社 2012 年版，第 52 页。
② 《马克思恩格斯选集》第 1 卷，人民出版社 1995 年版，第 108 页。

生产力不能被排除在社会生产关系之外。马克思也承认，社会工作关系本身也是一种生产力。阿克顿进一步指出，事实上生产活动也包括法律、道德和政治，所以这些也应该被看作是生产力。生产力不是自发的，不能被当作首要的第一位的。罗森堡也否认马克思是生产力决定论者，他认为，"《共产党宣言》是对那种马克思是技术决定论者的观点的明确驳斥。因为，它对资本主义兴起的解释不是以生产力的增长为前提，而是作为对不断扩大的市场和盈利机会的反应，这些都是与15世纪的地理大发现相联系的。"[1]罗森堡进一步认为，生产力决定论并不构成一种理论，只是一个逻辑一致的假设，历史的发展也不是仅仅是生产力的结果，而是贸易、劳动分工和资本积累等因素共同促成的。

关于马克思思想的生产力决定论通常被描绘为一种历史演进理论，生产力决定论不仅在逻辑上是一致的，而且也是建构历史的工具。在整个历史发展过程中，生产力是首要的，但这不否认生产关系的作用。当然，我们也不能对生产力盲目崇拜导致生产力拜物教，尽管马克思在1844年就告诉我们，"宗教、家庭、国家、法、道德、科学、艺术等等，都不过是生产的一些特殊的方式，并受生产的普遍规律的支配"[2]，但是我们也要看到法律、道德和政治等在社会发展中的重要作用。

马克思关于生产力的思想给我们的启示是社会主义社会在发展过程中必须意识到这一问题的严重性，必须认识到这种单向度地一味追求经济增长思维模式的危害性，它是反人类和反自然的。反人类表现在它会使社会陷入追求经济增长的怪圈，为了经济的增长而增长，从而将人的工作生活全面异化，违背了人应该具有的自由自觉活动的本质。一方面人特别忙，没有时间闲暇只是工作工作再工作。在一个紧张而忙碌的生活节奏中，人们追求"快"，在这种"快"的节拍下，人们感到迷茫、感到压迫和孤单。物质财富的增加与满足没有给人们带来幸福感，反而是更多的不知所措，人与人之间交流与情感的危机，人与人之间关系的冷漠。另一方面是人的价值观发生改变。一些人的价值观沦丧，一切向钱看，为了钱而工作

---

[1] 里格比：《马克思主义与历史学一种批判性的研究》，译林出版社2012年版，第52页。
[2] 李三虎：《技术决定还是社会决定：冲突和一致——走向一种马克思主义的技术社会理论》，《探求》2003年第1期。

生活，从而忘了自己应该享有的真正的生活。反自然还表现在对自然资源、环境和能源的疯狂掠夺。例如，我国七大江河水系，有54%的断面受到不同程度的污染，76%的河流受到污染。工业经济发展、大量消耗资源导致空气中二氧化碳剧增，固体废弃物的大量排放。改革开放30多年来，我国虽实现了年均增速超过9%的高速度增长，但增长方式相对粗放是以消耗大量资源能源为代价的。这种"唯生产力论"在苏联和东欧的社会主义国家甚至比资本主义国家更加严重。

近年来，随着环境污染损害的加剧，人们已经清楚地意识到直线形的唯经济增长模式不仅破坏了环境、造成了环境污染，还损害了人们应该享有的真正的生活。因此，社会主义的经济发展不应该是唯生产力，而是追求适度的生产力，不是唯经济增长而是适度的经济增长，重视人的精神层面，享有真正的属于人的生活，让人真正幸福并诗意的栖居。

8. 生态的

资本主义的资本自我扩张逻辑是反生态的与反社会的，在资本逻辑的思维下资本主义是唯生产力的思维方式，这种"唯生产力论"同生态合理性要求是不相容的。正如福斯特所认为的，在实现利润增长的同时达到维护生态平衡的目的在理论上和实践上都无法达到，一个明显的例证就是《京都议定书》的失败。资本主义的任何维护生态环境的举措必将遭遇资本的反击。因此，环境问题是资本主义矛盾发展逻辑的当代结果，是资本主义制度问题在当代的集中体现。为了解决生态危机，资本主义试图利用科技发明的力量降低生产能耗。福斯特认为技术解决生态危机看似合理实则不可行，原因是"杰文斯悖论"的存在。英国经济学家杰文斯通过对英国煤炭经济的研究发现，提高自然资源的利用效率，比如煤炭只能增加而非减少对这种资源的需求，因为效益的改进只会导致生产的扩大。杰文斯举例说，如果鼓风高炉的煤耗与生产相比趋于减少，那么贸易的利润将会增加，新的资本将投入其中，生铁的价格下降，需要就会增加，结果就会使更多的高炉上马，这一变化最终会抵消技术创造给生态带来的好处。在当代，石油利用技术的改进只会导致汽车生产和消费在更大规模上铺开，而环境问题并不因为能源技术的突飞猛进而有所改善。结论是，企图在资本主义制度内实现生态危机的自我拯救是一种乌托邦。

要保护环境，必须进行革命。这场革命只有社会主义才能承担。生态社会主义认为，这是一场与农业革命、工业革命同等规模旨在改变现行生产方式的社会革命，这个社会革命要建立一个根据直接生产者的需求、民主地组织起来的强调满足人类的整体需求的生产体制，这个体制就是社会主义。社会主义作为更高一级的社会制度是在克服资本主义缺陷基础上建立起来的，所以社会主义的内在特性决定了其社会制度具有生态合理性。具体表现在：

第一，社会主义强调科学计划。资本主义社会最大的矛盾是生产社会化与资本主义生产资料私有制之间的矛盾，所以在资本主义私有制下社会生产是无序的，这就会带来生产和消费的矛盾。而社会主义坚持公有制坚持计划与市场相结合的生产与分配制度，这种科学的制度改变资本主义商品生产和消费形式，改变资本主义生活方式，这正是生态所需要的。正如奥康纳认为，"社会主义和生态学是互补的：社会主义需要生态学，因为生态学赋予自然内部以及社会与自然之间的合理物质交换以特别重要的地位；生态学需要社会主义，因为社会主义强调科学计划以及合理社会交换的关键作用。如果缺少一种对自然有科学理解的社会计划，一种在动态上可持续的社会几乎是不可能的。"[①]

第二，社会主义社会具有新的发展观。拯救当前的生态危机必须有和以往资本主义不同的发展观，而这是社会主义所具备的。首先，社会主义社会的发展是人的发展。所以社会主义的发展要克服资本主义社会的经济危机和生态危机就不能再重复资本逻辑的轨迹，提高自然和人类社会的地位，使自然与人类社会高于资本积累，公平公正高于个体贪婪，从而从根本上解决环境问题实现人的真正发展。其次，社会主义社会的发展是可持续的发展。马克思认为，社会主义是一个符合人性的可持续的制度，它是建立在稳固的生态原则的基础之上的。因此社会主义能够意识到物质财富的增长是无限的，而地球资源是无限的。社会主义社会清楚增长和发展的区别，它坚持科学发展观并合理地使用资源，妥善地解决人口问题，这种新的发展观在资本主义体制内是无法实现的，生态斗争要与反对资本主义的斗争相结合。

第三，社会主义社会具有新的文化和伦理选择。首先，社会主义社会具有一种新的文化，即共同体文化。这种共同体文化是一种真正的社会主

[①] 李春茹：《生态学马克思主义研究的进展》，《人民日报》2013年6月20日第7版。

义，它平等、和睦、公正、民主。它可以增加福利、平等分配、缩小贫富之间的差别，在不损害生态系统的前提下使人们的基本需求得到满足。这种共同体"需要一种把动物、植物和星球生态系统的其他要素组成的共同体带入一种兄妹关系，而人类只是其中的一部分的社会主义"①。其次，社会主义具有新的伦理选择。在社会主义人们能够克服自我利益而且道德进步是可能的。人们并不无限地追求高消费，反对把消费同满足或幸福等同起来的传统观念；劳动是创造性的、自主的、非异化的劳动，人们在劳动中感到富有意义，感到劳动是生活的需要而不是谋生，真正把劳动与闲暇统一起来。人们注重提高生活质量不仅要有物质生活，更要重视精神生活等，所有这些都是符合社会主义基本原则的。

第四，社会主义是稳定的。摆脱生态危机的根本出路是建立一个稳定的社会经济模式。而资本逻辑导致的资本主义经济危机是资本主义不可摆脱的命运，而且资本与劳动的矛盾也使资本主义不可能是稳定的。而社会主义对生产和消费的计划性使社会主义不会出现经济危机，社会主义的没有剥削没有压迫，人与人的平等使社会主义没有资本与劳动的矛盾。社会主义劳动的非异化和创造性使人们摆脱了消费异化，使社会主义可以处理好人与自然、环境之间的关系，使人们的消费真正植根于人与自然的完全和谐一致之中。总之，社会主义社会是一种生态合理而敏感的社会，它以高度的社会经济平等、合作、和睦以及公正为特征，它与生态是相容的，共生的。

（二）20 世纪社会主义对人的解放的贡献

1. 使社会主义由理论变为现实

20 世纪社会主义对人的解放的发展做出的巨大贡献就是在马克思主义理论的指导下使社会主义由一种理论变成现实的社会制度，它体现了人类对美好社会制度的一种追求，也给人的发展提供了现实的制度保障。首先就是列宁主义和俄国十月革命影响和指导下的具有世界意义的社会主义运动，它是人类为了实现自己更好生活理想和目标而做的一次伟大尝试，毛泽东形容这次革命"不只是开创了俄国历史的新纪元，而且开创了世

---

① 戴维·佩珀：《生态社会主义：从深生态学到社会正义》，刘颖译，山东大学出版社 2012 年版，前言。

界历史的新纪元"①。列宁创造性地运用马克思主义基本原理探索俄国特色社会主义革命和建设道路,使马克思的理论构想变成活生生的现实。"一战后资本主义世界的矛盾进一步激化,沙皇俄国国民经济全面崩溃,被压迫阶级的贫困和苦难超乎异常地加剧,工人、农民和士兵对沙皇的统治都表现出极大的不满,无产阶级同资产阶级的矛盾、沙皇专制制度和农奴制残余同人民大众的矛盾、大俄罗斯民族同各少数民族的矛盾和俄国帝国主义同西方帝国主义国家和东方殖民地半殖民地国家的矛盾使俄国成为资本主义链条最薄弱的环节。"② 1917年3月爆发二月革命,推翻了沙皇专制统治,成立的资产阶级临时政府与工人士兵代表的苏维埃同时存在,临时政府掌握主要权力。1917年4月,列宁提出了无产阶级在争取和平发展的同时,要做好武装革命的实际准备。1917年11月7日,经列宁和托洛茨基领导下的布尔什维克领导的武装起义,建立了苏维埃政权和由马克思主义政党领导的第一个社会主义国家。革命推翻了俄罗斯克伦斯基领导的俄国临时政府,导致1918—1920年的俄国内战和1922年苏联的成立。

十月革命建立了无产阶级专政使俄国成为世界上第一个社会主义国家,为把俄国从一个相对落后的帝国主义国家改造成为有广阔发展前景的社会主义工业强国创造了重要前提。十月革命使社会主义从一种科学理论、社会运动转变为一种社会制度,打破了资本主义一统天下的格局,向全世界宣告一种新的社会制度由理想变为现实。从此,世界历史进入了一个由资本主义向社会主义过渡的新时期。十月革命对国际无产阶级和被压迫民族的解放运动是一个极大的鼓舞和推动。欧亚一系列国家也相继走上社会主义道路,使社会主义从一国实践发展为多国实践形成了世界社会主义体系。

其次,中国社会主义制度的确立使占世界人口四分之一的东方大国进入了社会主义社会,这是世界社会主义运动史上又一个历史性的伟大胜利。它进一步改变了世界政治经济格局,增强了社会主义的力量,对维护世界和平产生了积极影响。中国人民在中国共产党的领导下通过自己艰苦卓绝的努力走上社会主义道路。1953年中国开始了大规模的农业、手工

---

① 《毛泽东选集》第1卷,人民出版社1991年版,第303页。
② 《列宁选集》第2卷,人民出版社2012年版,第553页。

业和资本主义工商业的社会主义改造。1956年社会主义改造基本完成，中国实现了由新民主主义社会向社会主义社会的转变。十一届三中全会以后，中国人民进入了改革开放和社会主义现代化建设的新时期。从十一届三中全会开始，以邓小平为核心的党中央逐步开辟了一条建设中国特色社会主义道路。在建设有中国特色社会主义的伟大实践中，中国共产党不断完善和发展马克思主义，创造性地坚持和发展了马克思主义，形成了中国化的当代马克思主义，为其他相对落后的国家探索民族独立、人民解放和走符合本国国情的发展道路提供了重要经验，对这些国家的人民也是一个巨大的鼓舞。

2. 对社会主义的理论完善

马克思主义是开放的和不断发展的理论。马克思恩格斯关于未来社会主义经济特征的描述认为社会主义就是要消灭商品生产、消灭货币，实行计划经济。列宁在经历了社会主义革命之后对社会主义理论和运动有了更深的认识，进一步发展了马克思恩格斯的经典社会主义理论。在《国家与革命》一文中，列宁在马克思把共产主义社会分为低级阶段和高级阶段的基础上将共产主义和社会主义明确区分开来，并把共产主义的低级阶段称为社会主义。

经过两年多的实践之后特别是在经历了1921年动乱之后，列宁意识到现实的社会主义与经典社会主义有些地方是不同的，特别是列宁经过反思认为社会主义的建设必须从现实的国情出发，强调一定要以实践而不是以书本作为认识社会主义的标准。列宁认为，只要还存在着市场经济，只要还保持着货币权力和资本力量，世界上任何法律都无法消灭不平等和剥削。只有建立起大规模的社会化的计划经济，一切土地、工厂、工具都转归工人阶级所有才可能消灭一切剥削。列宁提出了迂回过渡的思想完成从计划经济转到新经济政策的转变，他突破了把公有制、计划经济、按劳分配看作是传统社会主义的观点，形成了利用商品货币关系、利用资本主义的新社会主义观。这些对于科学社会主义理论和实践都具有不可估量的意义。

作为与资本主义的对立似乎社会主义从产生到发展都和维护建立公有制紧密相连，一定程度上人们认为社会主义就一定意味着消除私有制，社会主义不能有非公有制经济。18世纪时期的空想社会主义对私有制，特别是资本主义私有制进行了批判，认为私有制是经济上的不平等和政治上的不平等的根源，主张废除私有制。马克思也认为私有制是资本主义社会的剥削、压迫的根源，所以马克思认为在资本主义社会极大发展、生产力空前提高之后，工人阶级（无产阶级）通过暴力革命获得政权，从而实现生产资料的公有制。

随着社会主义在实践的发展，人们认识到马克思、恩格斯设想的社会主义消灭私有制是以社会生产力高度发展为前提，是发达的社会主义社会才可能的事。只要中国社会现阶段是处在社会主义的"初级阶段"非公有制经济存在就是必然的。在1980年邓小平就说过"吸收外国资金、外国技术，甚至包括外国在中国建厂，可以作为我们发展社会主义社会生产力的补充。1981年由邓小平主持起草的《关于建国以来党的若干历史问题的决议》中明确指出："一定范围的劳动者个体是公有制经济的必要补充。"1985年邓小平在会见津巴布韦政府总理穆加贝时说，"发展一点个体经济，吸收外国的资金和技术，欢迎中外合资合作，甚至欢迎外国独资到中国办工厂，这些都是对社会主义经济的补充。一个三资企业办起来，工人可以拿到工资，国家可以得到税收，合资合作的企业收入还有一部分归社会主义所有。更重要的是，从这些企业中，我们可以学到一些好的管理经验和先进的技术，用于发展社会主义经济。"非公有制经济是我国整个政治、经济条件的制约，是社会主义经济的有益补充，归根结底是有利于社会主义的。

1992年中国确立了社会主义市场经济体制的目标。1997年9月，中共十五大根据十一届三中全会以来逐步形成的公有制实现形式多样化和多种经济成分共同发展的新局面，第一次明确提出，"公有制为主体、多种所有制经济共同发展是我国社会主义初级阶段的一项基本经济制度。公有制的实现形式可以而且应当多样化。一切反映社会化生产规律的经营方式和组织形式都可以大胆利用。要努力寻找能够极大促进生产力发展的公有制实现形式，其中包括多种形式的股份制。"这对进一步统一关于所有制问题的思想认识、克服"左"的思想束缚、深化公有制改革具有重大的理论意义和实践意义。2002年中共十六大明确提出，必须"根据解放和发展生产力的要求，坚持和完善公有制为主体、多种所有制经济共同发展的基本经济制度"。在此基础上2003年10月党的十六届三中全会的《决定》进一步指出："大力发展国有资本、集体资本和非公有资本等参股的混合所有制经济，实现投资主体多元化使股份制成为公有制的主要实现形式。"党的十六大报告特别强调要把"坚持公有制为主体促进非公有制经济发展,统一于社会主义现代化建设的进程中,不能把这两者对立起来",并认为"各种所有制经济完全可以在市场竞争中发挥各自优势,相互促进,共同发展"。以上对社会主义理论的创新为人的发展提供了思想保障。

3. 社会主义取得生产力的大发展

人的发展需要以生产力为基础的物质保障,社会主义经过努力取得了生产力的大发展。十月革命后苏联经济建设取得卓越成就体现了社会主义制度的优越性。苏联20世纪50年代国民收入年均增长速度为10.2%,60年代为7.1%,70年代为5%,1980—1985年为3.6%。从十月革命到1985年,苏联工业取得了巨大发展。1985年工业产值为1913年的192倍,1950年的14.7倍,1960年的4.8倍,1970年的2.1倍。到1985年,苏联的原油、天然气、生铁、钢、化肥、木材、砂糖的产量居世界第一位。农业生产的发展也很突出,与发达资本主义国家相比,苏联农业在60年代年均增长率为3.3%,美国为1%,英国为2.3%,法国为2.1%,德国为1.4%,意大利为3%,日本为2.3%。苏联经济增长速度的快速发展使得苏联的国际地位提升,成为社会主义强国,与美国等资本主义国家的差距越来越小。

东欧国家的社会主义成绩十分显著,1960—1986年保加利亚的国民收入和工业总产值分别增长了4.2倍和6.6倍,罗马尼亚分别增长了3.2倍和3倍,捷克斯洛伐克分别增长了1.7倍和2.7倍,在此期间,英国的国民收入和工业总产值增长了0.8倍和0.6倍。美国分别增长了1.2倍和1.6倍。1949—1980年保加利亚的社会总产值增加14.5倍,国民收入增长10.5倍,民主德国、捷克斯洛伐克、波兰、匈牙利等国家的经济实力也逐步增强。民主德国经济基础较好,经济发展速度快于西方工业国家,人均国民收入是与苏联、东欧各国相比最高的国家。保加利亚1945—1985年连续40年经济发展平均增长率为7%,位居世界前列,被誉为"小型经济奇迹"。波兰和罗马尼亚经济也有一定发展,捷克斯洛伐克经济改革也取得了一定的进展。阿尔巴尼亚是东欧生产力发展水平最低的国家。

20世纪90年代,东欧剧变后经济体制向市场经济转轨,一是采用"休克式疗法"治理通货膨胀;二是推行国有经济私有化和农业私有化;

三是实行向西方国家全面开放市场的政策。东欧经济经历了急剧倒退，到缓慢回升的过程。有些国家倒退到70年代的水平。各国吸取转轨初期的教训，放慢私有化进程，重视宏观经济调节，并抑制通货膨胀。经过几年努力，体制转轨基本完成。东欧国家的小私有化已基本完成，但大私有化进展缓慢。实行了市场形成价格机制，同时着手完善经济立法建立新的税制，但东欧也付出了巨大的代价。

20世纪90年代东欧经济的发展，从1990年到1993年，东欧各国经济普遍陷入危机。从1993年以后东欧国家的经济形势逐步出现转折，一些国家经济开始回升或出现复苏迹象，一些国家仍在恶化但恶化的速度逐渐减慢。1994年，东欧国家经济缓慢回升。1995年增长5.5%，1996年为4%，1997—1999年经济维持低速增长。巴尔干诸国经济基础较差，转轨过程相对较慢，但也取得进展。总体上看，东欧国家的经济转轨已初见成效，现在东欧经济恢复到了80年代末的水平，其中波兰等国的经济好于保加利亚等国。

中国的经济实力和综合国力不断增强，人民的生活水平和国民福利得到了实质性的提高，而且也使中国日益融入世界经济和主流文明之中。中国在1978年至2006年的28年间GDP年均增长9.67%，远高于同期世界经济增长率在3.3%左右的年均增长速度。与此同时，中国现已成为世界第一外汇储备大国。对外贸易成为中国经济发展的重要支柱。通过引进国外的资金、技术和管理经验，进行消化、吸收和再创新，大大提高了中国的生产力水平，缩小了与发达国家的差距。2001年，中国加入世界贸易组织标志着中国对外开放进入一个新的阶段。截至去年，中国经济总量已位居世界第四，外贸总额位居全球第三。从1978年到2006年，我国城镇居民人均可支配收入和人均住房面积都有大幅提高。尤其值得一提的是，在这30年间，中国农村绝对贫困人口数量从2.5亿下降到2148万，绝对贫困发生率由30%下降到2.3%。中国是目前全球唯一提前实现联合国千年发展目标中贫困人口减半目标的国家。

总的来看，20世纪社会主义国家取得了令人瞩目的成就。虽然期间存在着很多困难和问题，但是它实现了社会主义从一种理论到一种社会制度的转化，它体现了人类对美好社会制度的一种追求。但是由于社会主义的建设和发展没有任何现成的理论、经验可借鉴，只能在实践中不断摸索。因此在建设中错误和失误还是有的。例如中苏两个社会主义大国都发生了失误。中国的"大跃进"和"文化大革命"严重使中国社会主义事业受到重创,国民经济发展缓慢,主要比例关系长期失调,经济管理体制僵化,由于"文化大革命"的影响,中国不仅没能缩小与发达国家已有的差距,反而拉大了相互之间的差距,没有及时跟上新科技革命大潮和改革大潮。从而失去了一次发展机遇。文化大革命对教育、科学、文化的破坏严重,造成全民族空前的思想混乱,党的建设和社会风气受到严重破坏,致使一些人对马克思主义的信仰和社会主义的信念受到严重削弱。同一时期,苏联也发生很大失误。例如经济发展过程中过于重视重工业,使得轻工业发展缓慢,农业极其落后,在军备竞赛中投入太多财力国力。"苏联解体前,人均国民生产总值已达到 5000 美元左右,比西方低,但在社会主义国家中排在前列。但是由于这种不合理的经济结构"①,人民的物质和精神生活都得不到什么实惠,社会矛盾加剧,失去越来越多的民众的支持和拥护。总之,现实的社会主义国家的重大失误在经济上并没有为实现人的发展提供坚强的物质基础,在政治上也没有实现社会主义应该具有的民主和自由,这使世界社会主义事业遭到巨大挫折,使社会主义在同资本主义较量中处于不利地位。社会主义体制危机促使社会主义国家先后开始了社会主义发展道路的新探索。中国在中国共产党的领导下,坚持社会主义基本制度,立足基本国情,以经济建设为中心,坚持解放和发展社会生产力,建设了具有中国特色的社会主义。建设有中国特色社会主义是社会主义制度的自我完善,是"中国的第二次革命"。改革的结果是社会主义市场经济、民主政治、社会文化、生态文明等各个方面都取得举世瞩目的成果,极大提高了人的物质和文化生活水平,促进了社会主义社会的人的全面发展。中国特色社会主义为世界人民提供了把马克思主义理论与本国的具体实际相结合的经验,给国际社会主义运动注入强大的生命力,对于世界社会主义运动的振兴,对于全世界人民进步事业的发展,对于 21 世纪社会主义的发展都具有重要的世界意义。

---

① 赵曜:《中国教育报》2002 年 2 月 27 日第 3 版。

第六章

人的逻辑：21世纪
中国特色社会主义的实践与努力

超越资本逻辑与符号逻辑，未来21世纪社会主义社会的发展将以人的逻辑为基础，摆脱异化，这是一个更加民主、公正的社会，一个真正的具有丰富个性的社会。中国特色社会主义以科学的理论、成功的道路正确地处理了资本逻辑、符号逻辑与人的解放之间的关系，不断发展和实践马克思的解放人学，为人的自由发展提供着条件和保障。

一 21世纪中国特色社会主义对解放人学的理论发展

在中国特色社会主义建设过程中马克思人的解放思想也在不断丰富和发展，形成了一系列重要的思想理论成果。这些理论与马克思人的发展都是内在统一的，区别是这些理论成果都是立足社会主义初级阶段基本国情，总结我国发展实践，与中国特色社会主义实际紧密结合的，因此，它们赋予了马克思人的解放思想以时代内涵，更加适应中国的国情和实际，更加能够保证人的发展，因此这些理论是马克思关于人的自由全面发展思想的当代发展。

（一）科学发展观与个人的全面发展的内在统一

马克思认为，人的全面发展是以物质文明的发展为基础的，是以满足物质生活的基本需要为前提的。但是社会主义发展的经验告诉我们生产力的发展不意味着唯生产力论，片面追求和盲目攀比GDP增长率会造成资源浪费和环境污染，长期来看这与人的发展是相悖的。中国特色社会主义要实现人的发展必须立足社会主义初级阶段的基本国情，总结我国发展实践，吸取国内外发展的经验和教训。科学发展观就是为了更好实现人的发展要求而提出的重大战略思想，它的提出是中国特色社会主义理论体系关于经济社会和人的发展理论的重要成果，它赋予了马克思人的发展以时代内涵。科学发展观与人的发展是内在统一的，它的第一要义是发展，核心是以人为本，基本要求是全面协调可持续性，坚持社会主义物质文明、政治文明和精神文明协调发展。这与马克思所讲的人的全面发展的要求是一致的。在当前还不能完全实现马克思所讲的共产主义的每个人的自由全面发展，但是物质、政治和精神文明的全面协调和可持续发展正是为每个人的自由全面发展而努力的当代实践，其本质也是为了人的自由全面发展的实现。因为科学发展观要求以人为本，尊重人民主体地位，发挥人民首创精神，保障人民各项权益，走共同富裕道路，促进人的全面发展，做到发展为了人民、发展依靠人民、发展成果由人民共享。可见，科学发展观是对马克思主义创始人关于人的自由全面发展思想的继承和发展，是马克思主义人的自由全面发展思想中国化的重要理论成果。

（二）中国梦与个人的全面发展的内在统一

习近平总书记在十八大确立的"两个一百年"奋斗目标基础上提出了中国梦。中国梦与中国特色社会主义是内在统一的。习近平总书记指出，从提出社会主义思想到现在，差不多500年时间，这500年大体经历了空想社会主义产生和发展，马克思、恩格斯创立科学社会主义理论体系，列宁领导十月革命胜利并实践社会主义，苏联模式逐步形成，新中国成立后我们党对社会主义的探索和实践，改革开放以来开创和发展中国特色社会主义六个时间段。这六个时间段和500年历史，就是社会主义的前世今生。历史已经证明并将继续证明，只有社会主义才能救中国，只有中国特色社会主义才能发展中国、发展马克思主义、发展社会主义。今天，在新的历史时期，中国梦就是要把我国建成富强民主文明和谐的社会主义现代化国家，基本内涵是实现国家富强、民族振兴、人民幸福，到2020年国内生产总值和城乡居民人均收入在2010年基础上翻一番，全面建成小康社会。到21世纪中叶，建成富强民主文明和谐的社会主义现代化国家，实现中华民族伟大复兴的中国梦。这与社会主义的本质是统一的。中国梦是中国各族人民的共同愿景，它凝聚了几代中国人的夙愿，体现了中华民族和中国人民的整体利益,是每一个中华儿女的共同期盼,它反映人民对美好生活的向往。

中国梦与个人的全面发展是内在统一的。只有国家富强、民族振兴个人才能实现全面发展。习近平主席在十二届全国人大一次会议上的讲话中指出,生活在我们伟大祖国和伟大时代的中国人民,共同享有人生出彩的机会,共同享有梦想成真的机会,共同享有同祖国和时代一起成长与进步的机会。可见,中国梦是具体的,它是每个中国人的梦,与每个人的生活息息相关。同时,中国梦的实现也需要每个中国人的努力,需要每个人的担当。中国人的命运掌握在自己手里,中国人的美好生活要靠自己创造。中国梦的实现需要付出长期艰巨的努力,需要每个人的艰辛奋斗和努力,要求每一个人在各自岗位上踏实努力。让每个中华儿女努力把我们国家建设好,把我们民族发展好,继续朝着中华民族伟大复兴的目标奋勇前进。

(三) 社会主义核心价值观与个人的全面发展的内在统一

邓小平认为,先进文化发展是人的全面发展的力量源泉,人的全面发展又为先进文化的发展提供前提和基础。因此,先进文化建设与人的全面发展是统一的。人的全面发展不仅是物质生产的发展,更是精神文明的发展。通过发展先进文化提高劳动者的素质是人的全面发展的基本内容。21世纪中国特色社会主义形成并发展了自己的先进文化,即以马克思主义为指导,以培育有理想、有道德、有文化、有纪律的社会主义公民为目标,面向现代化、面向世界、面向未来的,民族的科学的大众的文化。它植根于中华优秀传统文化,形成和发展于我们党团结带领全国各族人民进行革命、建设和改革的伟大实践,以发展先进文化促进人的全面发展为最终价值取向。

在当代中国,推进先进文化建设和促进文化的大发展大繁荣,必须以社会主义核心价值观来引领,实现先进文化发展质的飞跃,促进社会主义文化大发展大繁荣。从社会主义核心价值观的内容和原则可以看出它与马克思恩格斯的人的自由全面发展学说是内在统一的。马克思认为,人的本质"在其现实性上它是一切社会关系的总和"。因而,人的全面发展的本质在于人的社会属性和社会关系、社会性需要和精神需要、社会素质和能力素质的全面发展。具体包含人的需要的全面发展,人的能力的全面发展,人的个性的全面发展和人的社会关系的全面发展。而社会主义核心价值观所提出的富强、民主、文明、和谐，自由、平等、公正、法治，爱国、敬业、诚信、友善正是从不同的层次来实践着马克思关于人的全面发展的当代性。

　　富强、民主、文明、和谐作为国家层面的价值目标是人的发展的物质基础。富强即国富民强，人民幸福安康的经济基础。民主是人民美好幸福生活的政治保障。文明是社会进步的重要标志，也是社会主义现代化国家的重要特征。和谐是体现了学有所教、劳有所得、病有所医、老有所养、住有所居的社会生活局面。它是经济社会和谐稳定、持续健康发展的重要保证。自由、平等、公正、法治作为社会层面的价值目标是人的发展的社会基础。自由是指人的意志自由、存在和发展的自由，是马克思主义追求的社会价值目标。平等要求尊重和保障人权，人人依法享有平等参与、平等发展的权利。在党的十八大报告中在不同层面上对社会主义的平等提出了具体的明确要求，这使平等有了具体的多角度实现。在政治和制度方面提出，"党领导人民制定宪法和法律，党必须在宪法和法律范围内活动。任何组织或者个人都不得有超越宪法和法律的特权，绝不允许以言代法、以权压法、徇私枉法"。在经济方面党的十八大报告中指出："毫不动摇鼓励、支持、引导非公有制经济发展，保证各种所有制经济依法平等使用生产要素、公平参与市场竞争、同等受到法律保护。"在社会方面提出要"努力营造公平的社会环境，保证人民平等参与、平等发展的权利。让每个人享有人生出彩的机会"。在精神文化层面，将平等作为积极培育和践行社会主义核心价值观的重要内容。可见，平等在中国特色社会主义进程中具有重要意义。公正即社会公平和正义，是人的解放、人的自由平等权利获得的前提，法治是实现公民自由平等、公平正义的制度保证。爱国、敬业、诚信、友善作为个人行为层面的价值目标是人的发展的精神基础。它是个人道德素质的体现。爱国是个人爱国和集体情怀的体现。敬业是个人的职业素质的价值评价。诚信是人的道德素质的重点内容，友善是人的社会关系的体现。可见，社会主义核心价值观与马克思的人的发展是内在统一的，它集中体现了马克思人的发展思想在社会主义初级阶段的要求。以社会主义核心价值观为指引实现经济建设、政治建设、文化建设、社会建设、生态文明建设的协同发展，最终实现人与自我、人与人、人与社会、人与自然矛盾的"真正解决"，从而为实现人的全面发展打好基础。

二 21世纪中国特色社会主义对人的发展的制度保障

21世纪以来中国特色社会主义在促进人的发展方面积极探索，取得了丰硕成果。改革开放的推进使中国经济迅速走上快速发展的轨道。1979—2007年，国内生产总值年均实际增长9.8%，大大高于同期世界经济年均增长3%的速度。改革开放的30年，是中国经济快速发展的30年，是中国综合国力和国际影响力由弱变强的30年，是中国逐步摆脱低收入国家不断向世界中等收入国家行列迈进的30年。GDP：1952年只有679亿元，到1978年增加到3465亿元，2008年超过30万亿元，达到300670亿元，比1952年增强了77倍。2009年，GDP总量达到33.5万亿人民币，折合49100亿美元，人均收入3776.9美元。经济的快速发展使每个人的生活发生了巨大的变迁，人民实现了由贫穷到温饱，再由温饱到总体小康的历史性跨越。2000年城镇居民人均收入6208元，农村2229元。2001年城镇居民人均收入6987元，农村2378元。2002年城镇居民人均收入7705元，农村2449元。2003年城镇居民人均收入8678元。农村2675元。2004年城镇居民人均收入9294元。农村2905元。2005年城镇居民人均收入10468元，农村3258元。2006年城镇居民人均收入11567元，农村3625元。2007年城镇居民人均收入13126元，农村4117元。2008年城镇居民人均可支配收入15781元，农村居民人均纯收入4761元。2009年城镇居民人均可支配收入17175元，比上年增长8.8%。2010年居民人均可支配收入估计为10046元，是2000年的2.73倍（2000年不变价），实现程度为67.0%。2011年城镇居民人均总收入23979元人民币；人均可支配收入为19118元，比上年增加2279元，增长13.5%。剔除价格因素影响，城镇居民人均可支配收入实际增长8.4%，增速同比提高0.6个百分点。2012年，中国城镇居民人均可支配收入为24565元，而农村居民人均纯收入为7917。2013年城镇居民人均可支配收入26955元，比上年名义增长9.7%，扣除价格因素实际增长7.0%。全年农村居民人均纯收入8896元，比上年名义增长12.4%，扣除价格因素实际增长9.3%。2014年全国居民人均可支配收入比上年名义增长10.1%，扣除价格因素实际增长8.0%，比人均GDP增速高1.2个百分点。农村居民人均可支配收入实际增速快于城镇居民 2.4 个百分点,城乡居民收入倍差比上年缩小 0.06。① 自 2008 年以来全国居民的收入差距也逐渐回落。2013 年全国居民收入基尼系数为 0.473。未来中国将迈上一个更高的发展台阶,到 2020 年实现中国国内生产总值将比 2000 年翻两番,达到 4 万亿美元,人均国内生产总值达到 3000 美元。未来面向 21 世纪的中国特色社会主义除了经济发展之外,更要重视人民民主权利和社会公平公正,只有这样才能保证每个人的民主权利和生存环境的正义,从而为人的全面自由发展提供条件。

(一) 以协商民主为重要形式,保障人的民主权利的实现

民主是保障人的权利的基本途径。中国特色社会主义为了保障人的基本权利对社会主义民主形式进行了不断探索。对于社会主义来说,民主不仅仅是一种价值理想,更重要的是一种制度安排。长期以来,中国特色社会主义都坚持人民民主是中国特色社会主义民主的本质,通过制度安排真正使人民当家做主,不断扩大人民民主,保证人民当家做主,这使中国特色社会主义民主展现出了旺盛的生命力。十八大报告既延续了中国特色社会主义民主的基本原则,又进一步提出了社会主义协商民主是我国人民民主的重要形式,并作出健全社会主义协商民主制度的战略部署。

"所谓协商民主,指的是平等、自由的公民借助对话、讨论、审议和协商,提出各种相关理由,尊重并理解他人的偏好,在广泛考虑公共利益的基础上,利用理性指导协商,从而赋予立法和决策以政治合法性的治理形式。"② 协商民主理论(有的译为审议民主)在西方国家的兴起是在 20 世纪 80 年代,其理论主要来源于美国的约翰·罗尔斯和德国的尤尔根·哈贝马斯。这一理论不是新出现的而是古典思想的复兴。早在希腊城邦的民主政治时期就有协商民主的思想,在现代民主理论家卢梭、杜威的论述中也能发现协商民主的影子。但协商民主理论作为一种民主理论模式只是20 世纪末的事情。一般认为,第一次在学术意义上使用协商民主的概念应该是 1980 年约瑟夫·毕塞特(Joseph M. Bessette)在《协商民主:共

---

① 以上数据来自中新网。
② 陈家刚:《风险社会与协商民主》,《马克思主义与现实》2006 年第 3 期。

和政府的多数原则》一文中首次使用"协商民主"一词。后来，伯纳德·曼宁（Benard Manning）、乔舒亚·科恩（Joshua Cohen）等人都曾经对此做出过若干讨论。

罗尔斯和哈贝马斯的加入使协商民主影响大增，两个人都在自己出版的著作中提到协商民主。尤其是哈贝马斯以话语理论为基础，将偏好聚合的民主观念转换为偏好转换的理论，从而使协商民主真正地成为20世纪末最引人瞩目的民主理论。协商民主理论源自并超越了自由民主和批评理论，它强调在多元社会现实的背景下，通过普通的公民参与就决策和立法达成共识。协商民主以其广泛公平参与、无约束对话、透明、责任和争论机制，通过自由与包容性的协商过程要求每个群体的权利的实现，它要求平等对待每个社会主体，从而更好地协调关系、汇聚力量、实现民主。"其核心要素是协商与共识。"[①]

协商民主在20世纪80年代出现以后，很快在德雷泽克等学者的推动下进入环境治理领域，并且从理论探讨拓展到实践应用，从区域性的环境治理延伸到全球气候变化谈判。20世纪90年代初期，由于环境问题的日益恶化，一些学者对自由民主制度能否充分应对复杂的环境问题提出了质疑，认为自由民主的竞争性选举、个人自由和私人产权易于导致短视的环境政策。因为自由民主制度容易以牺牲环境的代价换取发展和资本积累，从而导致环境政策不具有生态理性。基于如上问题，一些环境学者主张将更具有生态理性的"协商民主"概念引入环境决策之中，从而增加环境决策的合法性。

目前其研究主要从三个方面展开，一是环境协商民主的理论优势研究。为证明协商民主环境治理的优越性，学者们从不同角度论证了协商民主理论对于环境治理的适应性。这一领域的主要研究成果来自格雷厄姆·史密斯（Graham Smith，2003），其研究指出环境价值的多元化决定了传统的CBA分析无法反映环境的多元价值，而协商民主则可以弥补这一缺陷。此后安德鲁·乔丹和弗兰·比尔曼（Jordan Andrew，2008；Biermann Fran，2007）等学者认为，协商民主与环境系统的互适性能够解决复杂、跨部门、多层次的环境问题，可以使环境决策更具有民主合法性和有效

[①] 刘红凛：《人民政协制度的政治优势与理论价值》，2011年5月23日，人民网－理论频道。

性。也有学者对协商民主理论与环境治理的适应性提出了质疑，例如伊凡·兹瓦特（Ivan Zwart, 2003）认为由于存在着利益的主观性和决策合法性问题，环境协商民主对于协商环境治理的结果过于乐观。曼努埃尔·阿里亚斯（Manuel Arias, 2004, 2010）认为协商民主理论忽略了话语的公正性不利于理性环境政策的产生，而解决路径则是妥善处理协商与可持续发展的关系。

二是环境协商民主的实践方式研究。在协商民主环境治理的实践层面，学者们通过实践总结进一步发展了协商民主环境理论，尤其是如何在实践中继续发展协商民主环境理论的问题。20世纪初期，克雷格和比尔纳（Thomas, Craig W, 2000；Regina Birner, 2004）通过对动物栖居地保护的研究认为，协商民主是一种有利于自然资源保护的管理模式。巴伯和巴特利特（Walter F. Baber and Robert V. Bartlett, 2005）认为由于协商民主在环境治理中的理论与实践的桥梁功能，具有引导更好的环境公共决策的潜力。同时从生态理性角度阐释了如何实现环境协商民主的制度化问题。迈克尔（Michael Ray Harris, 2010）探讨了在美国实现协商环境治理的路径。约翰（John R. Parkins, 2011）认为土地规划需要通过协商民主的形式吸取公众对于土地使用价值的认知。曼努尔（Manuel Arias, 2004, 2010）认为可持续发展是协商民主与环境保护的共同基础。雷因史密特（Daniela Kleinschmit, 2012）分析了如何在环境协商民主中发挥媒介公众作用的问题。

三是社会实验效果研究。一些绿色政治学者认为协商民主应更关注实际结果，即协商程序是否能增进信任、改善人们的生活。于是近年来，协商民主环境正义的研究发生了一个实证研究的转向，一个代表性事件就是2008年8月欧洲委员会邀请各方代表召开的关于欧洲气候政策大会，它表明协商民主已经在国与国之间、本地居民和非本地居民之间被推广和应用。安娜（Anna Zachrisson, 2010）探讨了在环境合作管理中引入协商民主的问题，并以瑞典为例说明了协商民主与合作管理的相互促进作用。达妮埃拉（Daniela Kleinschmit, 2012）分析了在环境治理的协商民主过程中，媒介公众的功能与作用。此外环境协商民主的研究开始转向全球气候谈判领域，克里斯和杰德（Chris Riedy and Jade Herriman, 2011）通过总结澳大利亚、丹麦等国家和地区进行的小范围（mini-publics）协商民主环境治理实验的经验与不足。探讨了协商民主对于全球气候谈判的作用。

西蒙（Simon Niemeyer，2012）解读了全球气候谈判中，协商民主模式中的协商的反馈与参与机制。伊凡（Ivan Zwart，2003）、博瑞德（Regina Birner，2004）分别从绿植焚烧炉、动物栖息地保护、土地使用规划等方面进行了社会实验讨论。最新的社会实验研究转向了全球气候谈判领域，克里斯（Chris Riedy，2011）和西蒙（Simon Niemeyer，2012）从不同角度解读了协商民主在全球气候谈判中的实验效果。

协商民主环境治理也存在一些问题。例如面对面的参与不一定是灵丹妙药，而且容易被权力和经验操纵，本地居民并不一定是解决环境问题的最适合者，可能还要引入其他地区成员，成员之间相互被影响的问题等。这些研究推动了协商民主的应用研究，但存在的主要问题是仍然缺乏经验的具体的关于规模和数量的研究。还有就是没有意识到公民社会如何通过协商将自己的意愿传达给政策决定者这一重要问题。还有协商民主的起点在于话语的平等性。但是当具有敌意的市场、官僚机构存在时就会影响话语的平等性。此外环境协商民主还有这样的问题，即对于人们认知能力以及生态公民的乐观信念。近年来，环境协商民主的研究范畴进入跨国民主领域。全球公共领域已经作为一种模型来应对民主的缺陷，提升国际治理制度的合法性。目前对于协商民主环境治理问题的研究还存在一些难点，比如还没有一套成型的完整的体系，协商的成本谁来承担，如何避免协商最后成为争吵，如何提高协商的效率，等等，这也是以后和未来一段时间要研究的重点。

在我国协商民主作为社会主义民主政治的特有形式早已存在且具有独特优势，1949 年，中国共产党领导召开新政协，与各民主党派、无党派人士和社会各界人士共同协商建设新中国的大计，协商民主制度由此逐渐确立起来。中国共产党领导的多党合作和政治协商制度成为一项基本政治制度。"在新的历史条件下，协商民主被赋予更为广泛的内涵。它把有序参与、平等议事、民主监督、凝聚共识、科学决策、协调各方、和谐发展融为一体，具有更大的包容性和有效性。协商民主可以充分利用既有政治资源，拓宽民主参与渠道，吸纳各方意见和建议，集中各方智慧和力量，使党和政府的决策更加科学合理，使社会形成强大合力。"[1] 十八届三中

---

[1] 李金河：《如何认识社会主义协商民主——学习党的十八大精神》，2013 年 1 月 22 日人民网－人民日报。

全会提出推进协商民主广泛、多层、制度化发展，这对于发展人民民主实现人民当家做主具有重要的意义，未来社会主义协商民主会有更大的发展。

（二）以公正为原则，确保人的生存环境的平等

公正是一个历史范畴，不同时代、不同社会的经济、政治和文化水平，不同的阶级和群体，其对公正的价值诉求的理解都不同。但是有一点是明确的，即公正是确保每个人自由平等的前提。中国共产党在建设中国特色社会主义的历史进程中，一直将公平正义作为中国特色社会主义的内在要求，也努力践行着社会主义公正观。在社会主义的发展进程中我党一直强调分配公平，反对两极分化，把共同富裕作为社会主义革命和建设的目的。邓小平强调平均主义不是社会主义的公平原则，主张实行按劳分配是社会主义公平的基本原则，注意避免两极分化，并强调社会主义的本质是共同富裕。党的十六届六中全会提出要"在经济发展的基础上，更加注重社会公平"。党的十七大报告提出，"初次分配和再分配都要处理好效率和公平的关系，再分配更加注重公平"。党的十八大报告则对社会公正的各个方面提出进一步实施意见："在全体人民共同奋斗、经济社会发展的基础上，加紧建设对保障社会公平正义具有重大作用的制度，逐步建立以权利公平、机会公平、规则公平为主要内容的社会保障体系，努力营造公平的社会环境，保证人民平等参与、平等发展的权利。""大力促进教育公平，合理配置教育资源，重点向农村、边远、贫困、民族地区倾斜，支持特殊教育，提高家庭经济困难学生资助水平，积极推动农民工子女平等接受教育，让每个孩子都能成为有用之才。""重点推进医疗保障、医疗服务、公共卫生、药品供应、监管体制综合改革，完善国民健康政策，为群众提供安全有效方便价廉的公共卫生和基本医疗服务。"当然我们也要看到当前社会矛盾明显增多，教育、就业、社会保障、医疗、住房等，解决这些问题需要全社会一起去努力。

除了社会公正以外，当前和今后一段时间中国特色社会主义公正还有一个重要的范畴就是环境公正。学界对环境公正的定义有很多，其中最具代表性的观点认为环境公正是指不论种族、肤色、地区、收入，所有人在环境法律、规则、政策的发展、实施和执行中都享有公正对待。公正对待是指不论哪个群体，人们都要合理承担来自工业、政府和商业活动导致的

环境问题的比例。包括：（1）人们有机会参与影响他们生存环境的决定；（2）公众要对政策制定做出贡献；（3）公众的参与被认为会使决定具有进步意义；（4）决策制定者要发现和减少潜在的影响。这个定义有四个地方要澄清：第一，公正不代表平等，人们经常将公正认为是平等，其实不是。每个地区的环境都不一样，每个人经历的环境也不一样，平等标准是一个不实际的目标。第二，这个定义认为，面对环境风险时的不平等不是社会力量（经济或政治）造成的，而是由于自由选择的结果。这里有一个难题，穷人多大程度上被选择住在一个较差环境中。在一个污染地区居住的人可能被认为已经选择住在这个地方，尽管这是社会经济力量导致的不公正结果。第三，他强调对于制定环境政策的公正进入，它反映了环境非公正的一个原因是由于缺乏强有力的代表参与。

　　改革开放30多年来人们对于社会阶层贫富差距问题给予了较大的关注，但是对于由此引发的环境资源配置的贫富分化导致的群体环境正义问题却缺乏足够的认识和关注。如果说20世纪的生态危机还停留在能源危机、耕地减少、森林海洋资源的减少等方面的话，21世纪的生态危机已经使每个人都能感同身受。严重的大气污染和水污染已经使人们清醒地意识到生态危机已经到了不能不解决的程度，它每天都在危害着人的健康和生命，而且这些问题又是不平等地摆在每个人面前。在面对危害时，富有阶层更有能力在环境生存、权益、负担、风险反映环境实现自救，从而确保自己的生存。"马克思早在19世纪就说过，遭受生态破坏的主要场所是工人和产业工人的居住地、大规模农场和乡村贫民窟。"[①] 马克思这句话在当代社会依然正确。在缺乏有效制度干预的情况下，尽管社会强势群体的平均生态足迹大于弱势群体，但是他们却占有更多低价的环境资源、获得更大的超额利润。而在面对与环境相关的健康、生活质量的风险时，强势群体拥有着更多的抵御能力和远离能力，导致的结果是强势群体和弱势群体在资源占有、使用、利益分配以及环境生存权方面的不公平，从而可能引发社会冲突加剧。环境资源的贫富分化远比经济财富的两极分化更可怕，因为它意味着贫困群体基本生存环境权益的损失甚或丧失，它造成了社会的断裂。

---

① 戴维·佩珀：《生态社会主义：从深生态学到社会主义》，刘颖译，山东大学出版社2008年版，第75页。

早在20世纪90年代初期我国就有学者关注到了群体环境不公平问题。"1994年卢淑华考察了本溪市的环境污染与居民区位分布，并证实了居住区位的分布与个体拥有的权力之间的相关性，从而反映了组织或个人权力资源与环境价值的交换，揭示了环境污染对于不同人群的差异性影响。他指出了某些污染严重的街区，工人居住的比例高于工人的平均比例，而干部的比例则远远低于干部的平均比例。"① 虽然之后也有学者关注这一问题，但其还限于小范围的学术研究范畴，没有建构为"问题"。90年代末以后，随着经济发展与生态环境冲突的日益突出，环境公正问题引起了社会学界的广泛关注。如洪大用论述了当代中国环境公平问题的三大表现：国际环境公平、地区环境公平的和群体环境公平。在群体环境公平研究中，洪大用认为要关注两类人群：一是社会富人在占有环境收益同时不承担环境保护的义务；二是当代人对后代资源的攫取。这一时期的环境公正研究还停留在理论层面，而且范围小，关注的人不多。近些年随着环境污染的加剧，越来越多的学者关注了强势群体与弱势群体之间的环境公正问题。"如张玉林通过对山西的考察，描绘了灾难的群体和阶层分布，证明了生态环境灾难的'强弱'差异，阶级、阶层差异。"② 随着当下环境污染的加剧，环境正义问题必须引起我们的重视。21世纪中国特色社会主义将以自己独特的方式使经济更加发展、民主更加健全、科教更加进步、文化更加繁荣、社会更加和谐、人民生活更加殷实。它值得我们为之前赴后继努力前行。

三　未来社会主义的发展目标

21世纪的人类正经历着深度和广度都无法形容的全球资本危机。俄罗斯莫斯科大学教授多博林科夫认为，"造成如此严重危机的原因在于当代世界资本主义社会同时存在三大危机。首先是始于2008年末的又一轮周期性的生产过剩；其次是资本主义作为一种社会制度的危机，即包括人

---

① 参见卢淑华《城市生态环境问题的社会学研究——本溪市的环境污染与居民的区位分布》，《社会学研究》1994年第6期。

② 参见张玉林《另一种不平等：环境战争与灾难分配》，《绿叶》2009年第4期。

口危机、生态危机、社会危机、文化危机、精神道德危机等在内的全面危机；第三是美国作为主要资本主义大国的霸权危机。这些危机彼此交织在一起，相互催生，相互加剧"[1]。世界资本主义的危机反映了资本本身自我修复能力的日益贫乏，"社会主义是唯一能解决不断深化的资本主义危机的方式，是解决资源危机、迎来人类更高文明阶段的钥匙"[2]。这必将推动社会主义力量在全世界的发展。因此，仅仅分析20世纪社会主义对人的解放的努力是不够的。人们还需要相信有一个更美好的社会的存在，人们需要相信这是一个更好的选择，这就是未来社会主义发展。未来社会主义发展将在20世纪社会主义发展的基础上有更新的发展，它以马克思人的解放思想为引导，有四个方面的任务：一是以人的逻辑为基础；二是社会生产组织的目的是满足公共需求；三是重建全新个人所有制；四是核心是人的发展。21世纪社会主义的发展将丰富和发展马克思人的解放思想，也使马克思人的解放思想具有了世界意义。

（一）基础：人的逻辑

代替资本逻辑和符号逻辑未来社会主义社会的发展必须有自己的逻辑，即人的逻辑。这种逻辑不是把自身利益作为前提，而是社会成员在合作与团结的基础上发展和创造一种新的社会形式，这种新的社会形式越来越不强调生产的东西而是为人类发展创造条件。它允许每个人通过自我的活动得到发展。随着每个个体的全面发展社会共同财富将充分并丰富起来。随着新的物质基础的建立新的人类将产生出来。这样一个新的以人的逻辑为基础的社会的特点是：

第一，经济的本质是以人的逻辑为基础即以工人/工人的家庭为基础。这一经济主要产生使用价值，它的目的是建立新的男人/女人和新的社会。它反对不正当的资本逻辑，反对一种理念即认为好的标准是有利可图的理念。它反对把人通过商品的交换联系起来，它的标准是满足他人的需要，判断事物的标准是看其是否有利于我们这个群体。它也反对不正当的符号逻辑，反对符号对人的异化，反对人们的一种理念即通过消费的商品表征自己的身份地位，反对攀比和浪费。

---

[1] 《二十一世纪属于社会主义》，《光明日报》2013年1月7日。

[2] 同上。

第二，新的社会主义反对以发展生产力而忽略了真正的人的发展。马克思谈及的社会主义核心概念是"革命实践"，革命实践是随着周围环境的不断变化和人的自我改变而变化的。通过了超越剥削和非理性的资本主义之后，社会主义将确保快速发展的生产力，从而将为共产主义社会做丰富的准备。但是这种丰富的准备不是没有边界的，而要为人类发展创造条件。西方学者乌尔里希认为："社会主义没有必要与生产力发展的水平相联系，因为社会主义是一个人类间关系的问题，社会主义有可能建立在低水平的稳态经济基础之上。"[①] 虽然这种观点偏颇，但是有一点是清楚的，即我们要建立新的社会不再单纯地机械性地强调生产，不再单纯为了追求经济的直线增长，不是为了生产力而生产力，而是认真思考生产的目的是什么，增长的目的是什么。如果我们将最终的落脚点和归宿归于真正的人的生活，我们将获得新生。这个新生的意义是具有历史意义的，它将真正推动人的文明，推动整个生态的和谐，这将是属于全人类的真正的美好的家园。这里没有为了利润而紧张的机器轰鸣，没有为了金钱而忘我工作的人们，这里的人们的生产和生活为个人的发展创造条件。随着个人的全面发展社会共同财富将充盈起来，人们一边工作一边享受生活，人与人之间和谐，人与自然和谐，人平和着，淡定着，悠然地生活。

第三，警惕以自我导向的人的缺陷。马克思警惕了未来社会主义社会可能出现的一个问题，即人的观念的问题。马克思认为新的社会必然要经历一个过程，在这一进程中它会超越从资本主义继承下来的经济、社会和文化缺陷。这一具体的缺陷，他认为不是生产力太低，而是人的本质还是旧社会的旧观念，即继续以自我为导向为核心。这样的人认为自己有权获得他们为社会所做贡献的回报。因为这样的缺陷使他们意识不到要消除这些缺陷，这就会使人们再次进攻、攫取和争夺。于是资本主义就又回头了。因此，社会主义社会的人不是以自我为导向而是以集体和社会的总体为核心。在人人具有这样品质的社会里人与人之间的关系是合作的，和谐的。人不会再那么功利，那么急功近利，会变得温和和友善，这对人本身、对他人、对自然都是一个幸福的事。

[①] 萨拉·萨卡：《生态社会主义还是生态资本主义》，张淑兰译，山东大学出版社2008年版，第244页。

（二）生产目的：满足公共需求

马克思认为，真正财富是人，是全面发展的丰富的人，因此社会主义社会要建立全新的生产和消费系统，其生产的目的是满足公共的需求，消费的目的是满足人自己的真正的发展需要而不是符号的需要。伊什特万·梅萨罗斯在《超越资本》中认为我们要建立一个全新的社会，这个社会不是一个商品交换的社会，而是一个根据社会的需要和目的为基础的交换行为。查韦斯也明确赞同梅萨罗斯的观点，在2005年7月时，他说：我们必须建立一个全新的生产和消费的公共系统，这个社会的生产和消费的公共系统是从大众角度，通过社会参与、社区组织、合作社自我管理等不同的方法来建立社会。这样的社会系统就是社会主义社会，其生产目的是面向社会需要的生产，面向地方需要的地方化生产，而不是为了市场交换和利润。社会主义社会的生产之所以可以是面向社会的生产基于以下三点。

首先，社会主义的本质之一是合作。资本主义的生产本质上不是合作的，具有阻碍合作性社会劳动的全部成果进一步实现的内在矛盾。社会主义社会应该是一个认知共同体，"在这样的社会其共同意志不同于个人意愿的总和，后者要服从前者。共同意志是人类社会的、共同体的本性的表达。这些本性与自由、公正、民主等美德是融合的。'纯'社会主义主张的是一种合作性的非等级化的和世俗的认知共同体，马克思把他叫作公共属性。"[①] 这种共同的价值观为社会主义面向社会需要的生产提供了理论条件。

其次，在这种共同体中劳动者是平等的，生产资料是公有的。在这种形态下就会形成普遍的社会物质交换、全面的关系、多方面的需求，以及全面的能力体系。所以社会主义社会可以尊重不同群体的利益诉求，再到使社会成员各得其所与和谐相处。其根本目的都是使一切积极的社会力量共生共进，其结果是生产得到解放，工作成为一种休闲。芒福德预言，随着知识变革更加整体主义，发展生产力将产生最终从机器中的解放。这种生产超越了不同的个人的生产，生产成为一个解放的工作，工作也是一件

[①] 戴维·佩珀：《生态社会主义：从深生态学到社会主义》，刘颖译，山东大学出版社2008年版，第18页。

愉快、服务于他人和社会的劳动。

最后，社会主义的生产是理性的生产。社会主义生产之所以是理性的，是因为"真正的社会主义与资本主义的最大区别在于它的经济学，它的目标是实现社会公正，所以他们认为，的确存在着对物质的人类需要的限制，但理性的社会组织起来的生产在没有给人类和植物带来破坏的前提下能够充分满足所有人的这些需要"[①]。所以社会主义生产不是盲目地掠夺性的，社会主义社会生产是有节制的，是能够处理好人与生态系统的关系，能够消除污染，能够处理好发展与进步之间的关系，生产和消费之间的关系，了解人类的真实需要使人得以丰富和个性。而且，社会主义具有实现理性生产的手段。理性的生产不能依靠市场，而是要依靠包括合理的资源使用和避免污染，不能通过货币或国家所有制而只能通过计划来实现。

(三) 所有制形式：重建个人所有制

马克思对未来社会生产资料所有制形式的设想是一种全新的所有制，它不用于资本主义私人所有制，也不用于完全的公有制，而是一种以保障个人所有权的全新的个人所有制。马克思认为从资本主义生产方式产生的资本主义占有方式，从而资本主义的私有制，是对个人的、以自己劳动为基础的私有制的第一个否定。但资本主义生产由于自然过程的必然性，造成了对自身的否定。这是否定的否定。这种否定不是重新建立私有制，而是在资本主义时代的成就的基础上，也就是说，在协作和对土地及靠劳动本身生产的生产资料的共同占有的基础上，重新建立个人所有制。它的特点是：

第一，以资本主义经济、社会发展为基础。未来社会主义的发展不是凭空产生的，而是在资本主义生产、科技、社会发展基础之上。在这里马克思对资本主义的历史作用进行了辩证的分析。资本主义不是一无是处的，它为未来社会主义的发展提供了物质基础。

第二，以协作和生产资料共同占有为基本生产形式。社会主义社会人与人之间的生产关系不再是资本主义的剥削关系，而是和谐的协作关系。

---

① 戴维·佩珀：《生态社会主义：从深生态学到社会主义》，刘颖译，山东大学出版社2008年版，第145页。

协作意味着人与人之间是相互需要、相互平等的。"协作"不是集体化，"协作是指许多劳动者在同一劳动过程或彼此相联系的不同的劳动过程中，依计划协同地进行劳动的一种劳动形态，可缩短劳动时间，扩大劳动的空间范围，节省生产资料，提高劳动生产率等。"① 生产资料有两个，一个是土地，一个是劳动，前者来源于自然，后者来源于人自身。这就是人与自然的结合，二者的结合创造了生产发展。人对土地和劳动的权利不是所有，而是占有，而且是共同占有。这与之前的所有是不同的。所有意味着权利的归属，具有排他性和独占性，而占有代表共同使用，不具有排他性，强调的是使用权。这种共同占有代表着协作的可能，为协作奠定了基础。这说明在这里马克思更强调人对生产资料的使用权利，也就是对土地和劳动的使用。这种理解具有非常重要的意义，因为在马克思看来土地和劳动是大家共同可以使用的，其目标是重新建立个人所有制，这就为后面这句话奠定了基础。

第三，以重新建立个人所有制为目标。关于马克思说的重建个人所有制学界有很多观点，代表性有四种，第一种观点认为是指"重建生活资料的个人所有制"；第二种观点认为是指"重建生产资料的个人所有制"；第三种观点认为是指重建劳动者的个人财产权；第四种观点认为是指"重建人人有份的公有制或社会所有制"。笔者认为，马克思重建个人所有制是想要依靠一种制度的保障来实现人的基本权利。马克思所讲的这种制度并不同于以往的私有制，它是一种新的所有制。这种所有制不是以分工为基础的，因为马克思认为，"分工和私有制是相等的表达方式，对同一件事情，一个是就活动而言，另一个是就活动的产品而言"②。未来社会是以协作为基础的，所以这种所有制消灭了阶级和剥削，这就使新的所有制形式有了现实的依托。因为所有权不是独立的抽象的永恒的，而是具体的历史的，它的实现必须在一定的制度之下。只有这样，才能保证每个人的自由和发展的权利。马克思把它叫作新的个人所有制。之所以叫个人所有制而不是集体所有制或者国家所有制，是因为马克思最终要实现的保障每个人的权利的。马克思要保障的人的权利首先是对个人对其生活资料的所有权。对土地生产资料的使用权是共

---

① 王笑笑：《马克思的两种社会主义思想及其历史命运》，2012年11月22日共识网。
② 《马克思恩格斯文集》第1卷，人民出版社2009年版，第536页。

同的，但是这种共同占有使用并不是将个人自己的物品都共有。生产资料的共同占有是对资本主义剥削的扬弃，是对资本主义的基本矛盾即生产社会化与资本主义生产资料私有制之间的矛盾的解决。但是这与生活资料个人所有不矛盾。马克思说："未来社会生产资料的占有形式，一方面由社会直接占有，作为维持和扩大生产的资料，另一方面由个人直接占有，作为生活和享乐的资料。"① 个人直接占有不仅是一种使用权更是一种排他的所有权，这是对人的自身权利的尊重。恩格斯在《反杜林论》中也说道："靠剥夺剥夺者而建立起来的状态，被称为以土地和靠劳动本身生产的生产资料的社会所有制为基础的个人所有制的恢复。对任何一个懂德语的人来说，这也就是说，社会所有制涉及土地和其他生产资料，个人所有制涉及产品，那就是涉及消费品。"也就是对消费等生活资料自己占有的权利。其次，是对自己财产的所有权。凡是归于自己财产的都是要尊重和保护的，因为只有确立财产所有权才能真正尊重保障每个人的权利，因为马克思认为财产是"构成个人的一切自由、活动和独立的基础。"② 马克思认为，"一个除自己劳动力以外没有任何其他财产的人，在任何社会的和文化的状态中，都不得不为另一些已经成为劳动的物质条件的所有者的人做奴隶。他只有得到他们的允许才能劳动，因而只有得到他们的允许才能生存"。③ 所以，"共产主义并不剥夺任何人占有社会产品的权力，它只剥夺利用这种占有去奴役他人劳动的权力"。④ 因此，马克思所讲的重建个人所有制是对个人财产权的确定。对马克思重建个人所有制的重新理解有助于社会主义生产资料和生活资料所有权的界定。以为我们认为社会主义就是要消灭一切私有财产，必须建立公有制社会，这种理解在实际中也被证明不利于社会主义的发展。所有制和所有权是不一样的。社会主义的发展要明确、尊重和保障每个人的财产权和生活资料占有权，权利只有得以保障才能谈到人的自由和发展。

---

① 《马克思恩格斯文集》第 3 卷，人民出版社 2009 年版，第 561 页。
② 《马克思恩格斯文集》第 2 卷，人民出版社 2009 年版，第 45 页。
③ 《马克思恩格斯文集》第 3 卷，人民出版社 2009 年版，第 428 页。
④ 《马克思恩格斯文集》第 2 卷，人民出版社 2009 年版，第 45 页。

（四）核心：人的发展

社会主义的核心概念应该是注重人的发展、发展每个人的潜能创造性，确保所有人的发展，在一个民主的社会中实现人的个性发展。

首先，社会主义人的发展是个体的人的发展。马克思和恩格斯在《共产党宣言》中有一段著名的话，"代替那存在着阶级和阶级对立的资产阶级旧社会的，将是这样一个联合体，在那里，每个人的自由发展是一切人的自由发展的条件。"[①] 这是马克思对共产主义人的发展的最经典的概述。21世纪社会主义作为共产主义的准备，必须要以实现人的发展为最核心目标。但是，这里的人的发展不是一部分人发展而让另一部分人不发展，是个体的人的发展。当然社会主义还不可能实现彻底地所有人的自由和全面发展，不可能让社会的每一个成员都能完全自由地发展和发挥他的全部才能，但是，社会主义社会要把人们从各种社会束缚中解放出来，重视人的丰富、全面和多层次的个人需求，为每个人的发展创造必需的社会条件。

其次，社会主义人的发展是和自然共生的。实现人与自然的和谐发展是人类社会发展的必然要求。然而随着生态环境和资源紧缺问题的日益严重人和自然的关系突出起来。社会主义社会的本质是生态的，这决定了社会主义社会的人的发展是人与自然的和谐共生。社会主义有正确的生态观，强调人与自然的统一，它坚持科学发展观，能够处理好经济建设、人口增长同资源开发利用、生态环境保护的关系，能够处理好自然环境再生产与社会经济再生产之间的关系，推动整个社会走上生产发展、生活富裕、生态良好的文明发展道路，从而建立一个生态环境系统、经济发展系统、社会发展系统都具有可持续性的、新型文明特征的社会。

最后，社会主义人的发展的目标是人的自由和全面发展。"人的自由全面发展"是马克思主义最终目标，也是社会主义的价值旨归和价值指向，是人的本质的最高价值体现。人的自由而全面的发展虽然只有在社会物质财富极大丰富、人民精神境界极大提高的共产主义社会才能得到完全的实现。而且社会主义社会还处于初级阶段，不成熟、不发达、不完善和长期处于初级阶段的实际使人的自由和全面发展还不能完全实现，因此社

---

① 《马克思恩格斯选集》第1卷，人民出版社1995年版，第294页。

会主义社会促进人的自由全面发展依然是一个长期而又十分艰巨的历史任务和历史过程。但是这不阻碍人的自由全面发展是社会历史发展的必然的趋势。而且社会主义社会也应该将每个人的自由和全面发展作为自己的奋斗目标和本质要求。

超越资本逻辑与符号逻辑，未来社会主义社会以人的逻辑为基础摆脱了异化，实现了经济平等、社会公正和环境和谐。我们必须把社会主义作为一个主题、一个计划和一个路径，这是一种更加发展了的社会主义，一个更加平等、公正和有利于环境的社会，一个真正的具有丰富个性的社会。一个真正把人类而不是机器或国家放在最前面，以实现人的进步为目标的社会，它值得我们为之付出努力并继续这段征程！

参考文献

英文文献

[1] Jean Baudrillard, *The system of Objects*, Tr. Jemes Benedict, Verso, 1996.

[2] Jean Baudrillard, *The Consumer Society*, Tr. George Ritzer, London 1998.

[3] Jean Baudrillard, *For a Critique of the Political Economy of the sign*, Tr. Charles Levin, Telos Press.

[4] Jean Baudrillard, *The mirror of Production*, Tr. Mark Poster, Tdlos Press, 1975.

[5] Jean Baudrillard, *Symbolic Exchange and Death*, Tr. Lain Harmilton Grant, London 1993.

[6] Jean Baudrillard, *Simulacra and Simulation*, Tr. Sheila Faria Glaser, The university of Michigan Press, 1994.

[7] Jean Baudrillard, *Sedution*, Tr. Brian Singer, St. Martin's Press 1990.

[8] Jean Baudrillard, *Evil*, Tr. James Benedict, New york: 1993.

[9] Jean Baudrillard: *Select Writings*, ed. Mark Poster, Stanford UniversityPress, 1988.

[10] Baudrillard Live: *Selected Interviews*, ed. Mike Gane, London: 1993.

[11] Douglas Kellner, *JeanBaudrillard, From Marxism to Postmodernism and Beyond*, Polity Press, 1989.

中文文献

专著类

[1][加] D. 保罗·谢弗：《经济革命还是文化复兴》，高广卿、陈炜译，社会科学文献出版社 2006 年版。

[2][美] 艾伦·杜宁：《多少算够——消费社会与地球的未来》，赵丙祥译，上海人民出版社 2002 年版。

[3][英] 安东尼·吉登斯：《现代性的后果》，田禾译，译林出版社 2000 年版。

[4][英] 安东尼·吉登斯：《现代性与自我认同》，赵旭东、方文译，生活·读书·新知三联书店 1998 年版。

[5][英] 安东尼·吉登斯、克里斯多弗·皮尔森：《现代性——吉登斯访谈录》，尹宏毅译，新华出版社 2001 年版。

[6][意] 安东尼奥·葛兰西：《狱中札记》，曹雷雨等译，中国社会科学出版社 2000 年版。

[7][法] 鲍德里亚：《生产之镜》，仰海峰译，中央编译出版社 2005 年版。

[8][美] 大卫·理斯曼等：《孤独的人群美国人性格变动之研究》，刘翔平译，辽宁人民出版社 1989 年版。

[9][美] 戴维·哈维：《后现代的状况——对文化变迁之缘起的探究》，阎嘉译，商务印书馆 2003 年版。

[10][美] 丹尼尔·贝尔：《资本主义文化矛盾》，赵一凡等译，生活·读书·新知三联书店 1989 年版。

[11][美] 道格拉斯·凯尔纳、斯蒂文·贝斯特：《后现代理论——批判性的质疑》，张志斌译，中央编译出版社 1999 年版。

[12][美] 道格拉斯·凯尔纳编：《波德里亚：批判性读本》，陈维振等译，江苏人民出版社 2005 年版。

[13][美] 道格拉斯·科尔纳、斯蒂芬·贝斯特：《后现代转向》，陈刚等译，南京大学出版社 2002 年版。

[14][日] 堤清二：《消费社会批判》，朱绍文等译校，经济科学出版社 1998 年版。

[15][德] 恩斯特·卡西尔：《人论》，甘阳译，上海译文出版社

1998 年版。

　　[16][美]凡勃伦:《有闲阶级论》,蔡受百译,商务印书馆 2002 年版。

　　[17][瑞士]费尔迪南·德·索绪尔:《普通语言学教程》,高名凯等译,商务印书馆 2002 年版。

　　[18][法]费尔南·布罗代尔:《15 至 18 世纪物质文明、经济和资本主义》,顾良等译,生活·读书·新知三联书店 1992 年、1993 年版。

　　[19][法]弗朗索瓦·多斯:《从结构到解构——法国 20 世纪思潮主潮》,季广茂译,中央编译出版社 2004 年版。

　　[20][美]赫伯特·马尔库塞:《单向度的人——发达工业社会意识形态研究》,刘继译,上海译文出版社 1989 年版。

　　[21][美]加耳布雷思:《丰裕社会》,徐世平译,上海人民出版社 1965 年版。

　　[22][英]克里斯托夫·霍洛克斯:《鲍德里亚与千禧年》,王文华译,北京大学出版社 2005 年版。

　　[23][法]克洛德·列维—斯特劳斯:《结构人类学》第 1—2 册,张祖建译,中国人民大学出版社 2006 年版。

　　[24][匈]卢卡奇:《历史与阶级意识》,杜章智等译,商务印书馆 1996 年版。

　　[25][法]罗兰·巴尔特:《符号帝国》,孙乃修译,商务印书馆 1994 年版。

　　[26][法]罗兰·巴尔特:《符号学原理》,王东亮等译,生活·读书·新知三联书店 1999 年版。

　　[27][法]罗兰·巴尔特:《流行体系——符号学与服饰符码》,敖军译,上海人民出版社 2000 年版。

　　[28][法]罗兰·巴尔特:《神话——大众文化诠释》,许蔷薇、许绮玲译,上海人民出版社 1999 年版。

　　[29][法]罗兰·巴尔特、让·鲍德里亚等:《形象的修辞——广告与当代社会理论》,吴琼、杜予编,中国人民大学出版社 2005 年版。

　　[30][德]马克斯·韦伯:《新教伦理与资本主义精神》,彭强、黄晓京译,陕西大学出版社 2002 年版。

　　[31][法]马赛尔·莫斯:《论馈赠——传统社会的交换形式及其功

能》，卢汇译，中央民族大学出版社 2002 年版。

　　[32]［英］迈克·费瑟斯通：《消费文化与后现代主义》，刘精明译，译林出版社 2000 年版。

　　[33]［法］莫里斯·梅洛—庞蒂：《符号》，商务印书馆 2003 年版。

　　[34]［美］彭慕兰：《大分流——欧洲、中国及现代世界经济的发展》，史建云译，江苏人民出版社 2003 年版。

　　[35]［法］皮埃尔·布迪厄、［美］华康德：《实践与反思——反思社会学导引》，中央编译出版社 2004 年版。

　　[36]［德］齐奥尔格·西美尔：《时尚的哲学》，费勇等译，文化艺术出版社 2001 年版。

　　[37]［英］齐格蒙特·鲍曼：《后现代及其遗憾》，郇建立等译，学林出版社 2002 年版。

　　[38]［英］齐格蒙特·鲍曼：《现代性与矛盾性》，邵迎生译，商务印书馆 2003 年版。

　　[39]［美］乔治·瑞泽尔：《后现代社会理论》，谢立中等译，华夏出版社 2003 年版。

　　[40]［法］让·鲍德里亚：《消费社会》，刘成富、全志钢译，南京大学出版 2001 年版

　　[41]［法］让·波德里亚：《象征交换与死亡》，车槿山译，译林出版社 2006 年版。

　　[42]［法］让·博德里亚尔：《完美的罪行》，王为民译，商务印书馆 2000 年版。

　　[43]［法］尚·布希亚：《拟仿物与拟像》，洪凌译，时报文化出版企业股份有限公司 1998 年版。

　　[44]［法］尚·布希亚：《物体系》，林志明译，上海人民出版社 2001 年版。

　　[45]［英］史蒂文·康纳：《后现代主义文化》，严忠志译，生活·读书·新知三联书店 1992 年版。

　　[46]［英］斯科特·拉什、约翰·厄里：《符号经济与空间经济》，王之光译，商务印书馆 2006 年版。

　　[47]［南］斯韦托托尔·平乔维奇：《产权经济学——一种关于比较体制的理论》，蒋琳琦译，经济科学出版社 2004 年版。

［48］［日］汤浅博雄：《巴塔耶——消尽》，赵汉英译，河北教育出版社2001年版。

［49］［英］特伦斯·霍克斯：《结构主义和符号学》瞿铁鹏译，刘峰校，上海译文出版社1987年版。

［50］［德］瓦尔特·本雅明：《机械复制时代的艺术作品》，王才勇译，中国城市出版社2002年版。

［51］［德］维尔纳·桑巴特：《奢侈与资本主义》，王燕平、侯小河译，上海人民出版社2000年版。

［52］［英］西莉亚·卢瑞：《消费文化》，张萍译，南京大学出版社2003年版。

［53］［日］星野克美：《符号社会的消费》，黄恒正译，远流出版事业有限公司（台北）1988年版。

［54］［英］约瑟夫·纳托利：《后现代性导论》，潘非等译，江苏人民出版社2004年版。

［55］［美］詹明信：《晚期资本主义的文化逻辑》，陈清侨等译，生活·读书·新知三联书店1992年版。

［56］《邓小平文选》第1—3卷，人民出版社1993年、1994年版。

［57］《马克思恩格斯全集》第3卷，人民出版社2002年版。

［58］《马克思恩格斯全集》第46卷，人民出版社2003年版。

［59］《马克思恩格斯选集》第1—4卷，人民出版社1995年版。

［60］《毛泽东文集》第1—8卷，人民出版社1993年版。

［61］《毛泽东选集》第1—4卷，人民出版社1991年版。

［62］陈嘉明等：《现代性与后现代性》，人民出版社2001年版。

［63］陈昕：《救赎与消费：当代中国日常生活中的消费主义》，江苏人民出版社2003年版。

［64］陈新夏：《人的尺度：主体尺度研究》，湖南出版社1995年版。

［65］陈新夏：《认识　主体　人》，中国社会科学出版社2007年版。

［66］陈学明等编：《让日常生活成为艺术品——列斐伏尔、赫勒论日常生活》，云南人民出版社1998年版。

［67］戴阿宝：《终结的力量：波德里亚前期思想研究》，中国社会科学出版社2006年版。

［68］丁立群：《发展：在哲学人类学的视野内》，黑龙江教育出版社

1995年版。

[69] 高宣扬：《当代社会理论》上、下册，五南图书出版公司1989年版。

[70] 高宣扬：《后现代论》，五南图书出版公司（台北）1990年版。

[71] 高亚春：《符号与象征——鲍德里亚消费社会批判理论研究》，人民出版社2007年版。

[72] 贺来：《边界意识和人的解放》，上海人民出版社2007年版。

[73] 孔明安、陆杰荣主编：《鲍德里亚与消费社会》，辽宁大学出版社2008年版。

[74] 李恩来：《人性的焦点与圆周——卡西尔符号与文化哲学研究》，广西师范大学出版社2005年版。

[75] 李思屈：《东方智慧与符号消费——DIMT模式中的日本茶饮料广告》，浙江大学出版社2003年版。

[76] 厉以宁：《消费经济学》，人民出版社1984年版。

[77] 刘福森：《西方文明的危机与发展伦理学：发展的合理性研究》，江西教育出版社2005年版。

[78] 刘泓：《消费、象征和权利——广告文化批判》，海峡文艺出版社2002年版。

[79] 陆杰荣：《形而上学与境界》，中国社会科学出版社2006年版。

[80] 罗钢、王中忱主编：《消费文化读本》，浙江人民出版社2003年版。

[81] 齐效斌：《人的自我发展与符号形式的创造》，中国社会科学出版社2002年版。

[82] 宋惠昌：《人的发现与人的解放：近代中国价值观的嬗变》，四川人民出版社2008年版。

[83] 孙周兴选编：《海德格尔选集》上、下册，生活·读书·新知三联书店1996年版。

[84] 汪民安等主编：《后现代性的哲学话语——从福柯到赛义德》，浙江人民出版社2000年版。

[85] 王红旗：《符号之谜》，中国国际广播出版社1996年版。

[86] 王宁：《消费社会学——一个分析的视角》，社会科学文献出版社2001年版。

［87］杨兆山：《马克思人的解放思想的时代价值：科技革命视野中人的解放问题探索》，2004年。

［88］仰海峰：《走向后马克思：从生产之镜到符号之镜——早期鲍德里亚思想的文本解读》，中央编译出版社2004年版。

［89］衣俊卿：《西方马克思主义概论》，北京大学出版社2008年版。

［90］俞吾金：《现代性现象学与西方马克思主义者的对话》，上海社会科学出版社2002年版。

［91］张天勇：《社会符号化——马克思主义视阈中的鲍德里亚后期思想研究》，人民出版社2008年版。

［92］张一兵、胡大平：《西方马克思主义哲学的历史逻辑》，南京大学出版社2003年版。

［93］张一兵、夏凡：《人的解放》，河南人民出版社2011年版。

［94］郑乐平：《超越现代主义和后现代主义——论新的社会理论空间之建设构》，上海教育出版社2003年版。

［95］中共中央文献研究室编：《三中全会以来重要文件选编》，人民出版社1982年版。

［96］中共中央文献研究室编：《十四大以来重要文献选编》，人民出版社1996年版。

［97］中共中央文献研究室编：《十五大以来重要文献选编》，人民出版社2000年版。

论文类

［1］鲍金：《资本逻辑与现代性消费文化》，《唯实》2008年第3期。

［2］陈新夏：《人的发展的世界视野和中国特色》，《马克思主义研究》2007年第9期。

［3］程新英：《资本的逻辑与当代社会发展困境》，《马克思主义研究》2006年第3期。

［4］陈忠：《走向资本批判的深层发展伦理学》，《自然辩证法研究》2006年第7期。

［5］陈赟：《"语言的转向"与现代境况下人的解放》，《社会科学论坛》2003年第3期。

［6］段忠桥：《什么是马克思恩格斯创建的历史唯物主义？——与孙

正聿教授商榷》,《哲学研究》2008年第1期。

[7] 韩欲立、温晓春:《使用价值概念及其批判:鲍德里亚政治经济学批判的哲学后果》,《江淮论坛》2007年第2期。

[8] 胡大平:《象征之镜的生产和生产之镜的象征:或马克思和鲍德里亚》,《现代哲学》2007年第2期。

[9] 刘玲华:《鲍德里亚的"符号政治经济学批判"》,《江西社会科学》2005年第11期。

[10] 刘怀玉:《论马克思哲学的再生产实践概念》,《天津社会科学》2007年第2期。

[11] 刘福森:《论"发展伦理学"的人学基础》,《自然辩证法研究》2005年第3期。

[12] 孔明安:《从媒体的象征交换到"游戏"的大众——鲍德里亚的大众媒体批判理论研究》,《南京大学学报(哲学·人文科学·社会科学)》2004年第2期。

[13] 孔明安:《文明的挽歌——鲍德里亚〈象征交换与死亡〉的解析》,《吉林大学社会科学学报》2008年第2期。

[14] 唐正东:《马克思与"劳动崇拜"——兼评当代西方学界关于马克思劳动概念的两种代表性观点》,《南京社会科学》2005年第4期。

[15] 姚顺良:《鲍德里亚对马克思劳动概念的误读及其方法论根源》,《现代哲学》2007年第2期。

[16] 仰海峰:《后生产时代、符号的造反与激进批判理论——鲍德里亚〈象征交换与死亡〉解读》,《南京大学学报(哲学·人文科学·社会科学)》2004年第2期。

[17] 颜岩:《晚期马克思主义视域中的后现代——以道格拉斯·凯尔纳为例》,《社会科学研究》2007年第4期。

[18] 杨楹:《论"以人为本"的解放旨归》,《马克思主义与现实》2008年第2期。

[19] 杨楹:《论马克思解放理论的伦理旨趣》,《哲学研究》2005年第8期。

[20] 张天勇:《从生产社会到消费社会的转变:符号拜物教的现实根基》,《学术论坛》2007年第3期。

[21] 张一兵:《对鲍德里亚〈生产之镜〉的批判性解读》,《哲学研

究》2006 年第 11 期。

[22] 张一兵：《历史唯物主义与历史中的欧几里德几何学——鲍德里亚〈生产之镜〉的批判性解读》，《江海学刊》2007 年第 1 期。

[23] 张一兵：《论猴体解剖与猿体结构之谜——鲍德里亚〈生产之镜〉的批判性解读》，《学海》2006 年第 6 期。

[24] 张一兵：《马克思与种族中心主义——鲍德里亚〈生产之镜〉批判性解读》，《社会科学》2007 年第 2 期。

[25] 张一兵：《马克思与自然的支配——鲍德里亚〈生产之镜〉批判性解读》，《求是学刊》2007 年第 1 期。

[26] 张一兵：《青年鲍德里亚：从后马克思到反马克思主义》，《现代哲学》2007 年第 2 期。

[27] 张一兵：《青年鲍德里亚与莫斯—巴塔耶的草根浪漫主义》，《东南学术》2007 年第 1 期。

[28] 张一兵：《资本论：一种历史现象学的成熟表述》，《社会科学战线》1999 年第 3 期。

[29] 张一兵：《阿多尔诺与唯物主义》，《学术研究》2000 年第 11 期。

[30] 张琳琳：《论马克思的人学逻辑》，《长白学刊》2008 年第 3 期。

[31] 张溟久：《马克思的历史现象学和经济学批判——纪念马克思〈1857—1858 年经济学手稿〉创作 140 周年学术研讨会综述》，《江苏社会科学》1999 年第 2 期。

[32] 张艳涛：《资本逻辑与生活逻辑——对资本的哲学批判》，《重庆社会科学》2006 年第 6 期。

[33] 王志刚：《资本逻辑与社会秩序异化》，《白学刊》2006 年第 5 期。

[34] 汪传发：《资本：人性与物性的双向追问——全国资本哲学高级研讨会述评》，《哲学动态》2006 年第 10 期。

[35] 《经济伦理学与马克思的资本理论》，《毛泽东邓小平理论研究》2007 年第 11 期。

后 记

马克思的资本逻辑和鲍德里亚的符号逻辑是我近5年来研究的主要方向，有幸得到教育部青年课题和中华女子学院学术出版基金的资助使本书得以出版，在这里表示由衷地感谢。回想自己20年前大学所学的专业并非哲学，而是经济学。由于一位老师的指引在研究生和博士生期间进入了哲学的大门。曾经有位老师说，学习哲学对女人对哲学都是种折磨。的确，学习哲学是件辛苦的事情，但是真是也是件有趣的事情。因为在阅读经典是快乐的，尽管可能不是完全看得懂，因为在思考一个问题是快乐的，尽管每每思考的都不是很深入。人到中年后好像看明白了很多事情，渐渐感到能够沉下心来看书学习是最难得也是最应该坚持的事情。这种坚持使我对哲学的一些问题有了自己的一点思考，也有了今天这本书的出版。在此，我要真诚地感谢我的导师，我的学校、我的父母还有我最可爱的女儿。

首先，我要感谢我的导师安云凤教授、刘孝廷教授。安老师、刘老师严谨的治学态度、渊博的学识、耐心的教诲使我受益匪浅，特别是老师们的为人之道以及坚强的性格更让我终身受益。多年来，我没有给老师做出什么贡献，总觉得对不起老师，但是我知道老师从来不直到索取只知道奉献，我只希望以后继续努力不辜负老师的一番心血。

其次，感谢中华女子学院给予了我宽松的教学和科研环境，使得我可以有时间精力可以研究自己喜欢的领域。本书也得到了中华女子学院学术专著出版资金的资助，在这里感谢学术委员会全体成员对我的认可，也感谢中华女子学院的科研管理制度给予老师的平台和支持！感谢科研处同仁的支持和帮助！感谢中国社会科学出版社崔明编辑为本书所做的努力，从而使本书得以顺利出版！

我还要感谢我的父母。26岁离开家来到北京，期间回家看望父母时间不多。每次看到父母都会觉得他们老了一些，总觉得对不起父母，人到中年也没有为父母做些什么。希望这本书的出版使我的父母感到一丝安慰，期望父母健康平安。

最后感谢我的家人对我的理解、支持和付出，特别是我可爱的女儿，女儿是我前进的动力，女儿才五岁，很恋妈妈总喜欢和妈妈在一起，可是由于写文章经常忽略了女儿，没有很好地陪伴她。女儿非常可爱讨人喜欢也很懂事，每每看到妈妈在电脑前，都会自觉地自己去玩。感谢我可爱的女儿悦悦！

再次由衷感谢所有帮助关心我的人！当然由于本人水平有限等原因，书中还有很多有待完善的地方，这也给以后的研究留下了空间！在此敬请各位学者批评指正！

王　欢
2016.9 于北京西城